राष्ट्रपिता और नेताजी

एक विहंगम ऐतिहासिक दृष्टि

राष्ट्रपिता और नेताजी

एक विहंगम ऐतिहासिक दृष्टि

सुजाता

वाणी प्रकाशन

वाणी प्रकाशन

4695, 21-ए, दरियागंज, नयी दिल्ली 110 002

फ़ोन : +91 11 23273167 फ़ैक्स : +91 11 23275710

शाखाएँ

अशोक राजपथ, पटना 800 004, बिहार

कॉफ़ी हाउस कैम्पस, महात्मा गाँधी मार्ग, इलाहाबाद 211 001, उत्तर प्रदेश

महात्मा गाँधी अन्तरराष्ट्रीय हिन्दी विश्वविद्यालय, वर्धा 442 001, महाराष्ट्र

www.vaniprakashan.in
marketing@vaniprakashan.in
sales@vaniprakashan.in

RASHTRAPITA AUR NETAJI
by Sujata

ISBN : 978-93-88684-18-7
History/Non-Fiction

प्रथम संस्करण 2019

मूल्य : ₹ 495

सिटी प्रेस, दिल्ली-110 095 में मुद्रित

वाणी प्रकाशन का लोगो मक़बूल फ़िदा हुसेन की कूची से

भूमिका

'सीतारमैया की हार मेरी हार है' बचपन से ही न जाने कितने लोगों के मुख से सुनती आ रही हूँ। महात्मा गाँधी से प्यार करने वालों, उनको सम्मान करने वालों से लेकर...प्रतिक्रियावादी सोच रखने वालों के मुख से इस जुमले को सुन–सुनकर बड़ी हुई हूँ।

छोटी से बड़ी होने की प्रक्रिया में मन–मस्तिष्क में यह वाक्य कौंधता रहा...। क्या है इस वाक्य का मतलब...? यदि सीतारमैया की हार गाँधी की हार है तो जीत किसकी थी...? पता चला जीत थी सुभाषचन्द्र बोस की। 1939 में कांग्रेस अध्यक्ष पद के लिए चुनाव के दौरान सीतारमैया अध्यक्षीय चुनाव में सुभाषचन्द्र बोस से चुनाव हार गये थे। उनकी हार के बाद गाँधी ने इस पंक्ति को कहा था जिसे लोगों की जिह्वा ने आत्मसात कर लिया।

सुभाषचन्द्र बोस ने भी इस पंक्ति को सुनने के बाद कहा था–'जब महात्मा गाँधी ने किसी तरह की कोई अपील भी सीतारमैया के पक्ष में नहीं की तो इसमें महात्माजी की हार कैसे हुई? तो सवाल और गहराता है कि फिर उन्होंने ऐसा क्यों कहा? क्या महात्मा गाँधी को सुभाषचन्द्र बोस से... कोई मलाल था? या सीतारमैया से बहुत नज़दीकियाँ...?

भारत में अफ़वाहों की आँधी बहती रहती है, इन्हीं अफ़वाहों की आँधी में यह भी सुनती थी कि सुभाषचन्द्र बोस और जवाहरलाल में चूँकि मतभेद रहता था इसी से महात्मा गाँधी ने सुभाषचन्द्र बोस की उपेक्षा की...। इतने सारे प्रश्न, इतनी बातें... मन करने लगा जाऊँ इसकी तह में..., तह में जाने के लिए क्या करना चाहिए? किस इतिहासकार को पढ़ूँ या किस किताब को? इसका द्वन्द्व जल्दी ही मिट गया। मन–ही–मन निर्णय कर लिया कि बस किसी जाल में नहीं उलझूँगी सिर्फ़ इन दो महापुरुषों के वाङ्मय को ही पढ़ूँगी...और सिर्फ़ उनकी ही बातें सुनूँगी, पढ़ूँगी और समझूँगी, या समझने का प्रयास करूँगी।

यह दावा तो नहीं कर सकती कि पूरा समझ लिया पर हाँ इतना ज़रुर कहूँगी कि कुछ परतें खुलीं, कुछ भ्रान्तियाँ मिटीं। कुछ भ्रान्तियों में एक भ्रान्ति सुभाष चन्द्र बोस और जवाहरलाल नेहरू को लेकर भी... थी, क्यों न हो भ्रान्तियाँ, इतने अफ़वाहों के बीच जो बड़ी हुई। एक जबर्दस्त अफ़वाह यह भी थी कि सुभाष चन्द्र बोस जवाहरलाल नेहरु की वजह से अपने को प्रकट नहीं कर पाये। हालाँकि मन में ये बातें आती थीं क्या वीर सुभाष के चरित्र को देखकर ऐसा होना सम्भव है? पर जब नेताजी सम्पूर्ण वाङ्मय को पढ़ने के बाद मुझे लगा नेताजी यदि कांग्रेस में सबसे अधिक नज़दीक किसी के थे तो वे थे पं. जवाहरलाल। सुभाषचन्द्र बोस ने पं. नेहरू के बारे में लिखा है कि '1936–37 में पं. नेहरू की लोकप्रियता ऊँचे शिखर पर थी यहाँ तक कि उनकी स्थिति महात्मा गाँधी से भी मज़बूत थी क्योंकि उन्हें समूचे वामपक्ष का समर्थन प्राप्त था... पर बेहद लोकप्रियता के बावजूद पं. नेहरू ने अपना कोई गुट नहीं बनाया...। साथ ही यह भी लिखा है कि नेहरू... महात्मा गाँधी से असहमति रखते हुए भी उनका विरोध नहीं कर पाते थे।' जब कमला नेहरू की मृत्यु यूरोप में हुई थी सुभाषचन्द्र बोस उस समय भी जवाहरलाल नेहरू के साथ खड़े थे। हाँ 1939 से उनके बीच कुछ दूरियाँ बढ़ीं जवाहरलाल चाह रहे थे कि किसी तरह सुभाष बोस का दक्षिणपन्थी कांग्रेसियों से समझौता हो जाये...पर फासीवाद और जापान के मामले में आपस में दूरियाँ बढ़ीं। फिर भी वह सिर्फ़ मतभेद था मनभेद नहीं। तभी तो उन्होंने आज़ाद हिन्द फ़ौज में चार ब्रिगेड बनाया तो दो ब्रिगेड के नाम गाँधी और नेहरू का दिया और दो में एक सुभाष स्वयं दूसरा आज़ाद हिन्द फ़ौज के नाम पर–गाँधी ब्रिगेड, नेहरू ब्रिगेड, आज़ाद ब्रिगेड, और सुभाष ब्रिगेड।

सुभाषचन्द्र बोस यह मानते थे कि सरदार वल्लभाई पटेल जैसा कट्टर समर्थक महात्मा गाँधी का कोई दूसरा नहीं हो सकता...। सुभाषचन्द्र बोस सरदार पटेल को दक्षिणपन्थी गुट का नेता मानते थे... और उनके साथ मौलाना आज़ाद, राजेन्द्र प्रसाद आदि को भी उन्हीं के गुट के मानते थे। साथ ही साथ इन दक्षिणपन्थी नेताओं के बारे में उनकी यह भी समझ थी कि इस गुट ने महात्माजी के साथ (सुभाष बोस) उनकी दूरियाँ बढ़ाने में अपनी अहम भूमिका निभायी है। हालाँकि महात्मा गाँधी ने सुभाष से कहा था–'इस वहम को तुम निकाल दो...।'

पता नहीं सुभाष बोस का यह वहम दूर हुआ था या नहीं पर महात्मा

गाँधी का मानना था कि आलोचनाओं से चिढ़ना भी एक प्रकार की हिंसा है—इसी से उन्होंने आजीवन अपनी आलोचना करने वाले से, मतभेद रखने वाले से व्यक्तिगत स्तर पर बेहद स्नेह रखा चाहे वह नेहरू हों या सुभाष....।

महात्मा गाँधी का स्वयं मानना था कि कोई व्यक्ति उसकी टीका करे तो, उस टीकाकार को अपना विरोधी नहीं मानना चाहिए कि वह व्यक्तिगत पूर्वाग्रह अथवा अरुचि से ऐसा करता है। मतभेद के कारण ऐसा नहीं होता कि मित्र हमारा मित्र न रह जाये, भाई भाई न रह जाये या माँ माँ न रह जाये। परन्तु इस दर्शन को जीवन में उतारना आसान नहीं हैं।

इतने पर भी सवाल तो रह ही जाता है कि 'सीतारमैया की हार मेरी हार' का क्या मतलब है? कैसे सुभाष की जीत गाँधी की जीत नहीं बनी और सीतारमैया की हार उनकी हार बन गयी। जबकि 1938 में जब सुभाषचन्द्र बोस को कांग्रेस का अध्यक्ष बनाया गया तब उस समय वे यूरोप में थे... सक्रिय राजनीति से दूर वियना में स्वास्थ्य लाभ कर रहे थे और यहाँ भारत में अध्यक्ष पद के दावेदारों में थे सरदार वल्लभ भाई पटेल, मौलाना आज़ाद, राजेन्द्र प्रसाद और जमनालाल बजाज... पर महात्मा गाँधी ने उन लोगों को समझाया—इस बार सुभाषचन्द्र बोस ही सबसे ठीक रहेंगे... 1937 में कांग्रेस अध्यक्ष थे जवाहरलाल नेहरू, जो अपने अध्यक्षीय काल में सुभाष चन्द्र बोस को कांग्रेस कार्य समिति में लाये थे। जवाहरलाल और सरदार पटेल ने शानदार 51वें कांग्रेस अधिवेशन में सुभाषचन्द्र बोस का अभूतपूर्व स्वागत किया। मज़ेदार बात यह कि वियना में विट्ठल भाई पटेल के साथ मिलकर सुभाषचन्द्र बोस एक श्वेत पत्र जारी कर चुके थे कि महात्मा गाँधी के अहिंसक नेतृत्व में भारत आज़ादी नहीं पा सकेगा। पर इसके बावजूद सुभाषचन्द्र बोस को सर्वसम्मति से कांग्रेस का अध्यक्ष बनाया गया। हो सकता है यह आशा हो कि सुभाषचन्द्र बोस अहिंसक रास्ते को ही आत्मसात कर लेंगे और अपने अध्यक्षीय भाषण में अहिंसा के मार्ग पर चलने की अपनी वचनबद्धता...उन्होंने दुहराया भी था।

परन्तु उनके सभापतित्व काल में यह प्रकट होने लगा कि वे कांग्रेस के इस हद तक अहिंसात्मक सिद्धान्त पर चलने से सहमत नहीं हैं। इन बातों की पुष्टि हमें सुभाषचन्द्र बोस की बातों से होती दिखती है। सुभाषचन्द्र बोस प्रारम्भ से ही कांग्रेस पर अपना प्रभुत्व चाहते थे और साथ ही यह भी कि इस पूरी पार्टी को वे अपने सिद्धान्तों पर चला सकें। जब भगत सिंह को फाँसी लग गयी तो नौजवान भारत सभा जिसकी स्थापना सरदार

भगत सिंह ने की थी, उसकी बैठक कराची कांग्रेस अधिवेशन के समय ही की गयी थी। नौजवान भारत सभा की अध्यक्षता नेताजी सुभाषचन्द्र बोस से ही उन लोगों ने करायी थी। सुभाषचन्द्र बोस ने स्वयं ही लिखा है कि उस समय पंजाब के नवयुवकों में यह प्रवृत्ति साफ़ दिखाई दे रही थी कि वे कांग्रेस से अलग अपना एक संगठन बनाना चाहते थे। पर सुभाषचन्द्र बोस ने उनके इस दृष्टिकोण का प्रबल विरोध करते हुए उन्हें समझाया कि कांग्रेस से अलग होने की बजाय इस पर वे लोग कैसे कब्ज़ा कर सकते हैं, इस बात की कोशिश की जाये। अब बात आ गयी शुचिता के माध्यम पर... अहिंसा या हिंसा...। और इसी बीच 1938 साल की समाप्ति पर एक साल का अध्यक्ष का कार्यकाल पूरा होने के बाद नेताजी सुभाषचन्द्र बोस पुनः अध्यक्ष पद के लिए खड़े हुए। वे हिंसात्मक रास्ते पर आन्दोलन को चलाने के प्रतिनिधि के रूप में थे तो सीतारमैया विशुद्ध अहिंसावादी प्रतिनिधि के रूप में खड़े थे। चूँकि इस चुनाव में सीतारमैया की हार हुई तो गाँधीजी को लगा यहाँ पर अहिंसा की हार हुई है और उस समय भारत के स्वातन्त्र्य आन्दोलन की लड़ाई महात्मा गाँधी के नेतृत्व में अहिंसात्मक सिद्धान्तों पर लड़ी जा रही थी इसी से अहिंसा की हार को उन्होंने अपनी हार माना और चूँकि उस अहिंसावादी सिद्धान्त के प्रत्याशी थे डॉ. पट्टाभि सीतारमैया (जो दक्षिण भारत के एक उद्‌भट विद्वान थे और अपने जीवन के कई सालो जेल में बिताये थे) इसी से गाँधी ने इस वक्तव्य को दिया कि 'सीतारमैया की हार मेरी हार है'।

महात्मा गाँधी का तो यहाँ तक मानना था कि विज्ञान में ऐसे तराजुओं का उपयोग होता है जिनसे रेत के एक दाने से दस लाखवें भाग का अन्तर भी मालूम हो जाता है। इसी प्रकार सत्याग्रही को अपने भीतर ऐसी नैतिक शक्ति (संवेदनशीलता) पैदा कर लेनी चाहिए कि सत्य और अहिंसा के आदर्श से बाल के दस लाखवें भाग जितना भी विचलित होने का पता लग जाये। उसे किसी व्यक्ति के प्रति व्यक्तिगत पूर्वाग्रह या भावना में बहना नहीं चाहिए।

'सीतारमैया की हार मेरी हार है' महात्मा गाँधी के इस वक्तव्य के चार महीने बाद सुभाषचन्द्र बोस को अपना इस्तीफ़ा अध्यक्ष पद से इसलिए देना पड़ा कि वे अपनी कार्यकारिणी का गठन नहीं कर पाये... और भी बहुत सारी बातें, सुभाषचन्द्र बोस की गाँधी से पहली मुलाक़ात से लेकर, उनके और महात्मा के रिश्ते किस तरह प्रेम, अपनत्व और अपने

सिद्धान्तों की रक्षा करने हेतु कितने रूपों में परिवर्तित होते रहे...कुछ छुए और कुछ अनछुए पहलुओं के साथ समर्पित है भारत माँ के दो महान बेटों की दास्तान... जिसमें त्याग–तपस्या, वीरता, प्रेम, सम्मान...कूट–कूटकर भरा था और जिन्हें नापने की कोशिश हम अपने मस्तिष्क की से करते हैं, जिन्हें हम अपने मापदण्डों पर कसना चाहते हैं और स्वाभाविक है उलझ जाते हैं...। मैंने कोशिश की है, कितनी सफल रही पता नहीं, पर आशा है थोड़ी ही सही आप सबों को उलझन से निकलने में शायद कुछ मददगार साबित हो सके मेरी यह छोटी–सी कोशिश...

समर्पित है यह पुस्तक भारत माँ के इन्हीं दोनों सपूतों के चरणों में–

सुजाता

सभी ज़मीन पर बैठे थे। फ़र्श पर मोटी–सी ख़ादी की चादरें बिछी थीं। देशी कालीन भी कहा जा सकता है उसे। महात्मा गाँधी ने अभी–अभी चरखे पर सूत काट कर बगल किया था। घड़ी की सूई से बँधे उनके एक–एक मिनट होते थे। उनका एक–एक मिनट बेशकीमती था। दक्षिण अफ्रीका से लौटने के बाद पूरे देश का भ्रमण और चम्पारण तथा गुजरात में सफल आन्दोलन करने के बाद देश उनकी ओर आशा भरी निगाहों से टकटकी लगाये हुए था। महात्मा गाँधी ने 1 अगस्त, 1920 को असहयोग आन्दोलन आरम्भ करने को घोषणा की। दुर्भाग्यवश उसी समय भारत के एक महान सपूत और महान नेता 'लोकमान्य तिलक' की मृत्यु हो गयी। उसी समय राष्ट्र को अपना समर्थ नेता महात्मा गाँधी के रूप में मिला। दक्षिण अफ्रीका में अंग्रेज़ों को झुकने के लिए मजबूर कर भारतीयों के स्वाभिमान के रक्षक के रूप में पूरा देश महात्मा गाँधी से आकर्षित हो रहा था। उनके शब्दों में जादू था...। पर न तो उसमें लोक लुभावन नारे थे और न जनता से किये गये कोई लम्बे–चौड़े वादे...। बस–बस छोटी–छोटी बातें थीं इनमें सबसे पहली बात थी भूख की...। वे हमेशा सीधी–सीधी और सच्ची बात बोलते थे और सबसे बड़ी बात उनका आचरण निर्दोष और स्वच्छ था। उन्होंने राष्ट्र में नवचैतन्य भर दिया। उनके नेतृत्व में निर्बल स्त्री, पुरुष, बच्चे से लेकर निष्पाप किसान भी अहिंसात्मक लड़ाई के लिए तैयार हो गये थे। अपना सर्वस्व त्याग करके जीवनोत्सर्ग करने वाले लोग महात्मा गाँधी के इर्द–गिर्द ऐसे ही इकट्ठा हो रहे थे जैसे खिले हुए कमल पर गुंजायमान भौंरे...। वह एक दौर था देशभक्ति के जज़्बे का, अपना सब कुछ त्याग करने का, देश के लिए जान देने का, पर कुछ लोगों का यह भी ख़्याल था कि जान देने के साथ दुश्मनों की जान भी ली जाय।

देशभक्ति की भावना से ओत–प्रोत, त्याग की भावना में निमग्न देश की सर्वोच्च नौकरी सिविल सेवा को ठुकराने का निर्णय लिए, आत्मबल से लबालब चौबीस साल के एक नौजवान सुभाषचन्द्र बोस जोश में भरे इंग्लैण्ड से लौटते ही जब बम्बई में महात्मा गाँधी के पास पहुँचे तो कमरे के दरवाज़े पर ठिठक गये।

ठिठकने की वजह थी महात्मा गाँधी की सादगी...। फ़र्श पर ही खादी की मोटी चादर पर गाँधी बैठे थे अपने अनुयायियों के साथ...। गाँधी के शरीर पर थी घुटने पर की तीन हाथ वाली खादी की धोती और उतना ही बड़ा खादी का एक टुकड़ा जिसे चादर कह सकते हैं। उन्होंने उससे अपने शरीर का ऊपरी भाग ढँक रखा था। नौ–दस अनुयायी भी पास में बैठे थे जिनके शरीर पर खादी के ही वस्त्र थे।

सुभाषचन्द्र बोस ने अपने शरीर पर पड़े विदेशी कपड़े के बने लिबास को देखा और अपनी नज़रें झुका लीं... और कमरे के दरवाज़े पर ठिठक कर खड़े हो गये।

पारखी गाँधी की पैनी नज़रों से कैसे छुप सकता था उनके अन्दर के संकोच का भाव। महात्मा गाँधी की आँखें स्पष्टतः देख रही थीं कि इस नौजवान ने भले ही अभी विदेशी वस्त्र पहन रखा है, भले ही यह अभी अंग्रेज़ी पोशाक धारण किये हुए है पर यह इसका बाह्य रूप है। इसका अन्तर भरा हुआ है इस भाव से कि भारत माता दासता की ज़ंज़ीर से कैसे मुक्त हो? भारत माता के कष्ट को यह महसूस कर रहा है, दासता की ज़ंज़ीर से मुक्ति दिलाने का मन ही मन संकल्प ले चुका है। तभी तो सिविल सेवा के पद को ठुकराकर त्यागमय जीवन की राह पर चलना ठान लिया है।

महात्मा गाँधी ने मुस्कुराते हुए उन्हें अन्दर आने के लिए कहा। ठिठके पैर उठ तो गये पर उनकी आँखें महात्मा गाँधी पर टिकी थीं। यह ही वह व्यक्ति है जिनकी चर्चा इंग्लैण्ड में हो रही थी, यही वह व्यक्ति है जो अंग्रेज़ी हुकूमत के लिए पहेली बना हुआ है। यही है हमारे देश का पवित्रतम व्यक्ति...जो देश की आज़ादी अहिंसा के माध्यम से करने की बात करता है, असहयोग से करने की बात करता है...। अहिंसा के माध्यम से आज़ादी की बात समझ में नहीं आती... हाँ, असहयोग की बात तो इन्हें भी असरकारक लगती है। इसी कारण सुभाषचन्द्र बोस ने सिविल सेवा

की नौकरी को ठुकराते हुए कहा था–"हमें एक स्वतन्त्र और स्वाभिमानी राष्ट्र का निर्माण करना है और राष्ट्र निर्माण का कार्य केवल आदर्शवाद से ही सम्भव है। मुझे लगता है कि यही सही समय है जब हम लोगों को अंग्रेज़ी सरकार से सारे सम्बन्ध तोड़ लेने चाहिए। हर सरकारी कर्मचारी, फिर चाहे वह एक मामूली चपरासी हो या कोई प्रोविंशियल गवर्नर, अंग्रेज़ी सरकार के भारत में जमे रहने का उत्तरदायी है। किसी भी सरकार को गिराने का सबसे अच्छा तरीक़ा है उससे अपना सहयोग वापस ले लेना। मैं यह इसलिए नहीं कह रहा हूँ क्योंकि यह ताल्सताय का सिद्धान्त है या गाँधी ने इसे अपनाया है। मैं इसलिए कह रहा हूँ कि मैं इसमें विश्वास करने लगा हूँ..."

असहयोग पर विश्वास करके ही तो सुभाष ने सिविल सेवा को ठुकराया था। वे एकटक देख रहे थे उस महान असहयोगी को जिसने भारत के सम्पूर्ण जनमानस को लम्बी सुप्तावस्था के बाद अंग्रेज़ों के ख़िलाफ़ असहयोग के लिए खड़ा कर दिया है। महात्मा गाँधी के बारे में कैम्ब्रिज के छात्र अक्सर बातें किया करते थे...। कुछ छात्र ऐसे भी थे जो भारत की स्वतन्त्रता के प्रति सुभाव रखते थे। एक फ्रांसीसी ने गाँधी के बारे में कहा था कि–महात्मा गाँधी जिन्होंने विश्व सत्ता के साथ अपने को एकाकार कर दिया है। शान्त, काली आँखें, छोटा क़द, दुबला शरीर, लम्बोतरा चेहरा, सूप जैसे कान। माथे पर सफ़ेद टोपी, पहनावे में साफ़ धुले कपड़े, पैर नंगे। भोजन में भात और फल, पानी के सिवा और कुछ नहीं पीते। लेटते हैं ज़मीन पर, सोते हैं कम, काम करते रहते हैं लगातार। शरीर की तो जैसे खोज ख़बर ही नहीं रखते। उन्हें देखने पर सबसे पहली जो चीज़ नज़र आती हैं, वह है महान धैर्य और उत्कट प्रेम। उन्हें देखते ही असीसी के सन्त फ्रान्सिस की याद आ गयी। आदमी सरल शिशु जैसे हैं, अपने विरोधियों के साथ भी मधुर और विनयी, आन्तरिकता में कहीं ज़रा–सी भी खोट नहीं है... ऐसे विचित्र हैं वे।

परन्तु दूसरा दल भी था जो भारत की स्वतन्त्रता के प्रति कुभाव रखता था, इनकी खिल्ली भी उड़ाता था। तभी तो जब लोकमान्य तिलक कैम्ब्रिज में भाषण देने आये थे तो पूरे परिसर में छात्रों के बीच चर्चा का विषय बना हुआ था कि यह व्यक्ति भारत में गरम दल का नेता है। गरम दल के नेता के भाषण में पता नहीं वे छात्र क्या तलाश

रहे थे जो तिलक के सौम्यतापूर्ण भाषण में नहीं मिला, सुनकर छात्रों ने ठिठोली करते हुए कहा–जब गरम दल का यह हाल है तो नरल दल वाले क्या होंगे? समझ गया कि क्या और कैसे होगा भारत देश आज़ाद?

उस फ्रांसीसी मनीषी के द्वारा चित्रित यह गाँधी सच में वैसे ही हैं पर क्या सच में देश महात्मा गाँधी के नेतृत्व में आज़ाद हो पायेगा...? सोचते हुए सुभाष बोस ने महात्मा गाँधी के कमरे के अन्दर प्रवेश किया।

सुभाष बोस ने स्वयं 'इंडियन स्ट्रगल' में लिखा है कि मैं 16 जुलाई, 1921 को बम्बई पहुँचा और उसी दिन तीसरे पहर महात्मा जी से भेंट की। महात्मा गाँधी से भेंट करने का मेरा उद्देश्य उस नेता से भेंट करना और उनकी कार्य योजना की स्पष्ट कल्पना प्राप्त करना था जिसके आन्दोलन में मैं भाग लेने जा रहा था। पिछले कुछ वर्षों में मैंने संसार के अन्य क्रान्तिकारियों की कार्यविधियों और रणनीतियों का कुछ अध्ययन किया था। अपने ज्ञान और उसी के प्रकाश में मैं महात्मा जी के मन और मन्तव्य को पढ़ना चाहता था।

मुझे आज भी उस दिन का सारा दृश्य बहुत अच्छी तरह याद है। मणिभवन पहुँचते ही, जहाँ बम्बई में आने पर महात्मा जी ठहरा करते थे, मुझे एक कमरे में ले जाया गया, जिसमें भारतीय कालीन बिछे हुए थे। दरवाज़े के सामने कमरे के ठीक बीच में महात्मा जी अपने निकट अनुयायियों से घिरे बैठे थे। सभी घर की बनी खादी के वस्त्र पहने थे। कमरे में प्रवेश करते ही मुझे अजीब सा लगा क्योंकि सब खादीधारियों के बीच मैं ही अकेला विलायती सूट पहने था। इसके लिए मुझे क्षमा माँगनी पड़ी। महात्मा जी ने अपनी निराली और सहृदय मुस्कान के साथ मेरा स्वागत किया और जल्दी ही मेरा संकोच दूर कर दिया। फौरन ही हम दोनों का वार्तालाप शुरू हो गया। मैं हर बात को विस्तार से और स्पष्ट रूप से समझ लेना चाहता था कि उनकी योजना के कब और कौन से चरण होंगे और योजनानुसार धीरे–धीरे आगे बढ़ते हुए अन्त में किस तरह विदेशी नौकरशाही से सत्ता छीन ली जायेगी। इस दृष्टि से मैंने महात्मा जी पर प्रश्नों की बौछार करनी शुरू कर दी और वे अपने स्वाभाविक धैर्य के साथ मेरे प्रश्नों का उत्तर देते रहे।

महात्मा गाँधी ने उन्हें बड़े प्रेम से अपने पास बिठाया ठीक उसी तरह जैसे पिता अपने योग्य पुत्र को बिठाता है।

सुभाष बोस ने अपने प्रश्न की शुरुआत बड़ी विनम्रता से की—महात्मा जी...मैं आपका बहुत आदर करता हूँ और मानता हूँ कि आप सिर्फ़ देश की आज़ादी के लिए ही आवश्यक नहीं हैं वरन् पूरी मानवता को आपकी ज़रूरत है। पर देश की आजादी की लड़ाई में अहिंसा...कुछ समझ नहीं पाता। आपकी अहिंसा का मायने क्या है?

महात्मा गाँधी ने मुस्कुराते हुए कहा—अहिंसा के भाव से ओत–प्रोत होने के लिए हममें ईश्वर में जीवन्त श्रद्धा होनी चाहिए। फल की तनिक भी आशा किये बिना निरन्तर सेवा करते रहने से ही मन में अहिंसा का भाव उदय होता है। इसमें सिर्फ़ अपना अर्पण करता चला जाता है और यह अपना पुरस्कार आप है। निष्काम भाव से की गयी ऐसी सेवा केवल मित्रों के लिए ही नहीं होती बल्कि शत्रुओं के लिए भी होती है। अहिंसा की यह अनिवार्य शिक्षा है। मुझे तो ईश्वर ने इस मार्ग पर दक्षिण अफ्रीका में डाला जहाँ का वातावरण बहुत प्रतिकूल था। मैं ऐसे देश में था जहाँ न तो किसी यूरोपीय से और न भारतीय से मेरा परिचय था। मैं वहाँ वकालत करने गया था किन्तु वहाँ सीखने को मिल गया मुझे यह शाश्वत नियम कि अन्याय और बुराई को दूर करने का एकमात्र उपाय कष्ट सहन है। यही अहिंसा का सिद्धान्त है। इसमें हमें चाहे किसी भी व्यक्ति के हाथों मार पड़े उसे हँसते–हँसते सहन करने के लिए तैयार रहना पड़ता है, किन्तु हम कभी किसी व्यक्ति के अहित की कामना नहीं करेंगे, उन लोगों की भी नहीं जिन्होंने हमारे साथ अन्याय किया है। बस इतना सरल है हमारी अहिंसा... मैं सोचता हूँ जहाँ अहिंसा है वहीं ईश्वर है।

—महात्मा जी, ईश्वर में मेरी जीवन्त आस्था बचपन से ही है। कितनी बार मेरा मन संन्यासी बन जाने का भी करता था। स्वामी विवेकानन्द की शिक्षाओं में मैंने अपने जीवन के आदर्श का आधार खोज लिया है। मेरे जीवन का सिद्धान्त है 'आत्मनो मोक्षधर्म जगद्धितायः", जिसके अनुसार अपनी आत्मा की मुक्ति और पीड़ित मानवता की सेवा ही मानव जीवन का परम लक्ष्य है। मेरा झुकाव आजतक कभी भी क्रान्तिकारी आन्दोलन की तरफ़ नहीं रहा...इसलिए नहीं कि मैं आपकी तरह अहिंसा में बहुत अधिक विश्वास रखता हूँ बल्कि इसके लिए कि मेरा मानना है कि हमारे

लोगों की सच्ची स्वतन्त्रता राष्ट्र के पुनःनिर्माण की प्रक्रिया से गुज़र कर ही हासिल हो सकती है लेकिन इसे हासिल करने का मेरे पास कोई स्पष्ट रोडमैप नहीं था।

सुभाषचन्द्र बोस और गाँधीजी के बीच लगभग एक घण्टे तक वार्तालाप चलता रहा। बातचीत के दौरान सुभाषचन्द्र बोस के तेवर में आतुरता थी परन्तु गाँधी जी एकदम शान्त लग रहे थे।

एक युवा, जिसकी आँखों में देश की आज़ादी के स्वप्न तैर रहे थे, एक ऐसे व्यक्ति के पास बैठा था जिसे उसका देश एक तारनहार के रूप में देख रहा था। इस युवा सुभाषचन्द्र बोस के मन में भी सैकड़ों सवाल उठ रहे थे जैसे आज सब कुछ जानकर ही दम लेगा...। उसे जानने का हक भी था क्योंकि उसने अपने देश के लिए त्याग किया था। सुभाष बोस आज़ादी के लिए बेसब्र हो रहे थे इसी से उन्होंने महात्मा गाँधी के सम्मुख प्रश्नों की झड़ी लगा दी।

सुभाषचन्द्र बोस अति उत्साह में थे ख़ासकर इस वाक्य से जो महात्मा गाँधी ने नागपुर कांग्रेस अधिवेशन में कहा था कि 'यदि कुछ बातों का यहाँ की जनता पालन करे तो एक वर्ष में भारत स्वतन्त्र हो जायेगा?'

सुभाषचन्द्र बोस ने उतावली से कहा—महात्मा जी आपके पास अपने कार्यक्रम का कोई ब्लूप्रिंट है जिसमें इस तरह का कोई मैप बनाया गया हो कि एक साल में अंग्रेज़ कैसे हिन्दुस्तान को छोड़कर चले जायेंगे?

महात्मा गाँधी का उत्तर था, 'मेरे पास कोई ब्लूप्रिंट तो नहीं है...।'

सुभाष बोस ने एक साथ तीन प्रश्न किये—पहला यह कि कांग्रेस ने जो विभिन्न काम हाथ में लिए हैं, उनसे आन्दोलन के अन्तिम चरण तक कैसे पहुँचा जा सकेगा? दूसरा यह कि सविनय अवज्ञा सरकार को किस तरह इतना मजबूर कर देगी कि वह हमें आज़ादी देकर ख़ुद मैदान छोड़कर चली जाये और तीसरा यह कि क्या—क्या करने से एक साल में स्वराज्य मिल सकता है?

सुभाष बोस ने स्वयं लिखा है कि उनके उत्तर ने मेरे पहले सवाल का समाधान किया। उन्होंने सदस्य बनाने और एक करोड़ रुपये की निधि जमा करने के लिए जो अपील की थी उसकी अच्छी प्रतिक्रिया हुई थी। इसीलिए वे इस बारे में कुछ न कहकर अपनी योजना की अगली मद पर आ गये अर्थात् विदेशी कपड़े के बहिष्कार और घर की कती बुनी खादी पर।

महात्मा गाँधी ने कहा–मैं घर–घर खादी पहुँचाना चाहता हूँ। कांग्रेस शान्तिपूर्ण तरीक़े से अभी रचनात्मक कार्य करती रहेगी...मुझे पता है अंग्रेज़ी हुकूमत कभी नहीं चाहेगी कि कांग्रेस के रचनात्मक कार्य सफल हों...। पर जब तक वह हम पर चोट नहीं करती है हम रचनात्मक कार्य करते रहेंगे पर जब वह कांग्रेस पर चोट करेगी तभी सरकार की अवज्ञा करने और जेल जाने का समय प्रारम्भ हो जायेगा। जल्दी ही जेलें इतनी भर जायेंगी कि उनमें और लोग नहीं समा सकेंगे, और फिर आयेगा हमारे आन्दोलन का अन्तिम चरण...।

–पर महात्मा जी, क्या बायकाट आन्दोलन से जो लंकाशायर जैसा बड़ा वस्त्र उद्योग इंग्लैण्ड का है वहाँ इतना संकट पैदा हो जायेगा कि वे भारत की शर्त्त मानने को मजबूर हो जायेंगे?

–मैं मजबूर नहीं कह रहा

–मैं समझ नहीं पाया... आप अपने साधन में किसी को मजबूर नहीं करना चाहते तो आपकी अपेक्षा क्या है मैं समझ नहीं पा रहा...।

महात्मा गाँधी मुस्कुराये, निश्छल मुस्कुराहट। सुभाषचन्द्र बोस ने उनकी आँखों में झाँका... उन आँखों में एक आशा दिखाई पड़ रही थी कि ब्रिटिश सरकार का हृदय परिवर्तन हो जायेगा और वह भारतीयों की माँगें मान लेगी।

जब वार्तालाप समाप्त हुआ सुभाषचन्द्र बोस को अपने सभी प्रश्नों का समाधान लगभग हो गया पर महात्मा गाँधी का अहिंसामूलक आन्दोलन उनके गले से नीचे नहीं उतरा...। सहमत और असहमत के द्वन्द्व में वे फँसे रहे। गाँधी उन्हें देखकर भाँप गये इसी से उन्होंने सुभाष बोस से कहा–आप देशबन्धु चितरंजन दास से कलकत्ता में भेंट करें, आपको आपकी मंज़िल मिल जायेगी।

सच में ऐसा हुआ भी। पहले भी देशबन्धु के साथ इंग्लैण्ड से बोस का पत्राचार हुआ था। देशबन्धु ने सुभाष बोस को देखते ही अपने गले से लगा लिया। सुभाष बोस ने उनसे भी कहा–मैं महात्मा गाँधी जी से मिलकर आ रहा हूँ पर उनका अहिंसामूलक सत्याग्रह मेरी समझ में नहीं आया।

चितरंजन दास बोले–'देखो सुभाष, महात्मा गाँधी जो भी कार्य करते हैं, वह राष्ट्रीय एकता और अखण्डता के लिए ज़रूरी है। अहिंसा नीति के अपने ख़तरे हैं लेकिन जब गाँधीजी आन्दोलन करते हैं तो पूरा देश

उनके पीछे चलता है। लोग किसी बात की परवाह किये बिना, बस आगे ही बढ़ते जाते हैं..., परन्तु जैसे ही आन्दोलन आख़िरी पड़ाव पर पहुँचने वाला होता है..., जैसे ही उनके सिद्धान्तों से आन्दोलन अलग दिखता है वे आन्दोलन स्थगित कर देते हैं। गाँधीजी केवल अहिंसक ढंग से ही आन्दोलन करना चाहते हैं परन्तु देश की जनता सिर्फ़ अहिंसक ढंग से आन्दोलन नहीं करना चाहती।'

सुभाषचन्द्र बोस गाँधीजी के बारे में चितरंजन दास जी द्वारा दी गयी टिप्पणी से सन्तुष्ट हो गये क्योंकि उन्होंने जो कुछ कहा सुभाषचन्द्र बोस वैसा ही सोच रहे थे।

सुभाषचन्द्र बोस ने देशबन्धु से कहा–'गाँधी हम सबके आदरणीय हैं। वे हमारे नेता हैं और देश को उन पर भरोसा है। हमें गाँधी जी की अहिंसक नीति का पालन करना चाहिए परन्तु दूसरी स्थिति के लिए भी सावधान रहना चाहिए। हम तब तक हिंसा का प्रयोग नहीं करेंगे जब तक ज़रूरी न हो, पर यदि शत्रु अपने अभिमान में हमें मसलने की कूटनीति बनाता है तो हम उससे पहले ही उसे मसलने में विश्वास रखते हैं।'

चितरंजन दास ने मुस्कुराते हुए कहा–'सुभाष, तुम युवा हो, तुम्हारा देश प्रेम अलौकिक है, तुम्हारा त्याग अद्वितीय है, देश को तुम्हारे जैसे युवा की आवश्यकता है पर आज गाँधी भारत वर्ष की एकमात्र आशा हैं। गोखले के अनुसार दक्षिणी अफ्रीका में महात्मा गाँधी की प्रति महीने पाँच सौ पौण्ड की आय थी पर वे सब कुछ लोगों में बाँटकर 3 पौण्ड प्रति मास पर अपने परिवार का जीवन यापन करने लगे।

ईसाई भी मानते हैं कि क्षमा और प्रेम के दर्शन को ईसाई भी वहाँ तक नहीं ले जा सके थे जहाँ अब उसे गाँधी ने पहुँचा दिया, अपने ही संकटापन्न उत्पीड़कों की सहायता करके। ऐसी कोई पीड़ा और ऐसा कोई अपमान नहीं था जिसे उन्होंने न झेला हो, पर वे डटे रहे।

सच पूछो तो वे स्वभाव से एक धार्मिक व्यक्ति हैं, राजनीतिक बने हैं लाचारी से। घटनाएँ जिस तरह बदलती गयीं,–पहले गोखले, फिर तिलक के अचानक इस तरह दुनिया से चले जाने से भारत में संकट की घड़ी उपस्थित हो गयी थी। अतः संकट के समय देश की पतवार थाम लेने के सिवा उनके लिए दूसरा उपाय नहीं था।

पर उनके आने से राजनीति ने अपनी परिभाषा थोड़ी बदल ली।

ज्ञानी पुरुष तिलक का मानना था कि ज़रूरत पड़ने पर वे स्वाधीनता के लिए सत्य की भी बलि दे सकते हैं परन्तु गाँधी की धारणा इसके विपरीत थी। उन्होंने तिलक के सामने ही स्थिति स्पष्ट कर दी थी कि ज़रूरत पड़ने पर वे सत्य की रक्षा के लिए स्वतन्त्रता की भी बलि दे सकते हैं।'

'इन बातों से तो यही लगता है देशबन्धु जी कि अभी हमें गाँधीजी की अहिंसक नीति का ही पालन करना चाहिए परन्तु उस स्थिति के लिए सदैव सावधान रहना चाहिए जब वे स्वतन्त्रता के प्रति सत्य के लिए ढीले पड़ जायें।' सुभाष बोस ने देशबन्धु के सामने अपना मन्तव्य रखा।

देशबन्धु ने सुभाष बोस की बात को अपनी गर्दन हिलाकर सहमति दी।

सुभाषचन्द्र बोस चितरंजन दास से मिलने के बाद तृप्त हो गये ठीक वैसे ही जैसे शिष्य अपने गुरु से मिलकर हो जाता है, पुत्र अपने पिता से मिलकर हो जाता है पर उनके दिमाग़ पर महात्मा गाँधी छाये रहे...। सोचते रहे उनके बारे में और उसके बाद महात्मा गाँधी के बारे में अपने विचारों को कलमबद्ध भी किया कि श्री गाँधी अपने जीवन के आरम्भिक काल से ही ईसा मसीह की शिक्षाओं और लियो तल्सताय के विचारों से काफ़ी प्रभावित थे। इसी से यह दावा तो नहीं किया जा सकता कि उनके विचार और प्रयोग पूरी तरह मौलिक और नये थे। स्वयं गाँधी भी ऐसा ही मानते हैं। किन्तु उनकी वास्तविक योग्यता दो बातों में थी। उन्होंने ईसा की शिक्षाओं और तल्सताय के विचारों को व्यवहार में लाकर दिखाया। उन्होंने यह सिद्ध कर दिखाया कि स्वतन्त्रता के लिए अहिंसक रहकर भी लड़ा जा सकता है...। अपने संयम और सादगी के आचरण द्वारा उन्होंने स्वयं को कष्ट साध्य जीवन के लिए तैयार किया है। ...एक बहुत बड़ी बात यह कि उन्होंने देश में साधु–सन्त जैसी कीर्ति प्राप्त कर ली है, जो ऐसे देश में उनके लिए अकल्पनीय रूप से मूल्यवान सिद्ध हुई जहाँ सन्तों को एक करोड़पति या गवर्नर से कहीं अधिक मान सम्मान मिलता है...।

सुभाष बोस का मन भी महात्मा गाँधी के प्रति श्रद्धा से भर गया।

असहयोग आन्दोलन की सफलता से कांग्रेस के सभी नेताओं में–चाहे वे सुभाषचन्द्र बोस हों या जवाहरलाल नेहरू, पटेल हों या आज़ाद–उत्साह का कोई अन्त नहीं था। उत्साह सिर्फ़ नेताओं तक ही सीमित नहीं था, पूरा देश इस सफलता से उत्साहित था। अब आज़ादी पहुँच में, अब मिली

कि तब मिली की स्थिति में दिखाई दे रही थी। यह अनुभव हो रहा था कि आज़ादी अब दूर की कौड़ी नहीं।

पर सुभाषचन्द्र बोस का इस विषय में मानना था कि 'निस्सन्देह महात्मा गाँधी को इस आश्चर्यजनक प्रगति का श्रेय जाता है पर इस बात का अफ़सोस है कि जब निर्णय करने की नाज़ुक घड़ी आयी तो वे पर्याप्त दूरनीति और दूरदर्शिता का परिचय नहीं दे सके। वे कभी भी अंग्रेज़ों की कमज़ोरी और मजबूरी से लाभ उठाने के पक्ष में नहीं रहते थे।'

किन्तु सुभाष बोस का यह भी मानना था कि फिर भी यह मानना पड़ेगा कि जो कांग्रेस सिर्फ़ एक भाषणबाज संस्था थी उसे महात्मा जी ने एक नया विधान और राष्ट्रव्यापी आधार ही नहीं दिया बल्कि इससे भी महत्त्वपूर्ण बात यह हुई कि उन्होंने कांग्रेस को एक क्रान्तिकारी संगठन में बदल दिया। पूरा देश कांग्रेस के तीन रंगों वाले झंडे से पट गया और इसकी महत्ता बहुत अधिक बढ़ गयी...। हर जगह लोग नारे लगाते रहते हैं और खादी स्वतः ही सब कांग्रेसजनों की अधिकृत वर्दी बन गयी। इन सारी बातों का श्रेय यदि किन्हीं एक व्यक्ति को जाता है तो वह हैं महात्मा गाँधी।

पर उन्होंने भी कुछ गलतियाँ की हैं और स्वयं महात्मा गाँधी के शब्दों में हिमालय जैसी बड़ी भूल की है, लेकिन इस सच्चाई के बावजूद आज भी वह अपने देशवासियों के मन के सिंहासन पर विराजमान हैं। इसका कारण यह है कि उनकी विधायक उपलब्धियाँ इतनी अधिक हैं कि देशवासी उनकी गलतियों पर ध्यान नहीं देते...।

महात्मा गाँधी द्वारा असहयोग का बिगुल फूँकते ही बहुत से मजिस्ट्रेटों ने अपने पद त्याग दिये, हज़ारों छात्रों ने कॉलेज छोड़ दिया। एक के बाद दूसरा स्कूल खाली होता गया...। देशभर में लाखों लाख लोगों ने गाँधी की जयकार की धूम मचा दी। पर ख़ुशी से काँपती हुई जनता की जयजयकार से भी गाँधी घबराते थे क्योंकि वे जानते थे कि अनायास ही उससे न जाने कितने अनजान उच्छृंखलता के आचरण जन्म ले सकते हैं।

चार–पाँच महीनों के आन्दोलन से अंग्रेज़ी सरकार लगभग पंगु प्रतीत होने लगी। सुभाषचन्द्र बोस ने भी बंगाल में अपनी योग्यता के द्वारा कांग्रेस से जनसाधारण को जोड़ दिया।

9 फ़रवरी, 1922 को गाँधी ने एक खुला ऐलान किया और आन्दोलन का मुख्य दायित्व अपने पर लेते हुए लार्ड रीडिंग को सिर्फ़ सात दिनों का समय दिया कि जिस सरकार ने बोलने–लिखने और सभा समितियों के आयोजन की जनता की स्वतन्त्रता पर निष्ठुरतापूर्वक आघात किया है उसके विरुद्ध अहिंसक क्रान्ति का प्रथम चरण बारदोली से प्रारम्भ होगा।

पूरा देश जोश में भर गया। सुभाषचन्द्र बोस के उत्साह का ठिकाना नहीं रहा। उन्होंने अपनी पूरी शक्ति लगा दी असहयोग आन्दोलन को सफल बनाने में...। देश के सभी बड़े नेताओं को गिरफ़्तार कर लिया गया। चितरंजन दास के साथ सुभाषचन्द्र बोस की भी गिरफ़्तारी हो गयी। सिर्फ गाँधी जेल से बाहर थे। गाँधी इस लिए बाहर थे कि अंग्रेज़ी हुकूमत को अपनी गुप्त एजेंसी से ख़बर मिली थी कि गाँधी को हाथ लगाते ही भारत की जनता अपने आक्रोश को क़ाबू में नहीं रख पायेगी, पूरा देश उलट जायेगा और फिर अंग्रेज़ी हुकूमत को देश सम्भालना मुश्किल हो जायेगा। पूरा देश आर या पार की मुद्रा में असहयोग आन्दोलन के लिए तैयार था।

तभी चौरी–चौरा काण्ड की घटना घट गयी। एक जुलूस पर पुलिस ने हमला कर दिया...। पुलिस ने गोली चलाई। जब जुलूस पुलिस की ओर बढ़ने लगा तो पुलिस ने थाने में अपने को बन्द कर लिया और अपने जीवन की भीख माँगने लगी। पर भीड़ ने थाने में आग लगाकर सिपाहियों को ज़िन्दा जला दिया।

पहल पुलिस की ओर से हुई थी और उस हत्याकाण्ड में असहयोग के स्वयंसेवकों ने कोई हिस्सा नहीं लिया था, इसी से इस मामले में गाँधी के लिए अपने को दोषी मानने का कोई कारण नहीं था। लेकिन वे तो सारे देश के विवेक हो गये थे। कोई भी भारतीय कोई दुष्कर्म करे तो वह आकर उनके हृदय में लगता था–अपने देशवासियों के समस्त पापों को उन्होंने अपने कन्धे पर ले लिया था। इस घटना से वे इतने दुखी हुए कि उन्होंने तत्काल आन्दोलन को दूसरी बार स्थगित कर दिया–वह आन्दोलन जो उन्हीं के आदेश से अभी–अभी शुरू हुआ था।

चौरा–चौरी के इस काण्ड के लिए उन्होंने जनता के सामने निश्छल रूप से अपना दोष स्वीकार कर लिया। गाँधी का मानना था कि मेरे प्रति ईश्वर की कृपा का अन्त नहीं है। इस बार तीसरी दफ़ा उन्होंने मुझे बतलाया कि भारत में अभी अहिंसा और सत्य का वातावरण नहीं बना है।

केवल सत्य और अहिंसा की नीति ही जनता के कानून भंग आन्दोलन को युक्तिसंगत बना सकता है।

आन्दोलन स्थगित होने का समाचार मिलते ही कांग्रेसियों में असन्तोष की लहर फैल गयी। ऐसा लगा मानो सभी आशाएँ धूमिल हो गयी हों। उस समय सुभाषचन्द्र बोस देशबन्धु चितरंजन दास के साथ जेल में थे। जब उन्हें आन्दोलन स्थगित होने का समाचार मिला तो वे बहुत दुखी हो गये। चौरा–चौरी काण्ड से आन्दोलन स्थगित करने का क्या सम्बन्ध था–यह उनकी समझ से परे था। उन्होंने अपना सिर पीट लिया और इसे 'राष्ट्रीय दुर्घटना' की संज्ञा दी।

–अब कुछ नहीं हो सकता... यह क्या हो गया? सुभाष बोस की आवाज़ में क्षोभ था।

–तुम नवयुवक तो हो सुभाष, पर बुड्ढे नवयुवक हो। तुम्हारे अन्दर इस तरह की निराशा देखकर मुझे क्षोभ हो रहा है। अपने भीतर आशा का समन्दर रखो... चितरंजन दास ने उन्हें समझाते हुए कहा।

महात्मा गाँधी ने कांग्रेस कार्यकारिणी की बैठक बुलाकर असहयोग आन्दोलन को स्थगित करने के लिए अपनी बात उनके समक्ष रखते हुए कहा–मैं जानता हूँ कि प्रायः सारे उग्रवादी कार्यक्रम में जो आमूल परिवर्तन किया जा रहा है, वह शायद राजनीतिक दृष्टि से बुद्धिमानी का काम नहीं है लेकिन धर्म की दृष्टि से वह उचित और युक्तिसंगत है, इसमें मुझे सन्देह नहीं है। मेरे लांछना–बोध और दोष स्वीकार के द्वारा देश लाभान्वित होगा। सत्य और अहिंसा–इन्हीं गुणों का मेरा दावा है। मैं किसी अतिमानुषिक शक्ति का अधिकारी नहीं हूँ, होना भी नहीं चाहता। जिस तरह किसी दिन मेरे शरीर का मांस नष्ट हो सकता है वही मांस हमारे अत्यन्त दुर्बल भाइयों के शरीर में भी है, इसीलिए उन्हीं की तरह मैं भी गलती कर सकता हूँ। मेरी शक्ति बहुत सीमित है, फिर भी असम्पूर्णता के बावजूद इसने ईश्वर का आशीर्वाद पाया है। अपना दोष स्वीकार करके गन्दगी को झाड़ू से बुहारा जा सकता है। मैं अपना दोष स्वीकार कर चुका हूँ, इसी से मैं अपने को और अधिक शक्तिशाली पा रहा हूँ।

गाँधी ने लगातार पाँच दिनों के लिए अनशन की शुरुआत की, उपवास और प्रार्थना के द्वारा तपस्या की शुरुआत। उनका अनशन एक ही साथ तपस्या और दण्ड दोनों था, अपने लिए भी और चौरी–चौरा के

लोगों के लिए भी जो शायद उन्हीं का नाम लेकर पाप कर्म में प्रवृत्त हुए होंगे। महात्मा गाँधी ने कहा–हमारा आन्दोलन हिंसा के मार्ग पर न जाये अथवा हिंसा का अग्रदूत न बन जाये इसके लिए मैं सब तरह का दण्ड सहने को तैयार हूँ–मैं सब तरह के अत्याचार, सम्पूर्ण निर्वासन–यहाँ तक कि मृत्यु को भी स्वीकार करने को राजी हूँ।

मनुष्य की आध्यात्मिक प्रगति के इतिहास में ऐसे महिमान्वित कार्य का होना अत्यन्त दुष्कर है पर है यह कार्य अलौकिक...। इसका नैतिक मूल्य अनन्य–असाधारण है, यद्यपि राजनीतिक दृष्टि से यह विडम्बना जनक है। महात्मा गाँधी ने स्वयं स्वीकार किया है कि लोग इस काम को राजनीतिक दृष्टि से 'असम्भव और असंगत' मान सकते हैं। देश की सारी शक्ति को एकत्रित करके आन्दोलन के ठीक निर्दिष्ट समय पर उसे इस तरह से रोक देने और स्पष्ट संकेत न देने की चाहना सचमुच संकट को आमन्त्रित करना है।

अकेले सुभाषचन्द्र बोस ही नहीं, जवाहरलाल नेहरू से लेकर सभी कांग्रेसियों का मानना था कि गाँधी जी के तौर तरीक़े देश के उत्साह का गला घोंट रहे हैं। गाँधी स्पष्ट अनुभव कर रहे थे अहिंसा की सच्चाई के प्रति लोगों में आस्था खोती जा रही है।

अहिंसा में आस्था खोते देशवासियों और कार्यकर्ताओं को देख गाँधी ने कहा–मैंने जान लिया है कि मेरी अहिंसा सिर्फ़ चमड़ी तक ही पहुँची है, उसे भेदकर वह मर्म को नहीं छू सकी। हम क्रोध से उबल रहे हैं और सरकार भी आमुनिषक अत्याचारों से उस आग में घी डाल रही है। ऐसा लगता है कि सरकार ने भी सारे देश को हत्या, आगजनी और लूटपाट से भर देने के लिए कमर बाँध रखी है–क्योंकि तभी वह कह सकेगी कि इन सबके दमन की एकमात्र क्षमता उसी में है। इसी से ऐसा लग सकता है कि हमारी अक्षमता ही इस अहिंसा नीति का कारण है–कि हमने यत्नपूर्वक ऐसी इच्छा को छिपा रखा है कि मौक़ा मिलते ही बदला लेकर रहेंगे। क्या दुर्बल की इस आरोपित अहिंसा से वास्तविक, स्वेच्छा–प्रेरित अहिंसा उत्पन्न हो सकती है? जिस दिन यह उन्माद जाग उठेगा एक व्यक्ति भी निरापद न रह सकेगा! अगर हर आदमी अपने भाई को मारने के लिए हाथ उठाएगा तो क्या होगा? अगर कभी सचमुच वैसा सर्वनाश हुआ तो?

महात्मा गाँधी ने यहाँ तक कहा कि यदि तुम अहिंसा के योग्य नहीं हो तो बलपूर्वक हिंसा का मार्ग ही अपनाओ लेकिन कपटाचार मत करो। गाँधी महसूस कर रहे थे कि जिन लोगों ने अहिंसा–नीति का समर्थन किया है, उनमें से अधिकांश मन ही मन ऐसा विश्वास करते हैं कि यह एक सामयिक राजनीतिक चाल है–जैसे किसी दिन परोक्ष में वह हिंसा का मार्ग ही प्रशस्त कर देगा।

गाँधी ने आन्दोलन को स्थगित कर दिया। उन्होंने असहयोग को बन्द नहीं किया था सिर्फ़ आन्दोलन को रोका था। अहिंसा के कार्यक्रमानुसार व्यवस्थापूर्वक और पूर्ण रूप से असहयोग आन्दोलन चलाते हुए स्कूल, कॉलेज, दफ़्तर, न्यायालय न जाने की अपील करके गाँधी ने अंग्रेज़ी हुकूमत की चूलें हिला दीं क्योंकि अंग्रेज़ी सरकार भी समझ रही थी कि आन्दोलन और ख़ासकर क्रान्तिकारी और हिंसक आन्दोलन काफ़ी लम्बा नहीं खींचा जा सकता है और उसका दमन किया जा सकता है पर इस अहिंसक असहयोग पर कैसे रोक लगाई जा सकती है? वे पिछले दो बरसों से आन्दोलन में लगे हुए थे। देश के सभी बड़े नेताओं की गिरफ़्तारी हो चुकी थी, सिर्फ़ गाँधी बाहर थे। पर अंग्रेज़ी हुकूमत ने आन्दोलन स्थगित करने के बाद गाँधी को गिरफ़्तार क्यों किया? क्या यह विचारणीय नहीं लगता कि जब उन्होंने न केवल जन आन्दोलन को रोका बल्कि सारी हिंसा के विरुद्ध स्वयं ही बाधा बनकर खड़े हो गये तो गाँधी की गिरफ़्तारी क्यों की गयी?

अहिंसा के प्रति महात्मा गाँधी का इतना महान विश्वास देख, विश्व जनमत पर इनका बढ़ता प्रभाव देखकर अंग्रेज़ी हुकूमत घबरा गयी? क्या उसे मतिभ्रम हो गया? यह सच था कि सरकार गाँधी का सम्मान भी करती थी और डरती भी थी। यह सही था कि गाँधी हिंसा की निन्दा कर रहे थे लेकिन इनकी अहिंसा तमाम हिंसाओं से अधिक क्रान्तिकारी थी।

इसी से अंग्रेज़ी सरकार के लार्ड बर्कनहेड और मांटेग्यू ने एक फरमान जारी किया, "यदि हमारे साम्राज्य के अस्तित्व को अस्वीकार किया जायेगा, भारत के प्रति अपने कर्तव्य पालन में यदि उसको बाधा दी जायेगी, यदि भारत ने यह समझ रखा हो कि हम डरकर वहाँ से चले आना चाहेंगे तो संसार की सबसे दृढ़ प्रतिज्ञ जाति के प्रति उसका वह उद्यम निष्फल होगा–उसका समुचित उत्तर हम भी अपनी तमाम ताक़त से देंगे।"

इतना सुनकर सभी देश भक्तों के ख़ून में उबाल आना स्वाभाविक था... तो जेल में बन्द सुभाषचन्द्र बोस के ख़ून में कैसे उबाल नहीं आता? सुभाष बोस झल्ला रहे थे, उन्होंने देशबन्धु चितरंजन दास से कहा मेरी समझ में नहीं आता कि भला सिर्फ़ सत्याग्रह, अहिंसा और खादी के जरिए कैसे देश को आज़ादी दिलाई जा सकती है?

लेकिन अंग्रेज़ी हुकूमत इन तीनों चीज़ों से डरती थी–सत्याग्रह से भी, अहिंसा से भी और खादी से भी जो भारतीयों की रीढ़ की हड्डी सीधी कर रही थी। यह गाँधी का ऐसा अस्त्र था जिसका प्रत्युत्तर देने के लिए अंग्रेज़ी हुकूमत के पास कोई ब्रह्मास्त्र नहीं था।

गाँधी ने मांटेग्यू को जवाब देते हुए अपनी बात स्पष्ट शब्दों में रख दी–"ब्रिटिश सिंह जब अपने रक्त–रंजित पंजों से हमारा चेहरा लहूलुहान करता जा रहा है तो समझौते की उम्मीद कहाँ है? शारीरिक रूप से दुर्बल जातियों के संगठित शोषण पर ही ब्रिटिश साम्राज्य टिका हुआ है। केवल पाशविक शक्ति के निरन्तर प्रदर्शन से ही अपने को बचा रखा है। वह ऐसी धरती पर जीवित नहीं रह सकता, जहाँ ईश्वर का न्याय है। एक महीना या एक बरस या बहुत बरस ही क्यों न लगे, जो संग्राम 1920 में प्रारम्भ हुआ है, वह अन्त तक चलेगा, ब्रिटिश साम्राज्य के लिए यह समझने का समय आ गया है। मैं केवल यही आशा और प्रार्थना करूँगा कि ईश्वर भारत को अन्त तक अहिंसक बने रहने के लिए यथोचित शक्ति और विनय दे सकें। इस तरह की ढिठाई भरी चुनौतियों के सामने झुकने से काम नहीं चलेगा।"

गाँधी के इस कथन से बहुतायत अंग्रेज़ जनता भी सहमत होती जा रही थी। अंग्रेज़ी सरकार ने गाँधी को गिरफ़्तार कर लिया पर अंग्रेज जज भी गाँधी की इस विराट और ऊँची सोच पर आश्चर्यचकित होकर सोचने पर विवश हो गये कि यह एक अलौकिक व्यक्ति है। हालाँकि गाँधी यह बोल रहे थे कि हम इस सरकार को गिराकर रहेंगे, इसे जनता की अधीनता मानने के लिए लाचार होना पड़ेगा...।

सरकार अभियोग लगा रही थी कि गाँधी जी क़ानूनी सरकार के ख़िलाफ़ असन्तोष फैला रहे हैं, उसको गिराने के लिए लोगों को खुल्लम–खुल्ला घृणा और हिंसा के लिए उकसा रहे हैं...पर सरकार के अंग्रेज़ जज गाँधी की नैतिकता की ऊँचाइयों को देखकर उनके मुरीद होते जा

रहे थे, श्रद्धा से भरते जा रहे थे।

जज जब गाँधी को सज़ा सुना रहा था तो श्रद्धा से उसकी नज़रें झुकी हुई थीं। उसने गाँधी के गुणों को स्वीकार किया लेकिन उसका यह भी कहना था कि गाँधी के अन्दर इतने विराट गुणों के होने के कारण इनके शब्द लोगों को आन्दोलित कर देते हैं। इसी से चौरी–चौरा काण्ड में जो क्रूरतापूर्ण घटनाएँ हुई हैं इसकी ज़िम्मेवारी से वे नहीं बच सकते। गाँधी अहिंसा का प्रचार ज़रूर करते हैं लेकिन वे लोगों के मन में असन्तोष इस सरकार के ख़िलाफ़ उभार देते हैं।

महात्मा गाँधी ने आगे बढ़कर अपनी ज़िम्मेवारी सँभाल ली। उन्होंने स्वीकार किया कि हाँ सब कुछ की पूरी ज़िम्मेवारी उनकी है। अभियोग में जितना कहा गया है उससे और भी बहुत अधिक दिनों से वे जनता में असन्तोष का प्रचार कर रहे हैं और चौरी–चौरा काण्ड की ज़िम्मेवारी वे अपने ऊपर लेते हैं।

जज ने बड़ी विनम्रता से कहा–''आप लाखों लोगों की दृष्टि में महान नेता हैं और आप महान देशभक्त हैं। यहाँ तक कि जो लोग राजनीति में आपसे सहमत नहीं हैं, वे भी आपको एक अत्यन्त ऊँचे स्तर का आदर्शवादी मानते हैं, हम जानते हैं कि आपका जीवन महिमामण्डित है, एक सन्त के समान पवित्र भी है...। पर सरकार के लिए यह सम्भव नहीं है कि वह आपको स्वतन्त्र रहने दे, इसी से छह साल की सज़ा दी जाती है। ठीक वैसे ही जैसे तिलक को सुनाया गया था। सुभाषबोस ने लिखा है कि इस ऐतिहासिक मुक़दमे को चितरंजन दास ने 'पोंटियस पाइलेट' के सामने 'ईसा मसीह की सुनवाई' के समान बताया।

महात्मा गाँधी 10 मार्च, 1922 को जेल चले गये। सी.एफ एंड्रूज ने रोमाँ रोलाँ को पत्र लिखा कि गाँधी जी जेल में प्रसन्न हैं। वे नियमित रूप से प्रार्थना कर रहे हैं, अपनी चित्त शुद्धि में लगे हुए हैं–उनका दृढ़ विश्वास है कि उन्होंने जो मार्ग चुना है वह भारत के लिए पूरी तरह उपयुक्त है। गाँधी के प्रति भारत की आस्था क्रमशः बढ़ती जा रही है, देश उन्हें कृष्ण का अवतार मानने पर ज़ोर दे रहा है। (गाँधी जी ने इस तुलना से अपनी नाराज़गी जताकर लोगों से अपील की थी कि उनकी तुलना श्रीकृष्ण से कर उन्हें पाप का भागी न बनाएँ)।

स्वतन्त्र रहने पर उन्हें जिस हिंसा का भय बना रहता था जेल में

आकर उसके विस्फोट को वे अधिक प्रभावशाली रूप में रोके हुए थे। भारतीय जनता बापू के जेल चले जाने से मर्माहत थी। जनता वैसा कोई भी हिंसक कार्य न करने के प्रति सजग थी जो अनजाने में भी उससे हो जाये...।

इसी समय 1922 में ही मार्च महीने में गाँधी जी छह वर्षों के लिए जेल गये और अगस्त महीने में सुभाषचन्द्र बोस और चितरंजन दास छह महीने की सज़ा काट कर बाहर आ गये...। चितरंजन दास के साथ मिलकर सुभाषचन्द्र बोस देश सेवा में जुट गये। सुभाषचन्द्र बोस ने भी देश की जनता की आन्तरिक शक्ति बढ़ाने के लिए रचनात्मक कार्यों का सहारा लिया। उन्होंने सर्वप्रथम देश के युवाओं को इकट्ठा किया और उनमे आज़ादी की ज्वाला भड़कायी। सुभाषचन्द्र बोस ने अखिल युवा कॉन्फ्रेंस की बैठक बुलाकर युवाओं को झकझोरते हुए कहा–देश निद्रा में डूबा हुआ है क्योंकि युवाशक्ति सो रही है। अब समय आ गया है कि देश का प्रत्येक युवा जागे और पूरी चुस्ती से देश सेवा में जुट जाये। आज जनता में जो निष्क्रियता है वह केवल युवाशक्ति ही सक्रिय कर सकती है। ऐसा करने पर ही हम देश को अंग्रेज़ों की दासता से मुक्ति दिला पायेंगे।

सन् 1922 में सितम्बर महीने में बंगाल के उत्तरी भाग में भीषण बाढ़ आयी। सुभाष बोस आगे बढ़कर राहत कार्यों में जुट गये। स्वामी विवेकानन्द से प्रभावित सुभाष बोस ने ईश्वर के नर रूप की सेवा में कोई कसर नहीं रहने दी। उनके नेतृत्व में युवा शक्ति ने बढ़–चढ़कर कार्य किया। सबों की ज़ुबान पर इनकी इस सेवा की चर्चा थी। बंगाल के गवर्नर लार्ड लिटन भी उनकी प्रशंसा करने से अपने आपको नहीं रोक सके। उन्होंने सुभाषचन्द्र बोस के कार्यों की काफ़ी सराहना की।

देशबन्धु चितरंजन दास दिसम्बर 1922 में पुनः कांग्रेस कमिटी के निर्वाचित अध्यक्ष चुने गये। देशबन्धु ने कांग्रेस की नीतियों में फेर–बदल करने के लिए प्रस्ताव प्रस्तुत किया, परन्तु विरोधियों की संख्या अधिक होने के कारण प्रस्ताव पारित न हो पाया। देशबन्धु ने विचलित होकर न सिर्फ़ अध्यक्ष पद से बल्कि कांग्रेस की सदस्यता से भी इस्तीफ़ा दे दिया।

जो लोग देशबन्धु का बहुत आदर करते थे, उनसे प्रेम भी करते थे तथा जो परिवर्तन समर्थक भी थे, उसमें सबसे अग्रगण्य थे सुभाषचन्द्र बोस। इन लोगों ने चितरंजन दास जी से अनुरोध किया कि वे एक नयी

पार्टी बनाएँ। 1 जनवरी, 1923 को वरिष्ठ कांग्रेसी नेता मोतीलाल नेहरू के साथ मिलकर चितरंजन दास जी ने एक नयी पार्टी बनायी जिसका नाम रखा 'स्वराज्य पार्टी'। स्वराज्य पार्टी के अध्यक्ष पद पर बैठे गाँधी के मित्र और भारत के उल्लेखनीय राजनीतिक नेता चितरंजन दास। इसके अलावा जनरल सेक्रेटरी बने मोतीलाल नेहरू और सुभाषचन्द्र बोस को सौंपा गया पार्टी के संगठन एवं प्रचार का कार्य भार...। सुभाषचन्द्र बोस ने पूरी लगन एवं मेहनत से नयी पार्टी को स्थायित्व में लाने का दायित्व अपने ऊपर ले लिया।

इस पार्टी ने समझौतावादी की एक ऐसी नीति अपनायी, जो अहिंसा नीति पर बनी रहकर भी विधान सभाओं में भाग लेने की अनुमति दे दी।

स्वराज्य पार्टी को विधानमण्डल चुनावों में भारी बहुमत से विजय प्राप्त हुई जबकि कांग्रेस द्वारा कोई प्रत्याशी खड़ा ही नहीं किया गया था।

स्वराज्य पार्टी के उम्मीदवारों ने कलकत्ता के नगर निगम चुनावों में नगर निगम पर भारी जीत हासिल की। इस परिणाम से अंग्रेज़ सरकार भी बौखला उठी। चितरंजन दास जी महापौर और सुहरावर्दी उपमहापौर बने। सुभाषचन्द्र बोस के विरोध में कोई खड़ा ही नहीं हुआ, वे निर्विरोध चुन लिए गये।

सुभाषचन्द्र बोस ने मुख्य कार्यकारी अधिकारी बनकर कलकत्ता नगर की सफ़ाई और व्यवस्था के काम में क्रान्तिकारी कार्य किया।

महात्मा गाँधी जेल में थे पर सुभाषचन्द्र बोस उनकी खादी को जन–जन तक पहुँचाने में तन–मन से लग गये। उन्होंने एक वालंटियर दल गठित किया जो खादी बेचता था, गली–गली, घर–घर जाकर लोगों से खादी ख़रीदने का आग्रह करता और अंग्रेज़ सरकार के विरोध में लोगों में जुनून पैदा करता था।

वे बिल्कुल अहिंसात्मक तरीक़े से खादी का प्रचार कर रहे थे। जिसे देखो वही हाथ की काती हुई खादी के कपड़े में नज़र आ रहा था। खादी धारियों की इतनी बढ़ती संख्या को देखकर ब्रिटिश सरकार बौखला गयी और उसने वालंटियर दल पर प्रतिबन्ध लगा दिया। सुभाषचन्द्र बोस अब पाँच–पाँच आदमियों की टोलियाँ बनाकर वालंटियरों को भेजते जो यह गीत गाते खादी बेचते–

'खादी पहनो और पहनाओ
स्वदेशी वस्तुओं का इस्तेमाल करो
विदेशी माल का बहिष्कार करो।'

ऐसा लग रहा था जैसे जेल में बन्द गाँधी के सभी कार्यक्रमों को सुभाष ने आत्मसात कर लिया हो।

और इधर छह साल की क़ैद की सज़ा भोगते हुए गाँधी को अचानक दो साल में ही अंग्रेज़ी सरकार को छोड़ना पड़ा। क्योंकि गाँधी का स्वास्थ्य जेल में तेज़ी से गिरता जा रहा था। ऐसा लग रहा था कि शायद अब गाँधी का बचना मुश्किल है...। गाँधी अपनी इस भयंकर अस्वस्थता और आसन्न मृत्यु को देखकर भी अविचलित बने रहे। उनका मधुर स्वभाव भी ज्यों का त्यों रहा। पर अंग्रेज़ी प्रशासन की रात की नींद ग़ायब हो गयी कि अगर गाँधी की मृत्यु हो गयी तो न जाने क्या होगा? पूरा भारत पागल हो जायेगा, आक्रोश में उबल पड़ेगा।

पर गाँधी बच गये और अंग्रेज़ी हुकूमत ने चैन की साँस ली। पर अब वह इस ख़तरे को, जिसकी मृत्यु उसके शासन के लिए परमाणु बम से भी बड़ा ख़तरा था, जेल में रखने की हिम्मत नहीं कर पा रहा था। आश्चर्य किन्तु यह सत्य था कि इस अहिंसक महामानव से हिंसक और क्रूर सत्ता डर रही थी और उसी डर से उसने गाँधी को रिहा कर दिया।

पूरा देश गाँधी की आज़ादी पर झूम उठा। सारे दल, सारी पार्टियाँ, सारे राज्य... कोई भी वर्ग भेद नहीं... पूरा देश आनन्द मना रहा था। सुभाषचन्द्र बोस सोच रहे थे गाँधी जी की लोकप्रियता पूरे देश में कितनी अधिक है लेकिन वे इसका इस्तेमाल क्यों नहीं करते हैं? उस समय महात्मा गाँधी हरिजनोद्धार के कार्य में लगे हुए थे। सुभाषचन्द्र बोस का मन भी इस अनूठे व्यक्ति को देख कर यह सोचने पर मजबूर हो रहा था कि एक तरफ़ यह महात्मा इतनी आत्मीयता, इतनी आन्तरिकता, इतने प्रेम से अछूतोद्धार में लगे हुए हैं दूसरी ओर जातिभेद प्रथा का विरोध भी नहीं करते।

नेताजी ने लिखा है कि महात्मा गाँधी ने सविनय अवज्ञा को अनिश्चित काल के लिए पूरी तरह बन्द करने का निश्चय किया और कांग्रेस जनों से कहा गया कि वे केवल शान्तिपूर्ण रचनात्मक कार्य करें। रचनात्मक कार्यक्रम में ये चीज़ें शामिल थीं—हाथ की कताई और बुनाई, अस्पृश्यता निवारण, साम्प्रदायिक एकता, नशीली चीज़ों के व्यापार को रोकना, राष्ट्रीय

शिक्षा का विस्तार, मुक़दमेबाजी को रोकना और झगड़े निपटाने वाले बोर्डों की स्थापना करना...।

इधर मोतीलाल नेहरू और चितरंजन दास के साथ सुभाषचन्द्र बोस स्वराज्य पार्टी को सुदृढ़ करने में लगे थे। वे म्युनिसिपल, प्रान्तीय और राष्ट्रीय विधान मण्डलों में मज़बूती के साथ पैर जमा रहे थे। स्वराज्य पार्टी अपने तत्कालिक लक्ष्य साम्राज्य के भीतर औपनिवेशिक स्वराज्य की प्राप्ति की ओर बढ़ती प्रतीत हो रही थी।

सुभाषचन्द्र बोस ने स्वराज्य पार्टी के उदय को एक असाधारण घटना माना है। उन्होंने लिखा है कि यद्यपि स्वराज्य पार्टी के नेता और कार्यकर्त्ता सभी महात्मा गाँधी के व्यक्तित्व का अत्यधिक सम्मान करते थे फिर भी पार्टी स्पष्टतः उनके सिद्धान्तों का विरोधी ही थी कि कौंसिल में चुनाव लड़ा जाये। सुभाषचन्द्र बोस की दृष्टि में 1925 से 1927 तक महात्मा गाँधी के सम्मान में कमी आयी थी और इसके तर्क में वे लिखते हैं कि आध्यात्मिक पुरुषों का भारत में सदा ही सबसे अधिक प्रभाव रहा है। विभिन्न कारणों से गाँधी जी निर्विवाद राजनीतिक नेता बनने से जनसाधारण की दृष्टि में महात्मा बन गये थे। दिसम्बर 1920 में नागपुर कांग्रेस में श्री एम.ए. जिन्ना ने जब गाँधी जी को मिस्टर गाँधी कहकर सम्बोधित किया तो हज़ारों लोगों ने उन्हें रोका कि उन्हें मिस्टर नहीं महात्मा गाँधी कहा जाये। उनका त्याग, उनका सादा जीवन, उनका निरामिष भोजन, सत्य के प्रति उनकी निष्ठा और इससे उत्पन्न उनका निर्मल स्वभाव, इन सब चीज़ों ने मिलकर उन्हें अपूर्व कीर्ति से मण्डित कर दिया है। उनकी लँगोटी ईसा की याद दिलाती है और भाषण देने के लिए वे जिस मुद्रा में बैठते हैं वह बुद्ध जैसी होती है। ये सब चीजें ऐसी हैं जिनसे देशवासी बरबस उनकी ओर आकृष्ट होते हैं और उनके आदेश पालन को तैयार रहते हैं। बुद्धिजीवियों का एक वर्ग उनके विरुद्ध रहा, लेकिन जनता से उन्हें जो समर्थन मिला उसमें यह विरोध धीरे–धीरे ख़त्म होता चला गया। महात्मा गाँधी को इसका बहुत लाभ मिला ठीक वैसे ही जैसा रूस में लेनिन को, इटली में मुसोलिनी को और जर्मनी में हिटलर को।''

सुभाषचन्द्र बोस का कहना था कि भारतीयों का जिन कारणों से अधोपतन हुआ महात्मा गाँधी बहुत हद तक उन कारणों का भी पोषण करते थे जैसे उसका भाग्य और भगवान में अत्यधिक विश्वास, आधुनिक युद्ध

कला और विज्ञान में उसका पिछड़ापन, बाद के जीवन दर्शन से उत्पन्न सन्तोष की भावना और एक निहायत बेहूदा हद तक अहिंसा का पालन।

जब महात्मा गाँधी ने राजनीतिक सिद्धान्त के लिए असहयोग का उपदेश दिया तो लोगों ने इस नये मसीहा के विचारों का प्रचार शुरू कर दिया। नतीजा यह हुआ कि बहुत से लोगों ने मांस–मछली खाना छोड़ दिया, महात्मा जी की तरह कपड़े पहनने लगे, प्रातः और सायं की उनकी प्रार्थना आदि की तरह उनकी दिनचर्या की भी नकल करने लगे।

इसके साथ ही राजनीतिक स्वराज्य की बजाय आध्यात्मिक मुक्ति की बातें अधिक करने लगे। देश के कुछ भागों में तो महात्मा जी को लोग अवतार ही मानने लगे। उस समय देश पर एक ऐसा पागलपन सवार था कि अप्रैल 1923 में बंगाल जैसे राजनीतिक रूप से प्रबुद्ध प्रान्त में जब सम्मेलन में यह प्रस्ताव आया कि कांग्रेस का लक्ष्य आध्यात्मिक स्वराज्य न होकर राजनीतिक स्वराज्य है तो गरमा–गरम बहस के बाद भी पास नहीं हो सका।

सुभाषचन्द्र बोस ने उपर्युक्त बातों की पुष्टि करते हुए अपने जेल के अनुभव में लिखा है कि 1922 में जब मैं जेल में था तो मैंने देखा कि वहाँ के वे भारतीय वार्डन जो जेल विभाग की नौकरी में थे, इस बात पर विश्वास करने को तैयार नहीं थे कि ब्रिटिश सरकार ने महात्मा जी को जेल में डाल दिया है। वे कहते थे कि गाँधी जी महात्मा हैं, अतः जब भी चाहें चिड़िया बनकर जेल से बाहर जा सकते हैं।

सुभाषचन्द्र बोस का मानना था कि रहस्यवाद और ईश्वरवाद का यह पहलू महात्मा जी के सुचिन्त्य प्रभाव से भारतीयों की यह कमज़ोरी और भी अधिक उभर रही थी, जिसे मोतीलाल नेहरू, चितरंजन दास और स्वयं सुभाष बोस जैसे बौद्धिकों को स्वीकार्य नहीं थी, इसी वजह से स्वराज्य पार्टी का गठन और विकास हुआ। पर जितनी देर महात्मा जी स्वेच्छा से राजनीति से दूर रहे उतनी ही देर स्वराज्य पार्टी के हाथ में सत्ता रही। 1929 में जैसे ही वे वापस मैदान में आये इस पार्टी ने उनके सामने आत्मसमर्पण कर दिया।

यह सच है कि महात्मा गाँधी को लोग अवतार मानने लगे थे, कितनी जगहों पर उनकी तस्वीर पूजाघरों में रखकर पूजा की जाने लगी थी। एक गोंड नायक दलित जाति ने तो उन्हें अपना भगवान मानकर पूजा

करना प्रारम्भ भी कर दिया था...। जब महात्मा गाँधी को पता चला तो उन्होंने उन लोगों को समझाया—'आप एक हाड़—मांस के बने हुए पुतले को भगवान मानकर भयंकर अपराध कर रहे हैं और मुझे भी अपराधी बना रहे हैं।' महादेव देसाई के साथ एक दल को उन्होंने घर—घर भेजकर अपना फ़ोटो उतरवाया तथा लोगों से यह अपील की कि राम—कृष्ण ही जन—जन के लिए अवतार हैं।

जब एक बूढ़ा व्यक्ति गाँधी जी के पास आया कि वह अपने जीने की आशा छोड़ चुका था पर जब उसने आपके नाम को जपना प्रारम्भ किया तो उसकी बीमारी स्वतः समाप्त हो गयी...महात्मा गाँधी उसकी बातों को काटते हुए बोले कि 'पहले से ही देश में बहुत सारे अन्धविश्वास हैं, एक और अन्धविश्वास का इजाफ़ा मत कीजिए।'

इन बातों का तात्पर्य यह है कि स्थितियाँ इस प्रकार की थीं पर इन बातों को महात्मा गाँधी ने स्वयं न कभी बढ़ावा दिया और न लोगों से इस बात का फ़ायदा उठाया पर इस बात में सौ प्रतिशत सच्चाई है कि ईश्वर में उनकी अनन्त निष्ठा थी।

गाँधी जी अभी तक असहयोगी थे, अभी तक सविनय अवज्ञा के हामी और इस सरकार में अविश्वास करने वाले थे। इसलिए वे अदालतों, स्कूलों, सरकारी पदों और उपाधियों के बहिष्कार पर ज़ोर दे रहे थे। इस बहिष्कार में जबर्दस्त व्यक्तिगत त्याग की आवश्यकता थी जिसे बहुत कम लोग सह सकते थे। दूसरी ओर स्वराज्य पार्टी की नीतियाँ आकर्षक थीं, वहाँ पद सामने दिख रहा था। इसीलिए जब महात्मा गाँधी कुछ वर्षों के लिए राजनीति से अलग हो गये तो लोगों का रुझान उस ओर रहा।

सुभाष बोस ने लिखा है कि जेल से छूटने के कुछ सप्ताह बाद ही सार्वजनिक कामों को करने लायक उनकी सेहत सुधर गयी थी। महात्मा गाँधी परिषद् में प्रवेश के कट्टर विरोधी थे फिर भी उन्होंने उग्र विरोध नहीं दिखाया। उन्होंने देशबन्धु और पं. मोतीलाल नेहरू से मुलाक़ात की और कुछ ही दिनों में एक समझौता हो गया जो 'गाँधी—दास पेक्ट' के नाम से जाना जाता है।

महात्मा गाँधी ने स्वराज्य पार्टी के बारे में अपनी विशेष शैली में कहा, मेरी राजनीतिक अन्तरात्मा स्वराजवादियों के पास रखी हुई है। एक अन्य

अवसर पर उन्होंने यह भी कहा, मैं स्वराज्य पार्टी से ठीक वैसे ही लिपटा रहूँगा, जैसे कि बच्चा माँ से लिपटा रहता है।

स्वराज्य पार्टी ने भी निर्वाचन के लिए अपने सदस्यों को निर्वाचन से मात्र कुछ दिन पहले ही खड़ा किया था क्योंकि कांग्रेस से इजाजत मिलने के बाद ही चुनाव लड़ने का फ़ैसला लिया गया था।

असहयोगियों के एक बहुत बड़े भाग ने गाँधी की नीति को पूर्ण रूप से अनुसरण करना चाहा था इसीलिए वे लोग इस निर्वाचन में खड़े नहीं हुए।

हाँ, एक बात अवश्य हुई कि स्वराज्य दल के देशबन्धु, पं मोतीलाल और सुभाषचन्द्र बोस सहित और भी छोटे–बड़े नेता गाँधी की असहयोग नीति से अलग हो गये थे। पर गाँधी ने कभी भी इनकी निन्दा नहीं की और चितरंजन दास के प्रति उनकी श्रद्धा और स्नेह में थोड़ी भी कमी नहीं आयी। वहीं चितरंजन दास भी महात्मा गाँधी में विश्वास और हार्दिकता की बात को हमेशा महसूस करते रहे।

गाँधी जी जब जेल में ही थे सुभाषचन्द्र बोस कलकत्ता में युवकों में जोश भर रहे थे। चितरंजन दास के लाख समझाने के बावजूद सुभाषचन्द्र बोस अपनी कार्य पद्धति को मध्यम मार्ग पर लाने को तैयार नहीं हो रहे थे। हालाँकि उनकी लड़ाई का तरीक़ा क्रान्तिकारी नहीं था, पर वे नौजवानों को उत्तेजित कर देते थे।

सुभाष बोस ने स्वयं लिखा है महात्मा गाँधी की असहयोग नीति का कुछ बुद्धिजीवियों के साथ–साथ क्रान्तिकारी दल ने भी विरोध किया। ये वे क्रान्तिकारी थे जिन्हें माफ़ी दिये जाने के कारण जेल से मुक्ति मिल गयी थी। इन क्रान्तिकारियों का मानना था कि इससे लोगों का मनोबल गिरेगा और आश्चर्य की बात है कि बंगाल में क्रान्तिकारियों की मदद कर रहा था एक अंग्रेज़ व्यापारी समुदाय जिसका नाम था 'सिटिजन्स प्रोटेक्शन लीग'। इन बातों से सुभाष बोस यह तो समझ ही रहे थे कि अंग्रेज़ों का ध्येय महात्मा गाँधी को कमज़ोर करना है।

उन्हीं दिनों गोपीनाथ साहा नाम का क्रान्तिकारी चार्लन नामक पुलिस कमिश्नर की हत्या करना चाहता था क्योंकि उसने भारतीयों पर क्रूरता पूर्वक अत्याचार किया था। पर संयोगवश गोली लग गयी मिस्टर डे को और गोपीनाथ साहा को फाँसी की सजा हो गयी। फाँसी के पूर्व साहा ने घोषणा की–'मेरे ख़ून की हर बूँद भारत के हर घर में आज़ादी का बीज बो देगी।'

यद्यपि इस समय तक सुभाषचन्द्र बोस क्रान्तिकारियों की आतंकवादी व हत्या जैसी गतिविधियों के सख्त विरोधी थे। पर अंग्रेज़ों ने जिस क्रूरता से गोपीनाथ साहा को फाँसी दी थी और जिस निडरता और राष्ट्रीय स्वाभिमान के साथ वह फाँसी पर झूल गये थे, उनके कहे हुए शब्दों ने सुभाषचन्द्र बोस के हृदय में हलचल मचा दी।

बंगाल प्रादेशिक कांग्रेस की सभा में गोपीनाथ साहा को दी गयी फाँसी पर निन्दा प्रस्ताव लाया गया और प्रस्ताव को रखा सुभाष बोस ने। 25 अक्टूबर, 1924 को सरकार एकाएक सक्रिय हो गयी और उसने यह आरोप लगाकर कि बंगाल में क्रान्तिकारी आतंकवाद के पीछे सुभाष का दिमाग काम कर रहा है सुभाषचन्द्र बोस को गिरफ़्तार कर पहले तो बहरामपुर जेल और बाद में बर्मा के मांडले जेल में भेज दिया। उन्हें जेल में ही अपने राजनीतिक गुरु देशबन्धु चितरंजन दास की मृत्यु का समाचार मिला तो वे चीख पड़े और बिलख–बिलख कर रोये। उनकी मार्मिक अभिव्यक्ति हुई इन शब्दों में–'कौन कल्पना कर सकता है कि आज मेरे दिल पर कितना बड़ा वज्राघात हुआ है। समाचार–पत्रों के शब्दों को पढ़कर मुझे अपनी आँखों पर विश्वास नहीं किन्तु आह! वह समाचार हृदय विदारक कठोर सत्य था। हम लोगों का राष्ट्र वस्तुतः अभागा राष्ट्र है।'

गाँधी जी इस समय को ब्रिटेन से लड़ने के लिए उपयुक्त नहीं समझ रहे थे। वे इस समय अपने घर के क़िले की मरम्मत कर रहे थे और मरम्मत करने का साधन था–आने वाले राजनीतिक अवसरों के लिए नैतिक तैयारी, हिन्दू–मुस्लिम एकता, अस्पृश्यता निवारण, खादी का प्रचार और स्त्रियों को घर की चहारदीवारी से निकालकर मुख्य धारा में लाना।

और सबसे मुख्य बात जिससे गाँधी सबसे अधिक व्यथित थे वह थी– हिन्दू–मुस्लिम एकता। अब महात्मा गाँधी के रुख में एक बदलाव दिखाई देने लगा था। उन्हें विश्वास होने लगा था कि ब्रिटेन की नीति हिन्दू –मुस्लिम एकता विरोधी है–वह जानबूझकर ऐसा पासा फेंकती है कि कभी ऐसा लगता है कि मुस्लिम के साथ पक्षपात करती है तो कभी हिन्दुओं की कुरीतियों का पक्ष लेकर हिन्दुओं की भावनाओं को भी उभारती है।

गाँधी जी का ख़्याल था कि हिन्दू–मुस्लिम एकता से भारत को स्वराज्य प्राप्त हो जायेगा। पर अब वे महसूस करने लगे थे कि जब तक

अंग्रेज़ों का तीसरा दल यहाँ मौजूद है तब तक हिन्दू–मुस्लिम मेलजोल लगभग असम्भव है।

महात्मा गाँधी का नुस्खा था कि बहुसंख्यक हिन्दू अल्पसंख्यक मुस्लिमों के साथ अच्छा बर्त्ताव करें और दोनों अहिंसा का पालन करें।

1924 में जेल से छूटने के बाद महात्मा गाँधी ने अपने घर के क़िले की मरम्मत की बात की और साथ ही साथ राजनीतिक नेतृत्व से भी थोड़ा परे हटना चाहा। परन्तु उनके इस निर्णय से पूरा वायुमण्डल विरोध की ऊँची आवाज़ से भर गया।

महात्मा गाँधी ने कहा भी–'मैं पसन्द नहीं करता और न कभी पसन्द किया है कि हर बात के लिए मुझ पर निर्भर रहा जाये। राष्ट्रीय कामकाज को चलाने का यह बिल्कुल निकृष्ट तरीक़ा है। कांग्रेस एक आदमी का तमाशा नहीं बनना चाहिए जैसा कि उसके बन जाने का ख़तरा है, चाहे वह एक आदमी कितना ही भला और महान क्यों न हो।'

1925 में उन्हें कांग्रेस अधिवेशन की अध्यक्षता के लिए यह कहकर राजी किया गया कि उनके अलहदगी से देश में व्यापक संकट आ जायेगा। एक ओर रचनात्मक कार्यक्रम मानने वाले तो दूसरी ओर स्वराज्य पार्टी जो कौंसिलों में राजनीतिक कार्य की हामी थी और दोनों का विलय हो सकता था और उसका एकीकरण कोई करवा सकता था तो महात्मा गाँधी–ऐसी समझ दोनों पक्षों में थी। महात्मा गाँधी ने इसे स्वीकार तो किया पर एक कड़ी शर्त लगाकर कि प्रत्येक कांग्रेसी को खादी पहननी होगी।

मार्च 1927 में महात्मा गाँधी को कोल्हापुर में दिल का हल्का–सा दौरा पड़ा था पर बाद में उनके शरीर पर इसका कोई बुरा प्रभाव नहीं दिखाई दिया।

5 नवम्बर, 1927 को महात्मा गाँधी को वाइसराय इरविन ने भारत की स्थिति पर चर्चा करने के लिए बुलाया। महात्मा गाँधी के साथ विधान मण्डल के अध्यक्ष विट्ठल भाई पटेल, 1927 के कांग्रेस अध्यक्ष श्रीनिवास आयंगर तथा 1928 के निर्वाचित कांग्रेस अध्यक्ष डॉ. अंसारी को भी बुलाया गया।

जब वे लोग बैठे तो वाइसराय ने इन्हें एक पर्चा दिया, जिसमें एक सरकारी ब्रिटिश कमीशन के भावी आगमन की घोषणा थी। इस कमीशन के नेता सर जान साइमन थे तथा इसका उद्देश्य भारतीय स्थिति पर रिपोर्ट और राजनीतिक सुधारों की सिफ़ारिश करना था।

पर्चे को पढ़कर गाँधी जी ने वाइसराय की ओर देखा और प्रतीक्षा की। जब वाइसराय ने कुछ नहीं कहा तो गाँधी जी ने पूछा—क्या हमारी मुलाक़ात का सिर्फ़ यही मतलब है? वाइसराय के उत्तर 'जी हाँ' कहने पर गाँधी जी मुलाक़ात समाप्त कर वापस आ गये।

'साइमन कमीशन' ब्रिटिश सरकार के राज्य सचिव लार्ड बर्कन हैड के दिमाग़ की अधकचरी उपज थी।

साइमन कमीशन के समाचार ने भारत को स्तम्भित कर दिया। यह कमीशन भारत के भाग्य का फ़ैसला करने वाला था। परन्तु इसके सदस्यों में एक भी भारतीय नहीं था।

इधर सुभाषचन्द्र बोस भी 16 मई, 1927 को बिना किसी अभियोग के दो वर्ष छह माह और इक्कीस दिन की सज़ा काटकर आज़ाद हो गये थे। जिस जेल में उन्हें रखा गया था वह लोकमान्य तिलक और लाला लाजपत राय जैसे मूर्धन्य नेताओं के बन्दी रखने के लिए प्रसिद्ध तो था ही दूसरी ओर घोर अपराधियों की नरक धारा भी थी। इसका वातावरण स्वास्थ्य के लिए अत्यधिक विषाक्त और हानिकारक था। इस नरक में आने के बाद सुभाषचन्द्र बोस का स्वास्थ्य गिरता गया किन्तु इनकी आत्म ज्योति समुज्ज्वल होती गयी। उनकी आलोकित आत्मा ने उस जेल के अन्धकार को चीरकर उसमें प्रकाश विकीर्ण कर दिया। उन निर्जीव सींखचों में सुभाषचन्द्र बोस सोचते रहते थे—बाहर आन्दोलन की क्या स्थिति होगी? —महात्मा गाँधी क्या सिर्फ़ रचनात्मक कार्य ही कर रहे होंगे? पर क्या अभी का समय इन बातों में गँवाने का है? यह अमूल्य समय तो स्वतन्त्रता के महायज्ञ में आहुति देने का है। सुभाष बोस का स्वास्थ्य दिन—प्रतिदिन क्षीण होता जा रहा था और उस करूण स्थिति में भी वे तन्हाई की तपती दीवारों के भीतर सुदूर भविष्य की क्रान्तिकारी योजनाएँ बनाने में तल्लीन रहते थे।

सुभाषचन्द्र बोस को जेल से छूटते ही स्वतन्त्रता के महायज्ञ में आहुति देने का मौक़ा मिल गया। पर इसके पहले उन्हें स्वास्थ्य भी ठीक करना था। भावुक सुभाष अपने माता—पिता तथा भाई—बहन से लगभग ढाई साल दूर रहने से व्यथित हो गये थे। उन्होंने कहा भी था एक पाश्चात्य व्यक्ति के लिए यह समझना मुश्किल है कि पूर्व के लोग अपने सगे—सम्बन्धियों से कितना स्नेह रखते हैं। अकारण इतने लम्बे समय तक जेल में रहने के कारण वे दुखी हो गये थे कि निराधार दोष मढ़ने के उत्तर में सिर्फ़ यह

कहने के सिवा क्या चारा था कि वे निरपराध हैं। जब सुभाषचन्द्र बोस जेल से बाहर आये तो स्नेह विभोर होकर कई क्षणों तक अपने बड़े भाई शरतचन्द्र के गले से चिपके रहे। शरतचन्द्र सन्तप्त हृदय और क्षुब्ध दृष्टि से अपने प्यारे छोटे भाई के क्षीणकाय शरीर और कान्तिहीन मुखाकृति को निहारते रह गये।

उस समय उत्तर भारत के क्रान्तिकारी ब्रिटिश सरकार की चुनौती के लिए तैयार थे। देश की स्वतन्त्रता के लिए अपना बलिदान देने के लिए सिर पर कफ़न बाँधकर मैदान में निकल पड़े थे। रामप्रसाद, जोगेश चटर्जी एवं शचीन्द्र सान्याल भी चन्द्रशेखर आज़ाद के नेतृत्व में कार्य कर रहे उत्तर भारत के क्रान्तिकारियों के साथ मिलकर काम करने लगे। इन्हीं क्रान्तिकारियों ने देशभर से चुन–चुनकर क्रान्तिकारियों का एक संगठन बनाया था जिन्होंने काकोरी काण्ड को सम्पन्न किया था। क्रान्तिकारी गतिविधियों को तेज़ करने तथा उसे बम जैसे घातक हथियारों से लैस करने के लिए सरकारी खज़ाने को लूटा जा रहा था। इसी समय 3 फरवरी, 1928 को साइमन कमीशन बम्बई पहुँचा।

इस अवसर पर जवाहरलाल नेहरू और सुभाषचन्द्र बोस पूरे उत्साह से देश के युवा वर्ग का नेतृत्व कर रहे थे। वे हर प्रान्त का दौरा कर रहे थे और जोशीले भाषण देकर जनता को साइमन कमीशन के विरुद्ध खड़ी करने की कोशिश कर रहे थे।

दिसम्बर 1927 को एम.ए. अंसारी के नेतृत्व में मद्रास में कांग्रेस का अधिवेशन हुआ। इसमें फ़ैसला लिया गया कि साइमन कमीशन का पूरी तरह विरोध किया जायेगा। इसी अवसर पर कांग्रेस में युवा वर्ग के नेता जवाहरलाल नेहरू ने पूरी तरह से स्वराज्य प्राप्ति का प्रस्ताव भी पारित करा लिया तथा आगामी वर्ष के लिए सुभाषचन्द्र बोस, जवाहरलाल नेहरू और सुएब कुरैशी को कांग्रेस का महासचित नियुक्त किया गया। यह कांग्रेस में परिवर्तनवादियों की नीतियों की विजय थी।

3 फ़रवरी, 1928 को समूचे देश में कांग्रेस कार्यकारिणी ने हड़ताल और प्रदर्शनों के द्वारा साइमन कमीशन का विरोध किया। साइमन कमीशन के बम्बई में प्रवेश करते ही काले झंडों तथा 'साइमन वापस जाओं' के नारे के साथ ज़ोरदार स्वागत किया गया। जब तक कमीशन भारत में रहा उसके सदस्यों के कानों में 'साइमन, गो बैक' का नारा गूँजता रहा।

साइमन ने समझौते की कोशिश की। इरविन ने प्रलोभन दिये और मिन्नतें भी कीं किन्तु प्रतिनिधि की हैसियत रखने वाले एक भी भारतीय ने उनसे मिलना मंजूर नहीं किया।

महात्मा गाँधी का अनोखा व्यक्तित्व था। जब तक उनकी सज़ा की छह वर्ष की अवधि समाप्त नहीं हुई वे रचनात्मक कार्यों में और सामाजिक कुरीतियों के ख़िलाफ़ कार्य करते रहे और अंग्रेज़ी सरकार यदि बात करना चाहती थी तो कर ले रहे थे। कुछ लोगों को लगा गाँधी बारडोली सत्याग्रह भूल गये। पर वे भूलने वाले कहाँ थे। ठीक छह वर्ष बाद उन्होंने 12 फ़रवरी, 1928 को उसी स्थान से बारडोली में सत्याग्रह का शंख बजवाया सरदार वल्लभ भाई पटेल और उनके सहायक अब्बास तैयब जी से।

पूरा आन्दोलन अहिंसक रहा; लोगों ने, किसानों ने जुल्म सहा पर हिंसा का प्रयोग नहीं किया। अन्ततः सरकार को झुकना पड़ा और उसे बढ़े हुए टैक्स को वापस लेना पड़ा।

हाँ, तो साइमन कमीशन ने पूरे भारत में उथल–पुथल मचा दिया था। पूरे भारत में उसका बहिष्कार हो रहा था। और गाँधी जी का बहिष्कार तो इतना पूर्ण था कि उन्होंने कमीशन का नाम भी कभी अपनी ज़ुबां पर नहीं लाया। लाहौर में एक विशाल साइमन विरोधी सभा में पंजाब केसरी लाला लाजपत राय पर पुलिस की लाठी पड़ी और कुछ दिनों में उनकी मृत्यु हो गयी। जवाहरलाल नेहरू लखनऊ में लाठियों के प्रहार से घायल हो गये।

नेहरू और सुभाष बोस के नेतृत्व से पूरे देश का युवा आन्दोलित हो रहा था। सुभाषचन्द्र बोस ने अति उत्साहित होकर भाषण दिया कि देश का तरुण वर्ग आज अपने वयस्क नेताओं को सारे दायित्व सौंपकर ख़ुद हाथ बाँधकर बैठने या मूक–बधिर पशु की तरह व्यवहार करने को कदापि तैयार नहीं है। जिस युवा वर्ग की ओर सुभाषचन्द्र बोस का इशारा था उसके नेता वे स्वयं को मानते भी थे और थे भी।

पर सुभाषचन्द्र बोस यह जानते थे और मानते भी थे कि वयस्क नेताओं को तो नहीं पर एक निर्विवाद और सभी दलों के प्रिय और अपने देश के पवित्रतम व्यक्ति, जो हैं तो सन्त हृदय, पर जन–जन में इतने लोकप्रिय हैं कि बिना उन्हें साथ लिए कुछ भी नहीं हो सकता है। किन्तु इसके बाबजूद सुभाषचन्द्र बोस का मन आन्दोलन के लिए मचल रहा था।

इसी समय बारडोली में सफल आन्दोलन, जो पूरी तरह अहिंसक

भी था, आन्दोलनकारियों में पुनः एक नया जोश भर रहा था। इसी तरह के जोश में भरे सुभाषचन्द्र बोस 1928 के मई महीने में गाँधी जी के पास साबरमती आश्रम पहुँचे। उन्होंने महात्मा गाँधी से आग्रह किया कि अभी उपयुक्त समय है अंग्रेज़ी राज को भारत से उखाड़ फेंकने का। उन्होंने गाँधी जी से आग्रह किया कि यह काम केवल आप ही कर सकते हैं क्योंकि पूरे भारत में देश की जनता सिर्फ़ आपकी आवाज़ पर उठ सकती है।

परन्तु महात्मा गाँधी सुभाषचन्द्र बोस की बातों से सहमत नहीं हो पाये। महात्मा गाँधी महसूस कर रहे थे कि सुभाषचन्द्र बोस अहिंसात्मक वातावरण का ज़िक्र तो कर रहे हैं पर वे शायद स्वयं अहिंसा के सिद्धान्त को नहीं समझ पा रहे हैं। महात्मा गाँधी गलत भी नहीं थे। सुभाषचन्द्र अंग्रेज़ों से लड़ाई के लिए आर–पार के मूड में रहते थे जिस आर–पार की लड़ाई में सैनिकों की भूमिका भी रहती ही थी। सुभाषचन्द्र बोस हज़ारों नवयुवक कांग्रेसकर्मियों को सैन्य प्रशिक्षण भी दे रहे थे...हालाँकि उस समय महात्मा गाँधी को इसकी पूरी जानकारी नहीं थी।

गाँधी जी हिंसात्मक वातावरण बनने के इस नाजुक वातावरण को समझ रहे थे। पर वे चतुर युद्ध नायक की तरह लड़ाई के लिए उपयुक्त समय और स्थान को चुनने की तैयारी कर रहे थे।

अनिश्चितता की इस मानसिक स्थिति में गाँधी जी दिसम्बर 1928 में कलकत्ता में होने वाले अधिवेशन के लिए गये। जहाँ सुभाषचन्द्र बोस का यह नारा–'तुम मुझे ख़ून दो मैं तुम्हें आज़ादी दूँगा' गूँज रहा था और जिसे सुनकर उतावले नवयुवकों का बहुत बड़ा दल उनके पीछे हो लिया था।

कांग्रेस अधिवेशन में सीधी कार्रवाई की माँग की गयी। लेकिन गाँधी जी जानते थे कि संगठन क्या चीज़ है और वास्तविकता क्या है? सुभाषचन्द्र बोस युद्ध की बात कर रहे थे पर क्या उनके पास कारगर सेना भी थी?

नवयुवकों का नेतृत्व करने वाले सुभाषचन्द्र बोस और जवाहरलाल नेहरू चाह रहे थे कि तुरन्त स्वाधीनता की घोषणा कर दी जाये और उसके बाद स्वाधीनता का युद्ध छेड़ दिया जाये। गाँधी जी ने सलाह दी कि ब्रिटिश सरकार को दो वर्ष की चेतावनी दी जाये। आख़िरकार एक वर्ष पर सहमति बनी कि यदि 31 दिसम्बर, 1929 तक भारत को औपनिवेशिक दर्जे के अन्तर्गत आज़ादी न मिली तो देश अपने आपको 'इंडिपेंडेंस वाला' घोषित कर देगा। बाद में जवाहरलाल नेहरू और सुभाषचन्द्र बोस ने

इस पर संशोधन पेश किया। उस संशोधन का उद्देश्य यह था कि एक तो समय का कोई बन्धन नहीं होना चाहिए; दूसरा कि सर्वदलीय परिषद् द्वारा बनाये गये संविधान में भारत के लिए जिस डोमिनियन स्टेट्स' की कल्पना की गयी है, उसकी स्वीकृति की ओर कोई इशारा भी नहीं किया जाना चाहिए।

सभा में नौजवानों की ओर से आवाज़ उठ रही थी–'पूर्ण स्वाधीनता'।

महात्मा गाँधी ने अपनी बात नवयुवकों के सामने रखी कि आज तो इसे ही एक प्रकार का स्वराज्य मान सकते हैं। कल उसका रूप क्या होगा मैं नहीं जानता। हमें सत्य के लिए सदा आग्रह करना चाहिए। यदि लोग सत्य, आत्मसम्मान, प्रतिज्ञाओं और परम्परा का त्याग कर देते हैं तो वे स्वतन्त्रता प्राप्त नहीं कर सकते क्योंकि वे उसके अयोग्य हैं।

सुभाषचन्द्र बोस ने कहा कि वे औपनिवेशिक दर्जे के स्वराज्य को अस्वीकार करते हैं इसी से पूर्ण स्वाधीनता का लक्ष्य घोषित किया जाये।

गाँधी जी ने कहा–स्वराज्य मेरा जन्म सिद्ध अधिकार है ठीक उसी तरह जिस तरह फेफड़ों से साँस लेना मेरा जन्मसिद्ध अधिकार है। यह बात आपके लिए आपके साँस लेने की तरह ही स्वाभाविक होनी चाहिए। फिर आप इतने भयभीत क्यों हैं?

आप इस बात को ऐसे समझिए कि अभी 24 घण्टे भी नहीं बीते हैं और आप अपनी बात से अलग हो जाते हैं तो आप स्वाधीनता की बात कैसे कर सकते हैं? और यदि हम सभी पर अविश्वास करने लगते हैं, किसी पर भरोसा नहीं कर सकते तो फिर हम में सम्मान की भावना नहीं है।

यदि आप सत्य का पालन नहीं करते हैं और भ्रष्ट रास्ते को अख्तियार करते हैं तो मैं यही कहूँगा कि इन तरीक़ों से स्वाधीनता मिलने वाली नहीं है वरन् आप अपनी बेड़ियाँ ख़ुद तैयार कर रहे हैं। आप इनसे नहीं बच सकेंगे, क्योकि यह आपकी इच्छा से तैयार की गयी बेड़ियाँ हैं।

'ईश्वर इस निर्णय में आपका पथ प्रदर्शन करें।' तालियों की गड़गड़ाहट से बिल पास हो गया।

कांग्रेस का अधिवेशन चल ही रहा था कि सुभाषचन्द्र बोस अपने वालंटियरों के साथ अधिवेशन में पहुँचे। वालंटियर तो खादी के सफ़ेद कपड़े में ही थे पर सुभाषचन्द्र बोस सेना के जनरल कमांडिंग आफ़िसर के कपड़े से सुसज्जित थे और उन्हीं कपड़े में वे बैठक में उपस्थित रहे।

एक ओर सैनिक पोशाक में लैस सुभाषचन्द्र बोस और दूसरी ओर अहिंसा में ही जीने और मरने के लिए तैयार दो हाथ की खादी अपने शरीर पर लपेटे महात्मा गाँधी के बीच असहमति स्पष्ट झलक रही थी। इतने के बाद यह तो स्पष्ट दिख रहा था कि दोनों की विचारधाराएँ अलग थीं।

हालाँकि सुभाषचन्द्र बोस ने अभी तक आतंकवादी गतिविधियों तथा सशस्त्र क्रान्ति से ब्रिटिश सरकार को उखाड़ फेंकने की किसी तरह की कार्य–योजना को परिणाम नहीं दिया था। वे अभी तक यही सोच रहे थे कि प्रशासन में सुधार के लिए निरन्तर संघर्ष करते हुए, जनता में जागृति लाते हुए, कांग्रेस को एक महाशक्ति के रूप में राष्ट्रवादी बनाते हुए तथा उसकी छत्र छाया में जनता से पूरी तरह जुड़कर अंग्रेजों के पैर उखाड़ते हुए, सही समय पर उन्हें दबोचा जा सकेगा और देश आज़ाद हो जायेगा। 1928 के कांग्रेस अधिवेशन में सुभाषचन्द्र बोस को सैनिक यूनीफार्म में देखकर महात्मा गाँधी को अच्छा नहीं लग रहा था। बंगाल कांग्रेस अधिवेशन में बहुत सारे लोग सुभाषचन्द्र बोस को इस रूप में देखकर उनके विरुद्ध बातें कर रहे थे।

कांग्रेस में दोनों तरह के लोग थे–अपरिवर्तनवादी भी और परिवर्तन समर्थक भी और उसमें बहुत से लोग अलग जगहों से थे। इससे आपस में मत विभिन्नताएँ बहुधा रहती ही थीं। चूँकि सबकी पृष्ठभूमि अलग थी इससे कोई भी कार्य गलत है या सही इसका सापेक्ष या निरपेक्ष निर्णय लेना मुश्किल था। पर सुभाषचन्द्र बोस ऐसा सोचते थे कि यदि महात्मा गाँधी हस्तक्षेप करें तो मामला सुलझ सकता है, अपरिवर्तनवादी और परिवर्तन वादी में ऐक्य हो सकता है। क्योंकि उनकी नज़र में महात्मा गाँधी की शक्ति असीमित और अवर्णनीय थी।

लेकिन महात्मा गाँधी ने सुभाष बोस से कहा–आप मेरी जो शक्तियाँ बता रहे हैं, मैं जानता हूँ मुझमें नहीं हैं। आजकल अपरिवर्तनवादी और परिवर्तन समर्थक दोनों तरह के लोग हैं। साथी कार्यकर्त्ताओं के साथ मेरा सम्बन्ध जिन कार्यों को लेकर है उनके अलावा अन्य मामलों में उनके निर्णय में मेरा हस्तक्षेप करना गलत होगा। यदि उनमें से किसी के ख़िलाफ़ कोई निश्चित बात होगी तो मैं ख़ुशी से जाँच करूँगा। चाहे मैं कोई सेवा कर सकूँ या नहीं फिर भी मैं चाहता हूँ कि आप इस अशोभनीय वाद–विवाद को समाप्त करने का कोई रास्ता निकालें।

1929 का वर्ष नाज़ुक और निर्णायक बन गया था। 8 अप्रैल को ही भगत सिंह और बटुकेश्वर दत्त ने विधान सभा में जाकर बम फेंके और कुछ गोलियाँ भी दागीं। उस समय साइमन गैलरी में बैठा हुआ था। इन क्रान्तिकारियों की मंशा थी बहरी ब्रिटिश सरकार को अपना विरोध सुनाना।

1929 अक्टूबर की अन्तिम तारीख को लार्ड इरविन ने अपना अत्यन्त महत्त्वपूर्ण बयान दिया जिसमें गोलमेज परिषद् बुलाने की बात की और साथ ही औपनिवेशिक शासन की घोषणा की। कुछ दिनों बाद गाँधी जी दिल्ली में डॉ. अंसारी, श्रीमती एनी बेसेंट, मोतीलाल नेहरू और सर तेजबहादुर सप्रू, पंडित मालवीय, श्रीनिवास शास्त्री आदि से मिले और इन नेताओं द्वारा एक घोषणा–पत्र प्रकाशित किया गया जिसमें वायसराय की घोषणा के प्रति इनकी प्रतिक्रिया अनुकूल थी।

गाँधी जी तथा वयोवृद्ध राजनीतिज्ञों के इस मैत्रीपूर्ण रुख ने तूफ़ान खड़ा कर दिया–ख़ासकर जवाहरलाल तथा सुभाषचन्द्र बोस की ओर से। परन्तु विचलित न होकर तथा इस भरोसे के साथ कि राष्ट्र अंग्रेज़ों से शान्तिपूर्ण समझौता स्वीकार कर लेगा गाँधी जी तथा उनके साथियों ने अपनी खोजबीन जारी रखी। उन्होंने 23 दिसम्बर को तीसरे पहर वायसराय से मिलने का समय निश्चित कर लिया।

सुभाषचन्द्र बोस ने इस बात का भारी विरोध किया। उन्होंने कहा–'महात्मा गाँधी अंग्रेज़ों के बहकावे में आ गये हैं। यह विश्वासघात है तथा जब अंग्रेज़ धोखा देंगे तब पता चलेगा।'

वैसे महात्मा गाँधी का साफ़ तौर पर मानना था कि उनकी लड़ाई अंग्रेजों से नहीं बल्कि उनकी सरकार और दमनमूलक राजनीति से है।

वायसराय और गाँधी की मुलाक़ात ढाई घण्टे चली। महात्मा गाँधी ने पूछा कि क्या वायसराय महोदय ऐसी गोलमेज परिषद् का वादा कर सकते हैं जो भारत को सम्पूर्ण और तुरन्त औपनिवेशिक दर्जा देने वाला मसविदा तैयार करे जिसमें साम्राज्य से अलग होने का अधिकार शामिल हो?

इरविन ने कोई ठोस उत्तर नहीं देकर लाहौर में जवाहरलाल नेहरू की अध्यक्षता में होने वाले कांग्रेस के ऐतिहासिक अधिवेशन को एक भूमिका प्रदान कर दी। सुभाष बोस का मानना था कि वायसराय इसी से महात्मा गाँधी को कोई आश्वासन नहीं दे सके क्योंकि चर्चिल, लार्ड बेकेन हेड, लार्ड रीडिंग तथा कुछ अन्य लोग इसका काफ़ी विरोध कर रहे थे।

और ठीक उसी क्षण जब 1929 का वर्ष समाप्त हुआ और 1930 का वर्ष प्रारम्भ हुआ कांग्रेस ने महात्मा गाँधी को अपना सूत्रधार बनाकर आज़ादी का झंडा फहरा दिया और पूर्ण स्वाधीनता तथा सम्बन्ध–विच्छेद की घोषणा करने वाला प्रस्ताव पास कर दिया तथा साथ ही साथ सत्याग्रह कब, कहाँ और किस मुद्दे से किया जाये, इसका निर्णय गाँधी जी पर छोड़ दिया गया।

सुभाष बोस ने लिखा है–महात्मा गाँधी ने देश के माहौल को सही आँका और कहा–केवल सविनय अवज्ञा ही देश को आशंकित अव्यवस्था और गुप्त अपराधों से बचा सकती है। क्योंकि देश में हिंसा का एक ऐसा दल है जो भाषणों, प्रस्तावों या सम्मेलनों पर भरोसा नहीं करता और सीधी कार्रवाई में ही विश्वास करता है। इसीलिए उन्होंने राष्ट्रीय संघर्ष का ख़ुद नेता बनने का संकल्प किया ताकि इसे अहिंसा की सीमाओं में रखा जा सके।

31 दिसम्बर की 12 बजे रात्रि में और 1 जनवरी, 1930 को जवाहरलाल नेहरू ने तिरंगा फहराकर पूर्ण स्वाधीनता की घोषणा की। इस मौक़े पर सुभाषचन्द्र बोस को प्रसन्न होना चाहिए था क्योंकि पूर्ण स्वाधीनता जवाहरलाल और सुभाषचन्द्र बोस दोनों को प्रिय था। पर अचानक इस तरह एकाएक इस निर्णय को ले लेने से वे हतप्रभ रह गये और उन्होंने इसे अपनी उपेक्षा माना। कांग्रेस कार्य समिति के लिए अलग–अलग सूचियाँ तैयार की गयी थीं। एक मोतीलाल नेहरू द्वारा, दूसरा जमनालाल बजाज द्वारा। सुभाषचन्द्र बोस और श्रीनिवास अय्यंगार तथा कुछ अन्य लोग इस प्रक्रिया के विरोध में सभा छोड़कर चले गये।

इतना ही नहीं, 2 जनवरी, 1930 को सुभाषचन्द्र बोस और श्री. निवास अय्यंगार ने कांग्रेस लोकतान्त्रिक पार्टी नामक एक नयी पार्टी के गठन की भी घोषणा कर दी। वैसे तो सिर्फ़ एक दिन में ही इस पार्टी के गठन की घोषणा हुई, पर हो सकता है सुभाषचन्द्र बोस के मन में पहले से भी इस तरह की कोई योजना चल रही हो।

परन्तु महात्मा गाँधी उनके इस कृत्य से आश्चर्यचकित रह गये क्योंकि 20 दिसम्बर, 1929 को ही उन्होंने महात्मा गाँधी की दैवी शक्तियों के प्रति अपनी श्रद्धा की बात दुहराई थी। महात्मा गाँधी ने सुभाषचन्द्र बोस को 3 जनवरी को लिखा–'तुम तो मेरे लिए पहेली ही बनते जा रहे हो। मैं चाहता हूँ कि देशबन्धु ने जैसा तुम्हारे बारे में मुझे प्रमाण–पत्र दिया

था तुम उसके अनुकूल ही सिद्ध हो सको। उन्होंने मेरे सामने तुम्हारी जो तस्वीर रखी थी वह एक बुद्धिमान, एकनिष्ठ, दृढ़निश्चयी और संकीर्णता रहित नवयुवक की थी। इसलिए कलकत्ता अधिवेशन के दौरान तुम्हारे व्यवहार (सुभाषचन्द्र बोस कांग्रेस अधिवेशन के दौरान जनरल सेनाध्यक्ष की वर्दी में आये थे) से मुझे दुख हुआ, लेकिन मैंने तुम्हारे उस अजीब व्यवहार को नजरअन्दाज़ कर दिया किन्तु जो अब लाहौर में तुम्हारा बर्त्ताव हुआ वह मेरी समझ से बाहर हो गया। उसमें मुझे तुच्छ ईर्ष्या की बू दिख रही थी। तुम जानते हो मैं अपने साथ कड़े विरोध का बुरा नहीं मानता, बल्कि उससे मुझे लाभ ही होता है और मुझे मित्रों की अपेक्षा विरोधियों से ज़्यादा सीखने को मिलता है। अतः मैं हमेशा सच्चे और बुद्धि बुद्धिमत्तापूर्ण विरोध का स्वागत करता हूँ पर लाहौर में तुम्हारा व्यवहार सिर्फ़ अड़चनें डालने वाला लग रहा था। तुम्हारे अशिष्ट तथा अधीरतापूर्ण ढंग से सभा छोड़कर जाने से मुझे बहुत धक्का लगा।'

महात्मा गाँधी ने आगे लिखा–तुम एक समझदार आलोचक की तरह अपने–अपने तरीक़े से उपयोगी सुझाव देकर इस काम में मदद कर सकते थे। लेकिन मैं और बहस नहीं करना चाहता। मैं तो यह तुम्हें केवल इसलिए लिख रहा हूँ कि तुम अपने क़दम वापस ले लो और मुझे तथा अन्य लोगों के सामने जिनका कि सहयोग तुम चाहोगे, यह प्रमाणित कर दो कि देशबन्धु ने तुम्हें जो सर्टिफिकेट दिया था वह सही था। मैं किसी भी बात के बारे में तुम्हारी राय बदलना नहीं चाहता, लेकिन इतना जरूर चाहता हूँ कि तुम उन विचारों के प्रचलन के लिए अपने व्यवहार में परिवर्तन लाओ।

हृदय से तुम्हारा

पत्र के जवाब में सुभाषचन्द्र बोस ने अपनी कुछ गलतियाँ स्वीकार कीं, लेकिन साथ ही इन्होंने यह भी लिखा कि बंगाल के युवा के मन में क्या है, इसको भी जानने की ओर ध्यान दें। यह भी कहा कि वे लोग मानते हैं कि आप खादी कार्यकर्त्ताओं के प्रति ज्यादा प्रेम रखते हैं।

महात्मा गाँधी ने पुनः 11 जनवरी, 1930 को सुभाषचन्द्र बोस को लिखा–प्रिय सुभाष, हालाँकि तुम्हारे पत्र से मुझे सन्तोष नहीं हुआ फिर भी वह मुझे पसन्द आया। 3 जनवरी वाले पत्र में मैंने जैसा महसूस किया वैसा ही लिखा और किया। मुझे प्रदर्शनी स्पष्ट रूप से याद है। लेकिन निस्सन्देह

उसको लेकर हमारे आदर्शों में भिन्नता थी। आम जनता के लिए जो कुछ भी पूर्ण रूप से शिक्षाप्रद है मैं उसमें दिखावटीपन नहीं चाहता। लेकिन यदि तुम्हारे पास समय होता तो मैं इन विषयों पर तुमसे ख़ूब झगड़ा करता। मैं तुम्हें विश्वास दिलाता हूँ कि मैं खादी कार्यकर्त्ताओं के साथ कोई पक्षपात नहीं करता। उनकी ओर मेरा ध्यान जाना स्वाभाविक है क्योंकि उनके और मेरे बीच बहुत कुछ समानता है। मैं तुम्हारे साथ वैसा ही सम्पर्क रखना चाहूँगा लेकिन मुझे वह सौभाग्य प्राप्त नहीं हो सकता, क्योंकि जीवन के प्रति हमारे तौर तरीक़ों व दृष्टिकोण में भिन्नता दिखाई पड़ती है। मैं इन मतभेदों को बुरा नहीं समझता लेकिन मैं आपसी कटुता को गलत समझता हूँ। मुझे दूसरा पत्र ज़रूर लिखना। मैं तुम्हारे निकट आने को उत्सुक हूँ। मुझे ऐसा सोचकर अथवा जानकर दुख हुआ कि जिस युवा बंगाल को मैं प्यार करता हूँ और बहुत पसन्द करता हूँ उसके बारे में मैं अनभिज्ञ हूँ।

23 जनवरी, 1930 को सुभाषचन्द्र बोस अपने जन्मदिवस के दिन जब 'आल इंडिया सफरर्स डे' पर जुलूस का नेतृत्व कर रहे थे तो उन्हें गिरफ़्तार कर लिया गया। एक वर्ष के कारावास की सज़ा सुनाकर उन्हें सेंट्रल जेल भेज दिया गया।

दूसरी ओर 26 जनवरी सन् 1930 को कांग्रेस कमेटी ने स्वतन्त्रता दिवस के रूप में मनाने की घोषणा कर दी।

26 जनवरी, 1930 को सुभाषचन्द्र बोस जेल में थे। उन्होंने लिखा है कि देशभर से जो समाचार मिल रहे थे उनसे पता चलता है कि स्वाधीनता दिवस समारोह काफ़ी सफल रहे। सब तरफ़ असाधारण उत्साह था। कांग्रेस कार्य समिति ने सविनय अवज्ञा आन्दोलन चलाने के लिए महात्मा जी को डिक्टेटर के अधिकार दे दिये थे। स्वाधीनता दिवस को देश भर में जिस उत्साह के साथ मनाया गया उसके अलावा विभिन्न विधान मण्डलों में कांग्रेस पार्टी के सदस्यों ने लाहौर कांग्रेस के आदेश के अनुसार अपने–अपने त्याग–पत्र दे दिये। हाँ, मुसलमानों का बहुत बड़ा वर्ग सत्याग्रह और सविनय अवज्ञा का विरोधी था। अली बन्धुओं ने मुसलमानों से कांग्रेस की अपील पर ध्यान न देने की खुली अपील की। फिर भी राष्ट्रवादी मुसलमानों ने, जो संख्या में नगण्य नहीं थे, पूरे दिल से कांग्रेस का साथ दिया और उत्तर पश्चिमी सीमा प्रान्त, जो मुस्लिम बहुल प्रान्त था पूरी तरह आने वाले आन्दोलन में साथ देने को तैयार था। बहुत आत्म–निरीक्षण के बाद 27

फरवरी को महात्मा जी ने अपने आन्दोलन की योजना की घोषणा की। इसके बाद उन्होंने जो कुछ निर्णय किये वे हमेशा के लिए इतिहास में उनके नेतृत्व की सर्वोतम उपलब्धियाँ मानी जायेगी जो यह सिद्ध करती हैं कि वे संकट के समय राजनय की कितनी ऊँचाई को छू सकते हैं।

महात्मा गाँधी व्यक्तियों के सुधारक थे। इसलिए उन्हें उन साधनों की चिन्ता थी, जिनके द्वारा भारत की मुक्ति प्राप्त हो सके। यदि साधनों ने व्यक्ति को भ्रष्ट कर दिया तो लाभ की अपेक्षा हानि अधिक होगी। 18 जनवरी को रवीन्द्रनाथ टैगोर साबरमती गाँधी जी से मिलने आये। उन्होंने महात्मा गाँधी से पूछा–1930 में आप देश को क्या देने वाले हैं? गाँधी जी का उत्तर था–मैं रात–दिन व्यग्रतापूर्वक सोच रहा हूँ, मुझे घोर अन्धकार में प्रकाश की कोई किरण दिखाई नहीं देती।

छह सप्ताह तक गाँधी जी अन्तरात्मा की आवाज़ सुनने की राह देखते रहे और अन्त में आवाज़ सुनकर वे इस निष्कर्ष पर पहुँच गये कि उन्हें नमक क़ानून को तोड़ना है।

महात्मा गाँधी ने वायसराय के नाम एक पत्र लिखा जो एक निराला पत्र था–'मेरी इच्छा अहिंसा द्वारा ब्रिटिश लोगों में हृदय परिवर्तन करने और इस प्रकार उन्हें यह दिखाने की है कि भारत को उन्होंने कितना नुक़सान पहुँचाया है... यदि इस पत्र का आपके हृदय पर कोई प्रभाव नहीं पड़ता है तो 12 मार्च, 1930 को मैं अपने संगी–साथियों के साथ नमक क़ानून की धारा तोड़ने के लिए निकल पड़ूँगा। मैं इस नमक कर को ग़रीबों की दृष्टि से सबसे अधिक पीड़ादायक मानता हूँ। क्योंकि स्वाधीनता आन्दोलन अनिवार्यतः देश के सबसे ग़रीब लोगों के लिए है इसलिए इसकी शुरुआत इसी बुराई से हो रही है। आश्चर्य तो यह है कि हम इस जालिम (नमक) एकाधिकार को इतने दिनों तक कैसे बर्दाश्त करते रहे। आप मुझे गिरफ़्तार करके मेरी योजना को विफल कर सकते हैं पर मुझे विश्वास है कि अनुशासित ढंग से हज़ारों लोग मेरे बाद इस काम को जारी रखने के लिए तैयार होंगे।'

11 मार्च को सारा देश जोश और कौतूहल से उमड़ रहा था। महात्मा गाँधी भी उमंग में थे। जब महात्मा गाँधी ने कहा–हम लोग ईश्वर के नाम पर कूच कर रहे हैं तो मानो पूरा देश मानसिक रूप से उत्साह में भरकर उनके साथ कूच कर रहा था। गाँधी जी के साथ अठहत्तर लोग चले थे पर दांडी

पहुँचते–पहुँचते इसने हज़ारों लोगों की अहिंसक सेना का रूप ले लिया।

महात्मा गाँधी ने समुद्र में डुबकी लगायी, नमक बनाया और अपनी मुट्ठी में नमक उठाया। पूरे देश में लोग नमक बनाने लगे। नमक आन्दोलन का निर्णय महात्मा गाँधी ने अचानक नहीं लिया था, महादेव देसाई ने अपनी डायरी में लिखा है–'सन् 1917 में जब बापू बीमार थे तो बीमारी की हालत में बड़बड़ा रहे थे नमक कर तो वापस लेना ही पड़ेगा। नमक कानून भंग करने के आन्दोलन को जनता ने हाथों हाथ लिया, तभी तो जिन गाँवों में समुद्र नहीं था वहाँ के भी लाखों लोग नमक को पानी में डाल कर उसे आग पर गरम कर नमक बनाने लगे...। एक लाख लोगों को जेल में पकड़कर डाल दिया गया पर एक भी हिंसक झड़प नहीं हुई। अंग्रेज़ी पुलिस बढ़ते हुए लोगों पर टूट रही थी, लोहे की मूठ वाली लाठियाँ बरसा रही थी। पर आश्चर्य किसी भी सत्याग्रही ने चोटें बचाने के लिए हाथ तक न उठाया... न कोई लड़ाई की, न खींचतान। सत्याग्रही केवल आगे बढ़े चले जाते थे–जब तक कि लाठियों की मार से गिर न जायें।'

गाँधी की अहिंसा लोगों के सिर पर चढ़कर नाच रही थी। उस समय सुभाषचन्द्र बोस जेल में थे। उन्होंने इस घटना के बारे में लिखा है–दांडी मार्च का ऐतिहासिक महत्त्व उसी तरह का है जैसा कि नेपोलियन के पेरिस मार्च का था। सुभाषचन्द्र के ही शब्दों में–कुछ ऐंग्लो इंडियन अख़बार व्यंग्यपूर्ण लेख लिख रहे थे कि "महात्मा जी चाहें तो औपनिवेशिक स्वराज्य मिलने तक समुद्र के पानी को उबालते रह सकते हैं।" पर मेरी नज़रों में दांडी कूच ऐतिहासिक महत्त्व की वस्तु थी और इसे ऐसा ही माना जायेगा जैसा कि एल्बा से लौटने पर नेपोलियन का पेरिस मार्च या राजनीतिक सत्ता हथियाने के लिए मुसोलिनी का रोम की ओर कूच था। पैदल कूच का लाभ यह हुआ कि जहाँ–जहाँ से वे गुज़रे, सारे गाँवों में जागृति की लहर दौड़ गयी।

दाण्डी मार्च की घटना ने सुभाष बोस को ख़ुशी और गौरव से भर दिया। वीर सुभाषचन्द्र बोस को, जिनके आदर्श नेपोलियन थे और उनके पेरिस मार्च से बहुत प्रभावित भी थे, आज क्षीणकाय गाँधी में, जो हाथ में एक अहिंसक डण्डा लेकर दाण्डी मार्च कर रहे थे, सैनिक जनरल की वर्दी पहने नेपोलियन का अक्स दिख रहा था।

दाण्डी मार्च में स्त्रियों की सहभागिता की भी सुभाषचन्द्र ने काफ़ी

प्रशंसा की। गाँधी दाण्डी मार्च की सफलता में स्त्रियों के योगदान को देखकर सुभाषचन्द्र बोस ने भी इससे प्रेरणा ली। सुभाषचन्द्र बोस ने लिखा है कि 'दांडी मार्च की अपील के बाद महात्मा गाँधी ने भारत की नारियों से विशेष अपील की कि इस अहिंसक युद्ध में स्त्रियों का योगदान पुरुषों से अधिक होना चाहिए। स्त्रियों को दुर्बल मानना उनका अपमान करना है। यदि शक्ति का अर्थ नैतिक बल है तो उनमें निश्चय ही पुरुषों से कहीं अधिक बल है। उन्होंने महिलाओं से शराब की दुकानों की पिकेटिंग करने की अपील की।'

सुभाष बोस आगे लिखते हैं कि यह अपील सारे देश में फैल गयी और जिसका जादू का सा प्रभाव पड़ा। बड़े पुरातनपन्थी और रईस घरानों की महिलाएँ भी उठ खड़ी हुईं। हर जगह हजारों स्त्रियाँ कांग्रेस के आदेश का पालन करने के लिए घरों से निकल पड़ीं...। सरकार ही नहीं, देशवासियों को भी इतना भारी जनसमर्थन देखकर हैरानी होती थी। विदेशी पर्यवेक्षकों का विचार था कि यदि सविनय अवज्ञा आन्दोलन से और कुछ भी हासिल न हुआ हो तो भी नारी स्वातन्त्र्य को जो उपलब्धि हुई उस कारण से भी यह आन्दोलन सार्थक कहा जायेगा।

दाण्डी मार्च के बारे में नेहरू के लिखे दृश्य से सुभाषचन्द्र बोस ने भी अपनी सहमति जताई कि इस शख़्स की कई तस्वीरें मेरे सामने उभरती हैं जिनकी आँखों से हँसी टपकती है, इसके बावजूद उनमें गहरे दुख का दरिया है। मुझे सबसे अधिक प्रभावित करने वाला वह दृश्य था जिसमें मैंने उन्हें एक हाथ में लाठी थामे पदयात्रा करते देखा था दाण्डी की ओर...। वे सत्य की खोज में लगे किसी तीर्थयात्री की तरह दिख रहे थे—मौन, शान्त, बेपरवाह और निडर। परिणाम की चिन्ता किये बग़ैर, अपनी खोज में सतत रत तीर्थयात्री।

अपने को एक भारतीय तीर्थयात्री कहने वाले सुभाषचन्द्र बोस ने उस समय कहा—महात्मा जी की लोकप्रियता तथा प्रतिष्ठा का यह सर्वोच्च शिखर है, अभी समय भी अनुकूल है अंग्रेज़ी सरकार पर दबाव बनाने का।

4 मई, 1930 को महात्मा गाँधी भी गिरफ़्तार हो गये। गाँधी जी सोये हुए थे। उसी समय उनके चेहरे पर टार्च की रोशनी पड़ी और वे नित्यकर्म करने और प्रार्थना करने का समय माँगकर अंग्रेज़ों के हाथों गिरफ़्तार

होकर चले गये। गाँधी जी पर न मुक़दमा चला, न सज़ा दी गयी और न जेल की अवधि ही निश्चित की गयी।

महात्मा गाँधी चाहे जेल में हों अथवा सत्याग्रह यात्रा पर हों वे हमेशा ब्रिटिश सरकार के लिए परेशानी का कारण रहते थे। गाँधी जी की गिरफ़्तारी के बाद लोगों के बढ़ते हुए विद्रोह को देखकर ब्रिटिश प्रधानमन्त्री मैकडॉनल्ड और इर्विन उलझन में थे। 'डेली हेराल्ड' के संवाददाता जॉर्ज स्लोकम जेल में उनसे मिलने गये। आपसी समझौते की कोशिश की गयी पर सहमति नहीं बन पायी। दूसरे जेल में बन्द पं. जवाहरलाल नेहरू, सैयद महमूद, सरोजिनी नायडू, आदि को पूना यरवदा जेल में लाया गया जहाँ महात्मा गाँधी क़ैद थे पर इन नेताओं ने कहा कि उनके तथा ब्रिटिश सरकार के बीच न पटने वाली खाई है। और किसी तरह का समझौता नहीं हो पाया।

सुभाषचन्द्र बोस 25 सितम्बर, 1930 को जेल से रिहा हो गये। उसके बाद उन्होंने सम्पूर्ण देश का दौरा करने का निर्णय किया। इस दौरान उन्होंने कई संगठन बनाये और ढेर सारी सभाएँ कीं जिसमें अपने जोशीले भाषण से युवाओं को जगाया।

इधर लन्दन में 12 नवम्बर, 1930 को जो पहली गोलमेज कान्फ्रेंस हुई जिसमें कांग्रेस के किसी भी प्रतिनिधि ने भाग नहीं लिया। 26 जनवरी, 1931 को स्वाधीनता दिवस पर इरविन को महात्मा गाँधी और पंडित जवाहरलाल नेहरू सहित बीस से अधिक नेताओं को बिना शर्त रिहा करना पड़ा। इसी स्वाधीनता दिवस के दिन सुभाषचन्द्र बोस कलकत्ता के मेयर के तौर पर एक जुलूस का नेतृत्व कर रहे थे कि पुलिस ने उनपर लाठी चार्ज किया और पुनः उन्हें छह महीने के लिए जेल भेज दिया गया।

इधर महात्मा गाँधी की लार्ड इरविन के साथ समझौते की बात चल रही थी ताकि दूसरी गोलमेज सम्मेलन में कांग्रेस द्वारा हिस्सा लिया जा सके। बहुत सारे आपसी वाद–विवाद के बाद 5 मार्च, 1931 की सुबह गाँधी–इरविन समझौते पर हस्ताक्षर हो गये। दो राष्ट्रों के राजनीतिज्ञों ने एक इकरारनामे पर, एक सुलहनामे पर, एक स्वीकृत मसविदे पर हस्ताक्षर कर दिया, जिसका हर वाक्य, हर शर्त–कड़ी सौदेबाज़ी से ठोंक–पीटकर तैयार किया गया था। ब्रिटिश प्रवक्ताओं का दावा था कि इस लड़ाई में इरविन की जीत हुई है पर इस विषय में लुई फिशर का कहना है कि,

महात्मा जी जितनी दूर की बातों पर विचार करते थे, उसके लिहाज़ से भारत और इंग्लैण्ड के बीच सिद्धान्त रूप से जो बराबरी का दर्जा कायम हो गया था, वह उस अव्यावहारिक रियायत से अधिक महत्त्वपूर्ण था, जिसे वह अनिच्छुक साम्राज्य से ऐंठ सकते थे।'

इसी बीच राजगुरु, सुखदेव और भगत सिंह को फाँसी की सज़ा सुना दी गयी थी जिससे पूरा देश दुखी था। लोगों को विश्वास था कि महात्मा गाँधी इरविन पर दबाव डालकर भगत सिंह को फाँसी से बचा लेंगे पर गाँधी के प्रयास करने पर भी दुर्भाग्य से ऐसा हो नहीं सका।

महात्मा गाँधी ने भगत सिंह की फाँसी की सज़ा को समाप्त करने के लिए वायसराय से छह बार मुलाक़ात की पर... भगत सिंह की शहीद होने की बलवती इच्छा ही पूर्ण हुई।

सुभाषचन्द्र बोस ने लिखा है कि 'महात्मा गाँधी ने इस फाँसी की सज़ा को रोकने के लिए अधिक से अधिक कोशिश की। लार्ड इरविन ने महात्मा जी को बताया कि फिलहाल मैं इस फाँसी की सज़ा को स्थगित किये दे रहा हूँ और फिर इस मामले पर गम्भीरता से विचार करूँगा लेकिन मुझ पर इस समय और अधिक दबाव न डाला जाये। महात्मा जी ने और हरेक ने इस रवैये से यही अनुमान लगाया कि फाँसी अन्ततोगत्वा नहीं दी जायेगी और इससे सारे देश में ख़ुशी की लहर दौड़ गयी।'

आख़िरकार 23 मार्च, 1931 को राजगुरु, सुखदेव और भगत सिंह को फाँसी दे दी गयी। जब सुभाषचन्द्र बोस को अगले दिन कलकत्ता से कराची जाते समय इस दुखद घटना की जानकारी मिली तो वे अत्यन्त द्रवित हो गये। सम्पूर्ण देश क्रान्तिकारियों के इस बलिदान और ब्रिटिश सरकार की नृशंसता से क्षुब्ध था। चारों ओर दुख का मौहाल था।

सुभाष बोस ने लिखा है वायसराय इरविन से जिस दिन आश्वासन मिला इसके दस दिन बाद ही कांग्रेस का अधिवेशन होने वाला था। आमतौर से सभी को यह आशा बँध गयी थी कि फाँसी नहीं दी जायेगी। पर सवाल यह उठता है कि जब गाँधी–इरविन समझौता होने के बाद अचानक भगत सिंह को फाँसी क्यों दे दी गयी?

सुभाषचन्द्र बोस ने जो गाँधी इरविन पैक्ट के विरोधी थे, लिखा है कि मैं लोगों में पैक्ट की प्रतिक्रिया क्या है, देख रहा था। महात्मा गाँधी का हर जगह जो स्वागत और मान–सम्मान हो रहा था इससे पता चल

रहा था कि उनकी लोकप्रियता नयी ऊँचाई को छू रही थी। यह 1921 के रिकॉर्ड से भी आगे बढ़ गयी थी।

इसी माहौल में कांग्रेस का अधिवेशन होना था, उत्साह का मौहाल था। महात्मा गाँधी की जयकार से पूरा भारत गुंजायमान हो रहा था। 26 मार्च को कांग्रेस की बैठक थी और 29 मार्च, 1931 को कांग्रेस का खुला अधिवेशन। और इसी बीच इतनी हड़बड़ी में भगत सिंह को फाँसी दे दी गयी...। आख़िर इतनी हड़बड़ी में फांसी क्यों दे दी गयी? क्या अंग्रेज़ों को अपनी न्यायप्रियता दिखानी थी या कठोर छवि...? दोनों में से कुछ भी नहीं था। बस उन्हें एकमात्र सूत्र बाँटो और राज करो के सिद्धान्त पर विश्वास था। वे महात्मा गाँधी के बढ़ते हुए विशाल क़द से घबरा रहे थे। जब उन्होंने गाँधी– इरविन पैक्ट के बाद गाँधी की लोकप्रियता में और बढ़ोतरी ही देख तो उन्होंने, अपनी नयी चाल चली इन रणबाँकुरें देशभक्तों को फाँसी देकर...। अंग्रेज़ी हुकूमत को विश्वास था कि फाँसी देने से कांग्रेस में विद्रोह हो जायेगा और गाँधी की आँधी स्वतः रुक जायेगी। उन्हें कुछ हद तक सफलता भी मिली। महात्मा जी को भी रेल में ही भगत सिंह–सुखदेव और राजगुरु की फाँसी का समाचार मिला। जब वे कराची के पास रेलगाड़ी से उतरे तो कई नौजवानों ने उनका काले फूल और काली मालाओं से स्वागत किया। नवयुवकों के एक वर्ग में यह धारण ा भी फैल गयी कि महात्मा गाँधी ने भगत सिंह को नहीं बचाया... यह धारणा आज तक भी कुछ नौजवानों में है। यानी अंग्रेज़ों के द्वारा जो दाव फेंका गया उसमें उस समय के नौजवान ही नहीं आज के भी नौजवान मोहरे बन रहे हैं।

पर उस समय अंग्रेज़ों की वह चाल पूरी नहीं हुई। कांग्रेस में फूट नहीं पड़ी बल्कि पूरी कांग्रेस ही शोक में डूब गयी। कांग्रेस अधिवेशन एक शोक सन्तप्त वातावरण में पूर्ण हुआ। कांग्रेस पार्टी की अधिकृत मशीनरी ने सरदार पटेल की अध्यक्षता में सावधानी से काम लिया।

इसी दुखद माहौल में कराची में कांग्रेस का अधिवेशन हुआ जिसकी अध्यक्षता सरदार वल्लभभाई पटेल द्वारा की गयी।

जैसे कुछ लोगों का मानना है कि श्रीकृष्ण चाहते तो महाभारत नहीं होता जबकि वे शान्तिदूत बनकर भी कौरव सभा में गये थे पर दुर्योधन ने उनकी बात नहीं मानी...ठीक वैसे ही कुछ लोगों को यह विश्वास था कि

गाँधी जी चाहें तो कुछ भी कर सकते हैं चाहे यह मामला भारत के बँटवारे का हो या भगत सिंह की फाँसी का...। इसी सोच के कारण महात्मा गाँधी के विरुद्ध युवाओं में इतना गुस्सा था कि जब वे कांग्रेस अधिवेशन में जाने के लिए कराची रेलवे स्टेशन पर उतरे तो युवाशक्ति ने काले झंडे और काले फूलों के हार दिखाकर अपना विरोध प्रकट किया।

कराची में किये गये अधिवेशन का एक मुख्य उद्देश्य गाँधी–इरविन समझौते का अनुमोदन करना था और इस कार्य को तत्कालीन कांग्रेस अध्यक्ष सरदार पटेल ने बखूबी अंजाम दिया।

इन्हीं दिनों सुभाषचन्द्र बोस को 'नव जवान भारत सभा' का अध्यक्ष चुना गया और साथ ही साथ एक अखिल भारतीय नवजवान कॉन्फ्रेंस का आयोजन किया गया। इस अधिवेशन में सुभाषचन्द्र बोस के भाषण में महात्मा गाँधी की नीतियों से सहयोग और विरोध दोनों परिलक्षित हो रहा था। सुभाष बोस ने कहा–मेरे विचार से हम लोगों को सामाजिक तथा आर्थिक ढाँचे की ओर ध्यान देना चाहिए जिस पर दुनिया की शान्ति तथा समृद्धि अवलम्बित है एवं जो चरित्र को बढ़ाने के साथ मानव की एकता की भी रक्षा करते हैं।

हमें यह सोचने की आवश्यकता है कि किन उपायों द्वारा हम इस पवित्र लक्ष्य की प्राप्ति शीघ्र कर सकते हैं। मैं तो इस निष्कर्ष पर पहुँचा हूँ कि ये साधन–न्याय, समानता, स्वतन्त्रता, अनुशासन तथा प्रेम है।

बिना गाँधी जी का नाम लिए हुए उन्होंने आगे कहा कि–कांग्रेस के कार्यक्रम में प्रधान कमी यह है कि नेताओं के दिमाग़ में एक प्रकार की अस्पष्टता है और वे अपने पूरे विचार प्रकट नहीं करते। वे ज़मींदार तथा किसानों में, मिल–मालिक तथा मज़दूर में, पुरुषों तथा स्त्रियों में समझौता कराना चाहते हैं। मैं इस समझौतेवादी व्यवस्था में विश्वास नहीं करता और मुझे नहीं लगता है कि इससे देश को आज़ादी मिल पायेगी।

गाँधी–इरविन समझौते में सुलह की जो शर्तें तय हुई हैं मैं कह सकता हूँ कि वे असन्तोषप्रद तथा निराशाजनक हैं। सबसे बड़ा दुख तो इस बात का है कि जिस समय यह सन्धि हुई उस समय समझौते में निहित शक्ति के मुक़ाबले में हम लोगों में अधिक ताकत थी।'

उसी अधिवेशन में सुभाषचन्द्र बोस गाँधी इरविन पैक्ट का विरोध

करना चाह रहे थे परन्तु उस पर जब उन्होंने बहुत गहराई से सोचा और निष्कर्ष निकाला तो उन्हें लगा यदि हम इसका विरोध करते हैं तो चुने हुए प्रतिनिधियों से हमें अधिक समर्थन नहीं मिलेगा। युवा हमारा साथ दे सकते हैं पर पैक्ट का विरोध करने के लिए हमें सरकार को नोटिस देकर आन्दोलन को फिर से शुरू करना होगा और इसमें हमें कितना समर्थन मिलेगा? इसमें तनिक भी सन्देह नहीं था कि यदि हमने ऐसा किया तो जन और धन दोनों की दृष्टि से हमें निराशा ही हाथ लगेगी। और इस बात की भी सम्भावना नहीं है कि हम इतनी लड़ाई करके भी महात्मा जी ने जितना पाया है उससे ज़्यादा हासिल कर पायेंगे। यदि हम हार जाते हैं और हारना निश्चित ही है तो हमारा विरोध बेकार रहेगा तो फिर संस्था में विभाजन पैदा करने से क्या लाभ? और सबसे बड़ी बात यह भी कि सरकार समझ रही थी कि कांग्रेस अधिवेशन से पहले फाँसी देने से पैक्ट विरोधी गुट काफ़ी मज़बूत हो जायेगा। जब सुभाष बोस ने यह देखा कि सरकार कांग्रेस में फूट डालने पर आमादा है तो फूट को बचाने के लिए गाँधी इरविन पैक्ट को स्वीकार कर लिया और नेहरू के बारे में भी लिखा कि उन्होंने भी आधे मन से ही पैक्ट को स्वीकार कर लिया है।

सुभाषचन्द्र बोस का ऐसा सोचना था कि अभी गाँधी से लोकप्रिय व्यक्ति कोई दूसरा नहीं है और सबसे अधिक लोकप्रिय व्यक्ति ही सबसे अधिक शक्तिशाली भी होता है।

इधर कांग्रेस ने महात्मा गाँधी को दूसरी गोलमेज परिषद् के लिए अपना एकमात्र प्रतिनिधि चुना। गाँधी जी 12 सितम्बर को लन्दन पहुँचे और 5 दिसम्बर तक इंग्लैण्ड में रहे।

द्वितीय गोलमेज परिषद् बुरी तरह असफल रही। भारत के धार्मिक मतभेदों को गहरा करके इसने भविष्य पर अशुभ और दुखदायी असर डाला। लुई फिशर ने गोलमेज सम्मेलन का वर्णन करते हुए लिखा है कि–परिषद् ने एक अल्पसंख्यक समिति नियुक्त की जिसमें तेरह मुसलमान, दस हिन्दू, दो अछूत, दो मज़दूर प्रतिनिधि, दो सिख, एक पारसी, दो भारतीय ईसाई, एक ऐंग्लो–इंडियन, दो भारत प्रवासी अंग्रेज़ और चार महिलाओं को जगह दी गयी। केवल महिलाओं ने पृथक् निर्वाचन की माँग नहीं की। समिति के तेरह मुसलमानों में से केवल एक राष्ट्रीय मुसलमान था, जो राजनीति में भारतीय और धर्म में पैगम्बर का अनुयायी था। बाक़ी बारह धर्म को राज्य

के साथ मिलाते थे और अपने धार्मिक समुदाय के हितों को समूचे भारत के कल्याण से ऊपर रखते थे।

परिषद् के मुख्य अधिवेशन में भाषण देते हुए फ़जलुल हक़ ने कहा था–मैं नहीं समझता कि सर आस्तिन चेम्बरलेन को कभी डॉ. मुंजे तथा मुझ जैसे मनुष्य जाति के दो बेमेल नमूनों से पाला पड़ा हो, जो अलग–अलग धर्मों को मानते हैं और अलग–अलग ईश्वरों की पूजा करते हैं। 'एक ही ईश्वर' एक सदस्य की आवाज़ आयी। हक़ ने आपत्ति जताते हुए कहा–'नहीं, एक ही ईश्वर नहीं हो सकता। मेरा ख़ुदा पृथक् निर्वाचन चाहता है।'

मुस्लिम प्रतिनिधि ईश्वर के भी टुकड़े कर रहा था। परन्तु गाँधी जी न तो ईश्वर के टुकड़े करना चाहते थे न भारत के। उन्होंने परिषद् से साफ़ कह दिया कि वे पृथक् निर्वाचन के बिल्कुल विरोधी हैं। उन्होंने कहा कि स्वाधीन भारत में भारतीय सब भारतीयों को भारतीय की तरह मत देंगे। भारतीय राष्ट्रीयता का गुण और बाहर वालों के लिए उसकी प्रेरणा यह नहीं थी कि वह नये राष्ट्रीय व्यवधान पैदा करें–यह तो पहले से ही बहुत थे–बल्कि यह कि इंग्लैण्ड संसार को साम्राज्यवाद के भयानक प्रभाव से मुक्त करे और भारत में धर्म को राजनीति से अलग कर दें। इसके विपरीत अंग्रेज़ों की व्यवस्था में गोलमेज परिषद् ने पुराने अलगावकारी प्रभावों को बढ़ाया और नये पैदा करने का प्रयत्न किया।

सुभाषचन्द्र बोस ने लिखा है कि अंग्रेज़ी हुकूमत ने पहले से ही यह साज़िश रच रखी थी कि कांग्रेस की पूरी तरह उपेक्षा करनी है।

परम धर्मनिष्ठ हिन्दू महात्मा गाँधी जो सिर्फ़ अपने भगवान के लिए हिन्दू थे और सभी जगह सिर्फ़ भारतीय, उनके लिए धर्म, नस्ल, जाति, वर्ण या अन्य किसी आधार पर किसी के विरुद्ध भेदभाव रखना असम्भव था। अछूतों के समानाधिकार के लिए और उस नयी पीढ़ी को शिक्षित करने के लिए जो हिन्दू या मुसलमान या पारसी या ईसाई न होकर भारतीय थे, गाँधी जी की देन जागतिक महत्त्व रखती है।

हालाँकि महात्मा गाँधी का गोलमेज सम्मेलन असफल हो गया पर इंग्लैण्ड में उनकी पवित्र छवि की धूम मच गयी। इंग्लैण्ड के राजा से लेकर प्रधानमन्त्री, विद्वान से लेकर ग़रीब, मेहनतकश जनता सभी इस सन्त के कायल हो गये। प्रधानमन्त्री डेविड लॉयड जार्ज ने लुई फिशर से बताया था कि जब गाँधी जी उनके घर आये थे उनके नौकरों ने वह काम

किया जो आज तक कोई भी मेहमान उन्हें करने के लिए प्रेरित नहीं कर सका था–सब के सब इस सन्त से मिलने के लिए बाहर निकल आये थे।

आक्सफोर्ड में गाँधी की बातचीत के लिए एक मण्डली बनी थी जिसमें एडवर्ड टॉमसन, प्रोफ़ेसर लिंडसे, गिल्बर्ट मरे, प्रोफ़ेसर एस. कूपलैंड' सर माइकेल सैडलर, पी.सी. लियॉन तथा अन्य कई विद्वान और बुद्धिजीवी थे। इस वाक़या का वर्णन करते हुए टॉमसन ने लिखा है–'तीन घण्टे तक उन्हें छाना गया और उनसे जिरह की गयी।... यह थका देनेवाली परीक्षा थी किन्तु वे एक क्षण के लिए भी विचलित या निरुत्तर नहीं हुए। मेरे हृदय में पूर्ण विश्वास जम गया कि परम आत्मसंयम और अनुद्विग्नता के मामले में संसार ने सुकरात के समय से आज तक इनकी टक्कर का पैदा नहीं किया। एक–दो बार जब मैंने अपने आपको उन लोगों की जगह रखा, जिन्हें इस अजेय स्थिरता और अविचलता का सामना करना पड़ा, तो अपने ख़्याल से मैं समझ गया कि एथेंसवासियों ने उस शहीद तार्किक को ज़हर क्यों पिलाया था।'

इंग्लैण्ड में चौरासी दिन के निवास में गाँधी जी के जितने सार्वजनिक और खानगी सरकारी और गैर–सरकारी वक्तव्य हुए उन सबमें उन्होंने सबसे ऊपर यह स्पष्ट करने का प्रयत्न किया कि भारत की स्वाधीनता से उनका क्या तात्पर्य है।

अपनी आकर्षक सरलता और मिलनसारी से गाँधी जी सबको मित्र बना लेते थे। उन्होंने इंग्लैण्ड के ईसाइयों का दिल जीत लिया। बहुत से लोग उन्हें दुरूह समझते थे और वे निस्सन्देह दुरूह हो भी सकते थे परन्तु वे प्रचण्ड से प्रचण्ड व्यक्ति की शत्रुता को भी नर्म कर देते थे। लंकाशायर, जहाँ जाने के लिए उन्हें मना किया गया था कि भारत में विदेशी वस्त्रों के बहिष्कार के कारण आयी बेरोज़गारी से वहाँ के आक्रोशित लोग गाँधी जी को नुक़सान पहुँचा सकते थे परन्तु वे वहाँ भी पहुँच गये और जब वे महात्मा गाँधी से मिले तो उन बेरोज़गारों ने कहा कि इस अनोखे सन्त और पवित्र व्यक्ति ने जो किया है यदि मैं भी उनकी जगह होता तो अपने देशवासियों के लिए यही करता। यही नहीं, लंकाशायर में लोगों ने उनका अभूतपूर्व स्वागत किया, जहाँ पत्थर और काँटों की अपेक्षा थी वहाँ फूलों की बारिश हो रही थी।

पर सुभाष बोस का मानना था कि महात्मा गाँधी के कामों में समन्वय

और लक्ष्यबद्धता नहीं थी। साथ ही महात्मा जी इंग्लैण्ड में तीन महीने ठहरे और इस अवधि में वे वहाँ बहुत ही व्यस्त रहे। उनके नित्य की दिनचर्या को देखने से पता चलता है कि उन्होंने अपने आप पर बहुत ही बोझ डाला और कभी–कभी तो वे दो घण्टे से अधिक नहीं सो पाते थे। वहाँ वे सब तरह के लोगों से मिलते रहे–संसद सदस्य, राजनीतिज्ञ, पत्रकार, मिशनरी, सामाजिक कार्यकर्त्ता, महिलाएँ, साहित्यकार, छायाकार, विद्यार्थी और न जाने कौन–कौन उनसे मिलने आते थे। सप्ताहान्त में वे कैम्ब्रिज, आक्सफोर्ड और लंकाशायर की यात्रा करके भारत के बारे में रुचि और सहानुभूति पैदा करने का यत्न करते रहे।

सुभाष बोस का मानना था कि दुर्भाग्य से महात्मा गाँधी ने यह समझ लिया कि अंग्रेज़ों में भारत के प्रति सद्भावना पैदा करना आवश्यक है।

पर जब बम्बई में उनके स्वागत में लोग बिछ रहे थे तो सुभाषचन्द्र बोस ने कहा–'स्वागत में जिस उत्साह, सौहार्द और स्नेह का प्रदर्शन हुआ, उससे यह धारणा होती थी कि महात्मा जी स्वराज्य अपनी हथेली पर लेकर आये हैं। भारत के लिए कुछ भी हासिल करने में जो असफलता मिली उसका कांग्रेस के प्रोपेगंडा के कारण कोई निराशाजनक प्रभाव नहीं पड़ा।'

सुभाषचन्द्र बोस ने लिखा है कि भारतीय जनता की निगाह में दिल्ली पैक्ट महात्मा जी की विजय थी। बहुत से बुद्धिमान व्यक्तियों का भी यह मत था कि महात्मा को दूसरे गोलमेज सम्मेलन के अन्त तक भारत को पूरी–पूरी आज़ादी और अधिकार दिलवा देना चाहिए था। इस समय महात्मा गाँधी की लोकप्रियता और प्रतिष्ठा निश्चय ही उच्चतम शिखर पर थी। कुछ दिनों तक मैंने उनके साथ यात्रा की और अपनी आँखों से देखा कि हर जगह उनके दर्शन और स्वागत के लिए कितनी भारी भीड़ आती थी। मुझे नहीं मालूम कि कहीं भी किसी भी नेता को इतना आदर और मान मिला होगा। वह लोगों की निगाह में केवल महात्मा ही नहीं थे एक राजनीतिक युद्ध के योद्धा भी थे। मेरे मन में बार–बार जो प्रश्न घुमड़ रहा था वह यह था कि गाँधी जी इस असाधारण स्थिति का जिसमें वे पहुँच गये हैं, उपयोग कैसे करेंगे। सुभाषचन्द्र बोस यह महसूस करते थे कि इस आसाधारण लोकप्रियता का पूरा लाभ महात्मा गाँधी नहीं उठा पाते हैं और न ही भुना पाते हैं।

महात्मा गाँधी के कांग्रेस के एकमात्र प्रतिनिधि के रूप में भाग लेने

जाने से भी सुभाषचन्द्र बोस सहमत नहीं थे क्योंकि उनका मानना था कि वहाँ अलग–अलग एक सौ प्रतिनिधियों में महात्मा जी अकेले मूर्ति की तरह बैठकर घाटे में रहेंगे।

इतना ही नहीं, सुभाषचन्द्र बोस को पहले इस बात से भी ऐतराज़ था कि महात्मा गाँधी को लँगोटी लगाकर गोलमेज सम्मेलन में भाग लेने नहीं जाना चाहिए। महात्मा गाँधी लँगोटी लगाये और खड़ाऊँ पहने 11 सितम्बर, 1931 को जब जहाज़ से उतरे तो वहाँ की सर्दी से शरीर की रक्षा के लिए उनके पास सिर्फ़ एक शाल था।

सुभाष चन्द्र बोस ने स्वयं लिखा है कि अपनी पहले की यूरोप यात्राओं में कभी भी वे इस प्रकार की वेशभूषा में नहीं गये थे। मैं उन लोगों में से ही था जो सोचते थे कि गाँधीजी को लँगोटी लगाकर यूरोप जाना ठीक नहीं होगा। लेकिन उन्होंने इस बार अपनी हमेशा की वेशभूषा रख कर ठीक ही किया। महात्मा गाँधी ने वहाँ संवाददाताओं को अपने पोशाक के बारे में प्रश्न का उत्तर देते हुए कहा–'यदि मैं आपके देश में अंग्रेज़ की तरह काम करने और रहने आता तो मुझे अंग्रेज़ों जैसे लिबास पहनना चाहिए था और इस देश के ही सारे रिवाजों को मानना चाहिए था। लेकिन यहाँ मैं एक महान और विशेष मिशन लेकर आया हूँ और मेरी यह लँगोटी, यदि आप इसे यही कहना चाहें, मेरे मालिकों यानी भारतवासियों का पहनावा है।'

सुभाष बोस ने लिखा है कि आज उनके देशवासी इस बात का गर्व महसूस करते हैं कि गाँधी जी अपने स्वामियों की ही वेशभूषा वहाँ भी पहने हुए हैं और बकिंघम महल की पार्टी में वह उसी वेशभूषा में गये।

सुभाषचन्द्र बोस ने गोलमेज सम्मेलन के अधिवेशन में महात्मा गाँधी के भाषण को एक अमूल्य निधि के विशेषण से विभूषित किया जिसमें गाँधी जी ने इस कटु सत्य को कहा था कि जब तक फूट डालने वाला विदेशी शासन मौजूद है तब तक वह एक सम्प्रदाय को दूसरे से और एक वर्ग को दूसरे वर्ग से अलग रखेगा और उन सम्प्रदायों में कभी भी मिलकर रहने लायक मित्रता नहीं हो पायेगी।

सुभाषचन्द्र बोस का मानना था कि 'महात्मा जी सौदेबाज़ी की भूमिका के लिए बने ही नहीं थे अतः उनकी वही स्थिति हुई जो वारसा सन्धि के समय अमेरिकी राष्ट्रपति विल्सन की हुई थी। महात्मा जी की

सज्जनता, स्पष्टवादिता, विनम्रता, विरोधियों के प्रति अत्यधिक उदारता ने केवल जानबुल को अप्रभावित ही नहीं रखा बल्कि यह उनकी कमज़ोरी समझी गयी।'

सुभाष बोस का मानना था कि महात्मा जी के शब्द अत्यधिक विनम्र थे। यदि इसके विपरीत महात्मा जी डिक्टेटर स्टालिन या फ्यूहरर हिटलर या मुसोलिनी की भाषा बोलते तो जानबुल (इंग्लैण्ड) बड़ी अच्छी तरह समझ लेता और आदर से सिर झुकाता।

सुभाष बोस के मन और आँखों में इन अधिनायकों की तस्वीर बसी रहती थी। उसके बीच में लँगोटीधारी दुबले–पतले गाँधी उन्हें बेहद कमज़ोर लग रहे थे। इसी से इन्होंने लिखा है कि ब्रिटेन के राजनीतिज्ञों ने सोचा होगा कि 'क्या यह लँगोटी वाला पतला–दुबला आदमी इतना सबल है कि ब्रिटिश साम्राज्य को इसके आगे झुक जाना चाहिए। भारत के प्रतिनिधित्व की बागडोर एक ऐसे आदमी के हाथ में है जिसे चर्च में पादरी होना चाहिए था।'

सुभाषचन्द्र बोस का यह भी मानना था कि महात्मा जी की ईमानदारी और सीधी–सच्ची नीति में विश्वास होने के कारण कांग्रेस आगामी लड़ाई की कुछ तैयारी नहीं कर सकी। किसी भी युद्ध के लिए घात–मात की आवश्यकता होती है जो गोलमेज सम्मेलन में नदारद थी।

सुभाषचन्द्र बोस ने महात्मा गाँधी के इंग्लैण्ड जाने के दौरान उनकी यूरोप यात्रा के बारे में जो चित्र खींचा है इसका वर्णन उन्हीं के शब्दों में–महात्मा जी ने इंग्लैण्ड से चलकर कुछ दिन पेरिस में बिताये। वहाँ भी उनके कुछ ऐसे प्रशंसक और मित्र थे जो स्वाधीनता के लिए भारत की अपेक्षा संसार के लिए उनके अहिंसा के सन्देश में अधिक रुचि रखते थे। पेरिस में उनके प्रवास का काफ़ी सदुपयोग हुआ लेकिन दुर्भाग्य से वहाँ के राजनीतिज्ञों से या आधुनिक राजनीतिक जगत में जिन लोगों का प्रभाव माना जाता है उनसे सम्पर्क करने की कोई कोशिश नहीं की गयी। न ही उन्होंने भारत के मसले को अन्तर्राष्ट्रीय राजनीतिक मसले के रूप में उठाने का कोई यत्न किया। पेरिस से वे जेनेवा गये। वहाँ के लोग भी उनके दर्शन में अधिक रुचि रखते थे न कि उनकी राजनीति में। यद्यपि वे जेनेवा में ठहरे लेकिन उन्हें लीग ऑफ नेशन्स के महत्त्वपूर्ण माने जाने वाले व्यक्तियों के सम्पर्क में लाने की ज़रा भी कोशिश नहीं की

गयी। बस वे सिर्फ़ अन्तर्राष्ट्रीय श्रम संघ के कार्यालय में एक बार गये। हाँ, स्विट्ज़रलैण्ड में उनके प्रवास का अच्छा उपयोग हुआ, भारत और भारत की संस्कृति के परममित्र और महान विचारक महापुरुष रोमा रोलाँ के साथ बिताये समय के कारण। अपनी सीमाओं के बाहर इस फ्रांसीसी विद्वान से बढ़कर आज भारत का कोई सच्चा मित्र नहीं है। अतः इस महान आत्मा से मिलकर और उनके साथ कुछ समय बिताकर उन्होंने भारत के लिए एक बहुत बड़ी सार्वजनिक सेवा की। स्विट्ज़रलैण्ड के बाद महात्मा जी इटली गये। इटली की सरकार और जनता ने गाँधी जी का हार्दिक स्वागत किया और इटली के राष्ट्राध्यक्ष मुसोलिनी ने उनसे मुलाक़ात की। यह निश्चय ही एक ऐतिहासिक भेंट थी। इटली के डिक्टेटर ने महात्मा जी के प्रयत्नों के लिए अपनी हार्दिक शुभकामनाएँ प्रकट कीं। भारत की दृष्टि से इटली की यात्रा करके महात्मा गाँधी ने बहुत बड़ी जनसेवा की। बस अफ़सोस इसी बात का है कि वे वहाँ अधिक देर नहीं ठहरे और न अधिक सम्पर्क कायम किया।

महात्मा जी को अमरीका और यूरोप का सघन दौरा करना चाहिए था। इन महाद्वीपों में ऐसे बहुत से देश थे जो उत्सुकता से इनके आगमन की आशा कर रहे थे और वहाँ सच्चे हृदय से उनका स्वागत होता। यदि वे चाहते तो बिना कठिनाई के यूरोप और अमेरिका के महत्त्वपूर्ण व्यक्तियों और संगठनों से सम्पर्क कर सकते थे जिसका भारत को बहुत लाभ होता। लेकिन ऐसा लगता है कि इसमें उनकी अधिक रुचि नहीं थी। भारत के बाहर उन्हें राजनीतिज्ञ के अलावा एक और भूमिका अदा करनी थी और एक ही व्यक्ति के लिए दो भूमिकाएँ अदा करना आसान नहीं होता।

महात्मा गाँधी की मुसोलिनी से हुई मुलाक़ात को सुभाषचन्द्र बोस गाँधी की बहुत बड़ी जन सेवा मानते थे। वहीं सुभाषचन्द्र रोमा रोलाँ को पूरी दुनिया में सबसे बढ़कर भारत का मित्र भी मानते थे, और भारत के सबसे बड़े उस मित्र की ही नज़रों में मुसोलिनी चूँकि फासिस्ट शासक था, इसी से वे गाँधी जी की उपस्थिति, उसके साथ भेंट से वे सशंकित थे कि कहीं मुसोलिनी दुष्ट अभिप्राय के लिए इसका उपयोग न करे।

पर एक हद तक यह बात सही है। एक बार नहीं, अनेको बार जब–जब महात्मा गाँधी को अमरीका आने का निमन्त्रण मिला उन्होंने यह कहकर ठुकराया कि मैं सिर्फ़ उछलकूद मचाने या तमाशा बनने अमरीका

नहीं जाना चाहता। उन्हें पता था अपनी लोकप्रियता के बारे में जो वहाँ थी, उन्हें पता था कि लाखों की संख्या में लोग उन्हें देखने और सुनने आयेंगे पर...उन्हें इन बातों से आनन्द नहीं आता था। रोमा रोलाँ ने लिखा है कि 'उन्हें अपनी जय जयकार से तकलीफ़ होती थी।' महात्मा गाँधी का मानना था कि अभी मेरी सबसे अधिक आवश्यकता मेरे देश को है।

इस बात से सुभाष बोस भी प्रसन्न थे कि गाँधी जी अपनी ईमानदारी को लेकर लौटे थे। वह उस अर्द्धनग्न फकीर की भूमिका से नीचे नहीं उतरे थे, जिसने बलशाली ब्रिटिश साम्राज्य के साथ बराबरी के स्तर पर मन्त्रणा की थी। यह चीज़ आज़ादी से मात्र एक सीढ़ी ही नीचे कही जा सकती थी क्योंकि यह भारत की भावना की मुक्ति को व्यक्त करती थी। दाण्डी यात्रा के बाद और गाँधी–इरविन समझौते के बाद एक ऐसी बयार बहने लगी थी जिसमें भारतवासी अपने को आज़ाद समझने लगे थे। महात्मा गाँधी ने इस भावना को बढ़ाया। इससे भारतवासी उनके कृतज्ञ थे। इसी से गाँधी के समुद्र पार की लम्बी यात्रा के बाद लौट आने से खुशियाँ मना रहे थे। पर 28 दिसम्बर को गाँधी जी के बम्बई पहुँचने पर, 6 जनवरी को ही गिरफ़्तार कर लिया गया और उन्हें यरवदा जेल भेज दिया गया। सुभाषचन्द्र बोस को 2 जनवरी को ही गिरफ़्तार कर लिया गया था।

गोलमेज सम्मेलन में अंग्रेज़ अपनी अगुवाई में डॉ. अम्बेडकर और महात्मा गाँधी से एक पैक्ट करवाना चाहते थे परन्तु गाँधी जी ने इसे मानने से इनकार कर दिया था। सुभाषचन्द्र बोस का मानना था कि महात्मा गाँधी को इस पैक्ट को वहीं मान लेना चाहिए था। सुभाष बोस के ही शब्दों में–'यदि महात्मा जी उस समय डॉ. अम्बेडकर के साथ समझौता कर लेते तो उसकी शर्त सितम्बर 1932 के पूना पैक्ट की शर्तों से कहीं अधिक अच्छी होती जो उनके ऐतिहासिक अनशन के बाद किया गया।'

महात्मा गाँधी के निजी सचिव महादेव देसाई के सुपुत्र और गाँधी जी के टाइपिस्ट रहे नारायण देसाई का कहना है कि उस समय अंग्रेज़ यह नहीं चाहते थे कि समझौता हो और कोई पैक्ट बने, वरन उनका उद्देश्य सिर्फ़ यह दिखावा करना था कि वे दलित समाज के लिए कुछ करना चाहते हैं। उनका अघोषित उद्देश्य हिन्दू–मुस्लिम दंगे की तरह सवर्ण और दलितों के दंगे भी करवाने की साज़िश थी जिसे महात्मा गाँधी ने समझ लिया था। आज भी कुछ लोगों के मन में है कि गोलमेज सम्मेलन

में गाँधी जी ने हरिजनों के पृथक् निर्वाचन का विरोध किया जबकि वास्तविकता इससे कोसों दूर नहीं, विपरीत थी पर इसे समझने के लिए यह जानना बहुत ज़रूरी है कि अंग्रेज़ किस तरह का पृथक् निर्वाचन क्षेत्र दलितों को देना चाहते थे। उस व्यवस्था के अन्तर्गत दलित उम्मीदवार को सिर्फ़ दलित जातियों के द्वारा ही वोट दिया जा सकता था। इसमें पृथक् निर्वाचन मण्डल की व्यवस्था की गयी थी। इस बात को इस तरह से समझा जा सकता है कि अंग्रेज़ों ने 71 जगहों पर दलित जातियों के लिए अलग निर्वाचन मण्डल बनाने की व्यवस्था की थी जहाँ सभी पार्टियाँ दलित जाति के उम्मीदवार खड़ीं करेंगी और जिन्हें सिर्फ़ दलित ही अपना वोट देकर चुनेंगे। अंग्रेज़ों का कहना था एक सवर्ण कभी भी दलित का प्रतिनिधि नहीं हो सकता और न सवर्ण कभी भी दलित को अपना प्रतिनिधि मानेंगे। इसी से अंग्रेज़ों ने 71 सीट पर दलितों के लिए अलग निर्वाचक मण्डल की व्यवस्था की अर्थात मतदाताओं को अलग–अलग हिस्सों में बांट दिया...। इसके पहले पृथक निर्वाचक मण्डल की व्यवस्था हिन्दू और मुस्लिम के लिए अंग्रेजी हुकूमत कर चुकी थी। न हिन्दू का मत मुस्लिम उम्मीदवार को चाहिए था और न मुस्लिमों का मत हिन्दू उम्मीदवार को चाहिए था। इससे नफरत की आँधी बहने लगी थी और बढ़ती जा रही थी। नफरत की कोख से उत्पन्न नारे, भाषण और गालियाँ अन्त में दंगे का रूप इख्तियार कर लेती थी।

हाँ तो इसी तरह के 71 पृथक् निर्वाचक मण्डल की व्यवस्था अंग्रेज़ों के द्वारा दलितों के लिए की गयी पर अम्बेडकर की माँग 75 सीटों की थी। बस 4 सीट की दूरी थी जो तय की जा सकती थी।

पर महात्मा गाँधी को उस समय की परिस्थितियों के बारे में पता था कि समाज में दलितों की कमज़ोर स्थिति है और इस तरह का अलगाववाद उन्हें काफ़ी नुक़सान पहुँचा सकता है। महात्मा गाँधी का मानना था कि इस तरह का निर्वाचन मण्डल बनाना दलित जातियों को हिन्दू समाज से अलग करने की साज़िश है जिसमें कमज़ोर हरिजनों पर जुल्म और बढ़ जायेगा। हिन्दू–मुसलमान में फिर भी थोड़ी दूरियाँ थीं पर हरिजन और सवर्ण तो एक साथ पूरे देश के ज़र्रे–ज़र्रे में समाए हुए थे और ख़ुदा न करे नफ़रत और अलगाव की आग यदि इन दोनों के बीच फैल गयी तो क्या होगा? काँप गये गाँधी। समझ गये अंग्रेज़ों की चाल...। अपने ही

भाइयों से लड़कर मर–खप जायेंगे सारे भारतवासी...। नहीं, उनके जीते जी नहीं लग सकती यह आग और ऐसा निश्चय करके बैठ गये अनशन पर... इस निश्चय के साथ कि नहीं बनने देंगे पृथक् निर्वाचन मण्डल दलितों के लिए। न अंग्रेज़ों के द्वारा 71 सीट देंगे, न अम्बेडकर की माँगी हुई 75 सीट देंगे बल्कि 148 सीट दलितों के लिए सुरक्षित की जायेंगी। उसमें सभी पार्टियों के उम्मीदवार तो होंगे हरिजन, पर वे सभी जाति, धर्म और लिंग के प्रतिनिधि होंगे।

बाद में सुभाषचन्द्र बोस ने महात्मा गाँधी और पूना पैक्ट के बारे में लिखा–'इस चिन्ता और घबराहट का शब्दों में वर्णन करना कठिन है जो 13 सितम्बर, 1932 को महात्मा जी के अनशन पर बैठने की ख़बर छपते ही सारे देश में इस सिरे से उस सिरे तक व्याप्त हो गयी थी। उस समय वे पूना जेल में थे। अंग्रेज़ी सरकार ने उन्हें कुछ शर्तों पर रिहा करने का प्रस्ताव किया लेकिन उन्होंने सशर्त रिहाई को अस्वीकार कर दिया।

जब तक महात्मा जी का अनशन चलता रहा, देश में युक्ति युक्त चिन्तन के लिए स्थान नहीं था। बस सबकी एक ही चिन्ता थी कि महात्मा जी के प्राण कैसे बचें। सरकार ने भी उन्हें जेल में शान्ति से रहने देने का फ़ैसला किया और पत्र व्यवहार और मुलाक़ातों से पाबन्दी हटा दी। पूरा देश सक्रिय हो उठा। इस समझौते को साकार करने के लिए जितनी भी अड़चनें थीं उसको दूर करने के लिए मदनमोहन मालवीय ने हिन्दू नेताओं से अपील की और अन्त में हिन्दू नेताओं ने महात्मा गाँधी की बातों से सहमति जताई और अम्बेडकर भी मान गये। अम्बेडकर के लिए नहीं मानने वाली बात थी भी नहीं। अंग्रेज़ उन्हें 71 सीट दे रहे थे, अम्बेडकर की माँग 75 सीटों के लिए थी और गाँधी ने पूना पैक्ट के दौरान हरिजनों के लिए 148 सीटों का आरक्षण दिलवाया।'

सुभाषचन्द्र बोस ने लिखा है कि जब लोगों ने बारीकी से पूना पैक्ट के बारे में सोचना प्रारम्भ किया तो उन्हें लगा कि पहले जहाँ 71 सीटें ही परिगणित जातियों को मिल रही थीं वहाँ पूना समझौता में उन्हें 148 सीटें दी गयीं। ये अधिक सीटें उन्हें शेष हिन्दू समाज की क़ीमत पर दी गयीं। बंगाल जैसे प्रान्त में जहाँ पहले ही हिन्दुओं के साथ अन्याय हुआ था इस पैक्ट को हिन्दुओं के साथ और अधिक अन्याय समझा गया, ख़ासकर इस कारण भी कि वहाँ परिगणित जातियों की समस्या थी ही नहीं। लुई

फिशर ने इस सम्बन्ध में लिखा है कि 'गाँधी जी ने अम्बेडकर को उससे भी ज़्यादा दिया जितना उन्होंने माँग की थी। गाँधी जी ने हरिजन हितैषिता में तो हरिजन अम्बेडकर को भी मात दे दी।'

खैर, पूना समझौते का स्थायी महत्त्व चाहे जो रहा हो लेकिन इसमें कोई शक नहीं कि महात्मा गाँधी के अनशन का हिन्दू सम्प्रदाय की आत्मा को जगाने में दूरगामी परिणाम रहा। यह एक अभूतपूर्व दृश्य था कि किस प्रकार एक व्यक्ति के साथ पूरे देश का हृदय स्पंदन जुड़ गया था। हिन्दू समाज के सभी वर्ग इतने सक्रिय हो उठे थे जैसे वे पहले कभी नहीं हुए थे। इस ऐतिहासिक व्रत का सबसे महत्त्वपूर्ण परिणाम यह हुआ कि अस्पृश्यता निवारण के आन्दोलन को इससे बहुत बल मिला।

सुभाषचन्द्र बोस का मानना था कि महात्मा गाँधी के अनशन का उनके अपने देशवासियों पर निस्सन्देह विस्मयकारी प्रभाव पड़ा। पर अन्तर्राष्ट्रीय क्षेत्र में ब्रिटिश प्रचारवादियों द्वारा एक झूठा प्रचार पूरे यूरोप में फैलाया गया कि महात्मा गाँधी इसके लिए अनशन कर रहे हैं क्योंकि वे अछूतों के लिए कुछ रियायतों के ख़िलाफ़ हैं। साथ ही यह भी कि भारत में सिर्फ़ हिन्दू मुस्लिम का झगड़ा ही नहीं है, हिन्दू भी हमेशा आपस में लड़ते–झगड़ते रहते हैं। सिर्फ़ ब्रिटेन ही वहाँ शान्ति और व्यवस्था रख सकने में सक्षम है।

सुभाषचन्द्र बोस की नज़रों में अनशन का एक और दुर्भाग्यपूर्ण प्रभाव पड़ा था जो और भी गम्भीर था। उनके मतानुसार 'इसने ऐसे समय राजनीतिक आन्दोलन को एक तरफ़ धकेल दिया जबकि इसी पर पूरा और हर सम्भव ध्यान देने की आवश्यकता थी। यदि महात्मा जी अपने अनशन की समाप्ति पर अछूतोद्धार का कार्य अपने ऐसे मित्रों को सौंप देते जो आन्दोलन में शामिल नहीं थे तो भी अनशन का प्रभाव इतना बेकार नहीं होता। पर जब नेता ने स्वयं जेल के भीतर से ही अछूतोद्धार का काम करना शुरू कर दिया तो उसके अनुयायी क्या करते?'

सुभाष बोस का यह भी मानना था कि सविनय अवज्ञा आन्दोलन को पीछे करके अछूतोद्धार आन्दोलन को आगे करना भी सही नहीं था। उन्होंने लिखा है कि महात्मा जी ने लन्दन में ही अपना संकल्प प्रकट कर दिया था कि इस कार्य को वे अपनी जान देकर भी करेंगे। अतः इससे यही निष्कर्ष निकलता है कि सविनय अवज्ञा आन्दोलन को इस प्रकार एक तरफ़ हटा देना व्यक्तिवाद का परिणाम था जो अक्सर उन्हें सताया

करता है और निर्वैयक्तिक वास्तविकताओं के प्रति आँख मूँद लेते हैं और किसी की न सुनते हैं। गोलमेज सम्मेलन के समय से ही वे जातियों की समस्याओं के बारे में इतनी गहराई से सोचने लगे थे कि फिलहाल सब समस्या पीछे पड़ गयी थी और जनता के जन–धन और उत्साह को सविनय अवज्ञा की उपेक्षा कर इसकी तरफ़ मोड़ दिया गया जिससे अंग्रेज़ी सरकार के सामने कांग्रेस की स्थिति कमज़ोर पड़ गयी।

पर सुभाष यह भी मानते हैं कि महात्मा जी की अपील पर सारे देश में कुएँ और मन्दिरों के द्वार अछूतों और हरिजनों के लिए खोले जाने लगे। वास्तव में इस दिशा में इतनी तेज़ी से प्रगति हुई कि एक बार तो ऐसा लगा कि छुआछूत का दानव हमेशा के लिए ख़त्म हो जायेगा।

उस समय अछूतोद्धार को सुभाषचन्द्र बोस ने सविनय अवज्ञा से कम माना। ऐसा लगता है कि उन्हें यह काम पसन्द तो था क्योंकि उनके मन में जल्द से जल्द आज़ादी का जो जज़्बा था वह सविनय अवज्ञा से पूरा होता दिखता था। तब खासकर जब महात्मा गाँधी सामाजिक कार्यों में लग जाते थे तो सुभाष बोस को लगता था कि सामाजिक आन्दोलन राजनीतिक आन्दोलन को किनारे ढकेलता जा रहा है।

परन्तु गाँधी जी का उद्देश्य सिर्फ़ देश की आज़ादी तक ही सीमित नहीं था वरन् भारत का नवनिर्माण भी करना था। उन्होंने अपने उपवास का लक्ष्य भी यही बताया था कि हिन्दुओं की अन्तरात्मा को प्रेरित करना है अपने ही भाई–बहनों से प्रेम करने के लिए...। सुभाष बोस ने स्वयं स्वीकार किया कि इस कृत्य से समस्त भारतवासियों में परिगणित वर्ग के लिए सहानुभूति पैदा हो गयी। यानी दिल से दिल जुड़ने लगे। देशवासी अब सिर्फ़ ईंट पर ईंट नहीं रख रहे थे उसमें सीमेंट भी लग गया था जो उस दीवार को मज़बूत बना रहा था जिसे अंग्रेज़ी हुकूमत एक धक्के से तोड़ देना चाहती थी।

सुभाषचन्द्र बोस को महात्मा गाँधी की एक बात से भी काफ़ी परेशानी होती थी। गाँधी जी अपने सारे कार्यों के आगामी एजेंडे को अंग्रेज़ों के सामने यानी अपने शत्रुओं के सामने खोलकर रख देते थे। खेल के पहले ही ताश के सभी पत्तों को अपने प्रतिद्वन्द्वियों को दिखा देने में क्या बुद्धिमानी हो सकती है इसे वे अपनी बुद्धि एवं समझ से परे मानते थे।

सुभाष बोस का यह भी मानना था कि महात्मा गाँधी के नेतृत्व ने

सारे देश में अपना सुदृढ़ संगठन स्थापित कर लिया है, यहाँ तक कि देशी रियासतों में भी। कांग्रेस ने देश के गाँव–गाँव और हर वर्ग में राजनीतिक जागृति की लहर दौड़ा दी है। इन सब में जो सबसे बड़ी बात है, वह यह है कि भारत का जनसाधारण यह जान गया है कि शक्तिशाली शत्रु पर बिना अस्त्र–शस्त्र के किस प्रकार से चोट की जा सकती है और कांग्रेस ने गाँधी जी के नेतृत्व में यह सीख लिया है कि सत्याग्रह के हथियार के द्वारा सरकार को ठप्प किया जा सकता है। भारत के पास दूर–दूर के गाँवों तक पहुँचा हुआ अनुशासित राजनीतिक संगठन कांग्रेस है जिसके ज़रिए राष्ट्रीय संघर्ष चलाया जा सकता है और आगे चलकर स्वतन्त्र राज्य का भी निर्माण हो सकता है।

परन्तु साथ ही साथ सुभाषचन्द्र बोस की सोच यह भी थी कि भारत की युवा पीढ़ी ने पिछले बीस वर्षों के अनुभव से सीख लिया है कि यद्यपि सत्याग्रह और सविनय अवज्ञा के माध्यम से विदेशी सरकार को ठप्प तो किया जा सकता है पर बिना शक्ति के इसे बाहर नहीं निकाला जा सकता है।

सन् 1933 में 26 जनवरी को स्वाधीनता दिवस के रूप में बहुत उत्साह के साथ मनाने की तैयारी की गयी थी। इस समय कांग्रेस के मनोनीत अध्यक्ष थे पं. मदनमोहन मालवीय...। लोगों का उत्साह चरमोत्कर्ष पर था. .. प्रदर्शन करती जनता की गिरफ़्तारियाँ करते–करते पुलिस परेशान हो रही थी...। सभी बड़े–छोटे नेता गिरफ़्तार हो रहे थे। कस्तूरबा गाँधी स्त्रियों के जुलूस का नेतृत्व करती हुई बोरसड़, गुजरात में गिरफ़्तार हो गयीं...। मदनमोहन मालवीय, मोतीलाल नेहरू आदि जो नेता कलकत्ता कांग्रेस अधिवेशन में भाग लेने आये... गिरफ़्तार कर लिए गये। वहाँ पर एक प्रस्ताव भी पारित हुआ कि स्वाधीनता के लक्ष्य को प्राप्त करने के लिए सविनय अवज्ञा के साथ–साथ विदेशी वस्तुओं का बहिष्कार भी किया जायेगा।

लोगों की गिरफ़्तारियाँ हो रही थीं। अंग्रेज़ी हुकूमत का दमन चक्र इतना तेज़ था कि वह सोच रही थी कांग्रेस को कुचल ही देंगे...पर कांग्रेसियों का उत्साह परवान पर था...। लेकिन सुभाषचन्द्र बोस लिखते हैं कि अचानक मई में एक दिन लोग यह सुनकर भौचक रह गये जब उन्होंने सुना कि महात्मा जी ने सविनय अवज्ञा आन्दोलन को छह सप्ताह के लिए स्थगित कर दिया।

उस समय सुभाषचन्द्र बोस वियना–यूरोप में थे। उन्हें इलाज के लिए

वियना जाना पड़ा था क्योंकि उनकी अस्वस्थता काफ़ी बढ़ गयी थी। जब सुभाषचन्द्र बोस ने सविनय अवज्ञा के स्थगन और महात्मा गाँधी के तीन सप्ताह के उपवास की बात सुनी तो वे क्षुब्ध हो गये। उपवास भी क्यों...? क्या अछूतोद्धार में उनके अनुयायियों ने पूरी लगन से काम नहीं किया? सुभाष यूरोप में परेशान हो रहे थे क्योंकि गाँधी के अनशन पर यूरोप के समाचार–पत्रों में भारतीयों के बीच भेद–भाव को बढ़ा–चढ़ाकर दिखाने की कोशिश की जा रही थी। पर इससे भी ज़्यादा सुभाष बोस इस बात से परेशान हो रहे थे कि महात्मा गाँधी के अनशन का उद्देश्य कितना विचित्र था। सुभाष बोस ने लिखा है कि इस अनशन का उद्देश्य 'हृदय परिवर्तन था'–पर यह हृदय परिवर्तन अंग्रेज़ी नौकरशाही का नहीं वरन् अपने ही देशवासियों का चाहते थे जो अछूतों की दुर्दशा के लिए ज़िम्मेदार थे।

सुभाषचन्द्र बोस वियना में थे पर उनकी आँखें और कान भारत में ही स्थित थे। उन्हें आश्चर्य हो रहा था सविनय अवज्ञा के स्थगन के बाद न तो कांग्रेस में और न देश में कोई विद्रोह हुआ जबकि सुभाषचन्द्र बोस को व्यापक विद्रोह की आशा थी...। वे समझ गये कि चूँ तक क्यों नहीं हो रहा है क्योंकि लोगों को सविनय अवज्ञा से अधिक महात्मा गाँधी के अनशन और उनके प्राण की रक्षा की चिन्ता थी।

उस समय सुभाषचन्द्र बोस और विट्ठल भाई पटेल दोनों वियना में स्वास्थ्य लाभ कर रहे थे। उनसे नहीं रहा गया। दोनों ने महात्मा गाँधी के इस क़दम की आलोचना करते हुए एक घोषणा–पत्र निकाला जिस में लिखा था कि 'महात्मा जी के निर्णय ने पिछले 13 वर्षों के काम और कुर्बानियों पर पानी फेर दिया है...। इससे सविनय अवज्ञा आन्दोलन और महात्मा जी के नेतृत्व की असफलता का पता चलता है।'

सुभाषचन्द्र बोस ने स्वयं लिखा है कि–महात्मा जी के स्वास्थ्य की जनता को उस समय इतनी चिन्ता थी कि इस घोषणा पत्र का कोई प्रभाव ही नहीं हुआ...। यही नहीं, मेरे मित्रों तक ने भी यही सोचा कि जब अनशन के कारण महात्मा जी की जान जोखिम में थी उस समय उनकी आलोचना करना बड़ा बेरहमी का काम था।

पर जब महात्मा गाँधी ने पुनः कहा कि सविनय अवज्ञा तभी सफल हो सकती है जब हम अपने कार्यक्रमों में गोपनीयता नहीं बरतें... गोपनीयता की निन्दा से सिर्फ़ सुभाष ही नहीं बम्बई के नेता के.एफ. नरीमन भी दुखी

होकर बोले—"आधुनिक युद्ध या खेल के कौन से नियम के अनुसार हम अपनी योजनाओं को पहले से अपने शत्रु को बता देने के लिए बाध्य हैं?"

सुभाष बोस क्षुब्ध हो गये कि यह एक धार्मिक लड़ाई है या राजनीतिक लड़ाई...।

उपयुक्त विषयों पर सुभाषचन्द्र बोस का महात्मा गाँधी से विरोध था पर यह भी उतना ही बड़ा सत्य था कि वे महात्मा गाँधी का बेहद सम्मान करते थे।

सुभाषचन्द्र बोस ने 'भारतीय इतिहास में महात्मा गाँधी का स्थान' नाम से एक बड़ा-सा लेख लिखा—'कोई भी मनुष्य इतिहास में अपनी जो भी भूमिका निभाता है वह कुछ तो उसकी शारीरिक और मानसिक क्षमता पर और कुछ उस काल और वातावरण पर निर्भर करती है जिसमें वह अपना जीवन व्यतीत करता है। महात्मा गाँधी में ऐसा कुछ है जो भारत की जनता को भाता है। यदि वह किसी और देश में पैदा होते तो वहाँ कदापि सफल न होते। उदाहरणार्थ, वह रूस, जर्मनी या इटली में भला क्या कर पाते? उनके अहिंसा के सिद्धान्त ने या तो उन्हें सूली पर चढ़वा दिया होता या पागलखाने भिजवा दिया होता। पर भारत की बात ही कुछ और है। उनका सादा जीवन, उनका शाकाहार, उनका बकरी का दूध पीना, उनका साप्ताहिक मौन, कुर्सी की बजाय उनका ज़मीन पर बैठना, उनकी लँगोटी इत्यादि उनकी हर आदत और चीज़ उन्हें प्राचीन साधु-महात्माओं जैसा बनाती है जिनके कारण वह अपने देशवासियों के बहुत निकट आ गये हैं। कहीं भी जाइए, ग़रीब से ग़रीब आदमी यही सोचता है कि वह भारत की मिट्टी की उपज हैं, उसके सगे हैं। जब वह बोलते हैं तो उस भाषा में बोलते हैं जो जनता समझती है। उदाहरणार्थ, वह सर सुरेंन्द्र नाथ बनर्जी की तरह एडमंड बर्क और हरबर्ट स्पेंसर की भाषा नहीं बोलते। वह भगवद्गीता और रामायण की भाषा बोलते और उन्हीं की बातें करते हैं। जब वह जनता से स्वराज की बात करते हैं तो प्रान्तीय स्वायत्तता और संघ के गुण-दोष की चर्चा नहीं करते। वह उन्हें याद दिलाते हैं कि रामराज्य कैसा था। ऐसी बातों को जनता भली प्रकार समझती है। और जब वह प्रेम और अहिंसा द्वारा दूसरे को जीतने की बात कहते हैं तो वह बुद्ध और महावीर की वाणी प्रतीत होती है और लोग चट उनकी बातें मान लेते हैं।

महात्मा जी की काया और मानस भारतीयों की परम्परा और स्वभाव के अनुकूल बैठते हैं। यह उनकी सफलता का एकमेव कारण है। यदि वह भारत के इतिहास के किसी और युग में जन्मे होते तो वह इतने यशस्वी कभी न हो पाते। यदि हम 1857 की क्रान्ति का उदाहरण लें तो वह उस समय भला क्या करते जब लोगों के पास हथियार थे, वे लड़ सकते थे और ऐसा नेता चाहते थे जो युद्ध में उनका नेतृत्व कर सके। महात्मा गाँधी की सफलता का कारण एक ओर वैधानिक उपायों की असफलता और दूसरी ओर सशस्त्र क्रान्ति की असफलता है। 19वीं शताब्दी के 80 के दशक के भारत की सर्वश्रेष्ठ राजनीतिक मेधा वैधानिक लड़ाई में जुटी रही। उसके लिए सबसे बड़ा और अनिवार्य गुण था ओजस्वी वाग्मिता और सम्भाषण की कला। वैसे वातावरण में भी महात्मा जी का इतना प्रभाव और प्रमुखता पा सकना सम्भव नहीं होता। इस शताब्दी के आते–आते लोगों का विश्वास वैधानिक उपायों में कम होता गया। 'स्वदेशी' और विदेशी माल का बायकाट, इन दोनों शस्त्रों का साथ–साथ ही आविर्भाव हुआ और इनके साथ ही जन्म हुआ क्रान्तिकारी आन्दोलन का। ज्यों–ज्यों समय बीतता गया, क्रान्तिकारी आन्दोलन भी ज़ोर पकड़ता गया (विशेषकर उत्तर भारत में) और प्रथम महायुद्ध में क्रान्ति का प्रयास भी किया गया। ऐसे समय जबकि ब्रिटेन महायुद्ध में बुरी तरह फँसा हुआ था, क्रान्ति के असफल होने और 1919 की घटनाओं से भारत की जनता को यह पूरा विश्वास हो गया कि अंग्रेज़ी साम्राज्य से शस्त्र बल पर जीतना सम्भव नहीं है। उसने देखा कि ब्रिटेन के पास इतना शस्त्र बल है कि वह सशस्त्र क्रान्ति को कुचल सकता है, और इसके बाद दुखों, कष्टों और अपमान का एक लम्बा सिलसिला चलेगा जिसका वर्णन कठिन होगा।

1920 में भारत चौराहे पर खड़ा था। 'संवैधानिक उपायवाद' मर चुका था, सशस्त्र क्रान्ति कोरा पागलपन था। लेकिन मौन होकर सब कुछ सह लेना भी सम्भव नहीं था। उस समय देश को तलाश थी एक नयी विधि या रास्ते की और एक नये नेता की। बस उसी समय तेज़ी से उदय हुआ भारत के भाग्य निर्माता महात्मा गाँधी का। वह वर्षों से उपयुक्त अवसर की प्रतीक्षा में थे और बड़े धैर्य के साथ आने वाले महान कार्य को संभालने की तैयारी कर रहे थे। वह स्वयं को जानते थे, अपने देश की आवश्यकता को समझते थे और यह भी समझ चुके थे कि भारत के संघर्ष

के अगले दौर में नेतृत्व का सेहरा उन्हीं के सिर बन्धना है। उन्होंने व्यर्थ की संकोचशीलता नहीं दिखाई। उन्होंने बड़ी दृढ़ता से अपनी बात कही और लोगों ने उसका पालन किया।

आज की भारतीय राष्ट्रीय कांग्रेस अधिकांशतः उनकी सृष्टि है। कांग्रेस का विधान भी उन्हीं का बनाया है। उनसे पहले कांग्रेस बस भाषण–भट्टों की संस्था थी। उन्होंने ही उसे एक जीवित और जुझारू संगठन का रूप दिया। भारत के कोने–कोने में, हर गाँव और शहर में उसका जाल फैला हुआ है और सारे राष्ट्र को एक ही आवाज़ को सुनने का अभ्यास कराया गया है। निर्मल चरित्र और कष्ट सहन करने की क्षमता, नेतृत्व के दो अनिवार्य गुण माने गये हैं और कांग्रेस इस समय देश की सबसे बड़ी और सबसे अधिक जन–प्रतिनिधित्व करने वाली संस्था है।

वह इतना सब कुछ इतने थोड़े से समय में कैसे हासिल कर सके? अपनी एकाग्र निष्ठा से, अपनी दृढ़ इच्छा–शक्ति और अपने अथक और निरन्तर परिश्रम से और बात यह थी कि उनके लिए समय उपयुक्त था और उनकी नीति बुद्धिमानी की थी। यद्यपि वह क्रियाशील अवश्य हैं पर अपने देशवासियों की निगाह में पर्याप्त क्रान्तिकारी नहीं हैं। यदि वह ऐसे होते तो लोग उनसे प्रेरणा पाने की बजाय डर कर दूर भागने लगते। उनकी नीति सबको मिलाने की रही। वह हिन्दू और मुसलमानों को, ऊँची और नीची जाति वालों को, पूँजीपति और मज़दूरों को तथा ज़मींदार और काश्तकार को मिलाना चाहते हैं। अपनी मानवीय दृष्टि और घृणा से मुक्त स्वभाव के कारण वह अपने शत्रु के मन में भी सहानुभूति उत्पन्न करने में सफल रहे।

लेकिन स्वराज आज भी दूर का स्वप्न है। इसे पाने की लोग 14 वर्षों से उम्मीद लगाये बैठे हैं और अभी और बहुत साल प्रतीक्षा करनी होगी। इतने उज्ज़वल चरित्र और अभूतपूर्व समर्थन के बावजूद महात्मा जी भारत को स्वाधीन करने में क्यों असफल रहे हैं?

वह असफल इस कारण रहे हैं कि किसी भी नेता की शक्ति उसके समर्थकों की संख्या पर नहीं बल्कि उन समर्थकों के गुणों पर निर्भर रहा करती है। इससे कहीं कम साथियों के बल पर अन्य नेता अपने देश को स्वाधीन करने में समर्थ हो सके जबकि महात्मा जी वैसा नहीं कर सके। वह इस कारण असफल हुए हैं कि जहाँ वह अपने देशवासियों यानी अपने

लोगों के चरित्र को समझ सके हैं वहीं वह अपने विरोधियों के चरित्र को नहीं समझ पाये हैं। महात्मा जी की युक्ति या तर्क वह नहीं है जिसे जान बुल (इंग्लैण्ड) समझता हो। उनकी असफलता उनकी इस नीति के कारण रही कि वह अपनी सारी चालें पहले से ही बता देते हैं। जो कहने की बात हो वह ज़रूर कहो लेकिन राजनीतिक लड़ाई में कूटनीति को एकदम मत त्याग दो। वह इस कारण भी सफल नहीं हुए हैं कि उन्होंने अन्तर्राष्ट्रीय हथियारों का इस्तेमाल नहीं किया। यदि हम अहिंसा द्वारा ही अपनी स्वाधीनता प्राप्त करना चाहते हैं तो हमें कूटनीति और अन्तर्राष्ट्रीय प्रचार (प्रोपेगेण्डा) का अनिवार्य रूप से सहारा लेना पड़ेगा। सफलता उनके हाथ नहीं लगी, इसका कारण है कि उनकी एकता की थोथी भावना, अर्थात् ऐसे हितों की एकता की कोशिश जो मूलतः एक–दूसरे के विरोधी हैं और एक हो ही नहीं सकते। इस तरह के तथ्यों की दिखावटी एकता, शक्ति नहीं प्रदान कर सकती बल्कि राजनीतिक युद्ध में दुर्बलता का ही कारण बनती है। भारत का भविष्य उन्हीं उग्र और जुझारू व्यक्तियों के हाथ में है जो आज़ादी पाने के लिए आवश्यक त्याग और बलिदान कर सकते हैं और कष्ट और पीड़ाएँ सहन कर सकते हैं। उनकी असफलता का अन्तिम लेकिन अत्यन्त महत्त्वपूर्ण कारण यह रहा है कि उनको दो रोल करने पड़ रहे हैं–एक रोल एक ग़ुलाम देश का नेतृत्व करने का और दूसरा संसार के सामने एक नया सिद्धान्त रखने वाले एक गुरु और शिक्षक का। उनके इसी द्वैत व्यक्तित्व के कारण जहाँ विंस्टन चर्चिल जैसे लोग उन्हें अंग्रेज़ों का सबसे बड़ा शत्रु मानते हैं वहाँ कुमारी एलेन विल्किसन उन्हें अंग्रेज़ों का सबसे अच्छा पुलिसमैन समझती है।

भविष्य में क्या होगा? आने वाले समय में महात्मा जी क्या रोल अदा करने वाले हैं? क्या वह अपने देश को आज़ाद करा सकेंगे? इस बारे में कई बातों पर ध्यान देना होगा। जहाँ तक उनके स्वास्थ्य और शारीरिक बल का प्रश्न है, इसकी बहुत अधिक सम्भावना है कि अभी वह बहुत वर्षों तक सक्रिय और उपयोगी सार्वजनिक जीवन व्यतीत कर पायेंगे और अपने देश के लिए कुछ ठोस वस्तु प्राप्त करने की उनकी अटूट अभिलाषा उन्हें जीवनदायिनी शक्ति प्रदान करती रहेगी। जहाँ तक उनकी लोकप्रियता और ख्याति का प्रश्न है, उनमें भी अन्त समय तक कोई अन्तर नहीं पड़ने वाला है क्योंकि अन्य नेताओं की तरह महात्मा

जी की लोकप्रियता और ख्याति उनके राजनीतिक नेतृत्व के कारण नहीं, उनके चरित्र के कारण है, हमें विचार इस सवाल पर करना है कि क्या महात्मा जी अपना राजनीतिक कार्यकलाप जारी रखेंगे या, जैसे कि इस समय संकेत हैं, वह पूरी तरह सामाजिक और मानव सेवा के काम में जुट जायेंगे। महात्मा जी के बारे में कोई भी भविष्यवाणी करना आसान काम नहीं। फिर भी एक बात निश्चित है। जब तक उनके लिए राजनीतिक आन्दोलन का मार्गदर्शन करना सम्भव हो सकेगा, वह वैसा करते रहेंगे; लेकिन यदि कांग्रेस की रचना और मानसिकता बदल जाती है तो वह सम्भवतः सक्रिय राजनीति से अलग हो जायें। उनका यह संन्यास स्थायी भी हो सकता है और अस्थायी भी। अस्थायी रूप से हट जाने का कोई ख़ास महत्त्व भी नहीं है क्योंकि नेता फिर से राजनीतिक रंगमंच पर आ सकता है। एक बार पहले भी, यानी 1924 से 1928 तक, हमें महात्मा जी के सक्रिय राजनीति से हट जाने का अनुभव है। महात्मा गाँधी के स्थायी रूप से राजनीति से संन्यास लेने की सम्भावना कम से कम कुछ हद तक ब्रिटिश सरकार के रवैये पर भी निर्भर करती है। यदि उन्हें अपने देश के लिए कुछ उपलब्ध हो जाता है तो अपने देशवासियों के बीच उनकी स्थिति इतनी सुदृढ़ हो जायेगी कि उन्हें कोई हिला नहीं सकेगा। और फिर यह तो है ही कि सफलता से बड़ी सफलता और क्या हो सकती है; और महात्मा जी की सफलता से उनके व्यक्तित्व में और उनके अहिंसा और असहयोग के अस्त्र में जनता का विश्वास और पक्का हो जायेगा। लेकिन यदि ब्रिटिश सरकार का रवैया इसी प्रकार का न झुकने वाला बना रहा जैसा कि आजकल है तो महात्माजी के राजनीतिक नेतृत्व में और उनके अहिंसा और असहयोग के हथियार में जनता की आस्था काफी डिग जायेगी। उस स्थिति में वह स्वाभाविक रूप से अधिक प्रखर नेतृत्व और नीति की ओर अपना मुंह मोड़ेगी।

आज महात्मा जी की अपने देशवासियों में जबर्दस्त लोकप्रियता और ख्याति है और उनके राजनीतिक भविष्य का जो भी हश्र हो, वह बनी ही रहेगी। उनकी अद्वितीय और असाधारण स्थिति उनके राजनीतिक नेतृत्व के कारण ही है। महात्मा जी स्वयं यह समझते हैं कि जनता में लोकप्रियता और राजनीति में उनका समर्थन दो अलग–अलग वस्तुएँ हैं और वह केवल लोकप्रियता से सन्तुष्ट नहीं हैं। यदि ब्रिटिश सरकार का रवैया आज

जैसा ही दृढ़ और न झुकने वाला रहा तो वह आने वाले वर्षों में अपना राजनीतिक समर्थन बनाये रह सकते हैं या नहीं, यह इस बात पर निर्भर करेगा कि वह कोई अधिक प्रखर नीति जनता के सामने रख सकते हैं या नहीं। क्या वह देश के सभी तत्त्वों को मिलाने की कोशिश की अपनी नीति को छोड़ कर अधिक उग्र तत्त्वों के साथ मिलने का साहस दिखा सकेंगे? यदि ऐसा हुआ तो उन्हें कोई मात नहीं दे सकेगा। भारतीय संघर्ष के वर्तमान चरण का नेता ही अगले चरण का भी नेता बनेगा। किन्तु सम्भावनाओं का अधिक झुकाव किस ओर है?

महात्मा जी ने अतीत में ज़मींदार और किसान, पूँजीपति और मज़दूर, ग़रीब और अमीर, सभी परस्पर विरोधी तत्त्वों को मिलाने की कोशिश की है, उनका यही प्रयत्न अब तक उनके बड़े काम आया है और उन्हें सफलता प्रदान की है; पर आगे यही चीज़ उनकी असफलता का कारण बनेगी यह यकीन के साथ कहा जा सकता है। यदि आपस में झगड़ने वाले सभी तत्त्व मिलकर राजनीतिक आज़ादी के लिए लड़ने का संकल्प करें तो आन्तरिक सामाजिक संघर्ष लम्बे समय के लिए टल जायेगा और महात्माजी की सी स्थिति रखने वाला व्यक्ति देश के सार्वजनिक जीवन पर छाया रहेगा। लेकिन वैसा होने वाला नहीं है। निहित स्वार्थ यानी समृद्ध लोग राजनीतिक संघर्ष में ग़रीबों के साथ आना पसन्द नहीं करेंगे और वे धीरे–धीरे ब्रिटिश सरकार की तरफ़ ही झुकेंगे। अतः इतिहास का अपना प्रकृत प्रवाह अपनी ही नियत दिशा में प्रवाहित होगा। राजनीतिक और सामाजिक संघर्षों को एक साथ ही चलना होगा। जो पार्टी भारत के लिए राजनीतिक स्वतन्त्रता प्राप्त करेगी वही जनता के लिए सामाजिक और आर्थिक आज़ादी भी प्राप्त करेगी। महात्मा गाँधी ने अपने देश की ऐतिहासिक सेवा की है और करते रहेंगे, लेकिन भारत की मुक्ति (स्वाधीनता) उनके नेतृत्व में प्राप्त नहीं होगी।

सुभाषचन्द्र बोस को महात्मा गाँधी की अहिंसक नीति..., गोपनीयता का विरोधी, सत्य पर इतनी अधिक निष्ठा कि स्वतन्त्रता आन्दोलन को भी बलि देने को तैयार देखकर लगता था कि इनके नेतृत्व में आज़ादी नहीं मिल सकेगी... पर साथ ही साथ वे यह भी मानते थे कि पिछले 22 वर्षों में महात्मा गाँधी के नेतृत्व में कांग्रेस ने सारे देश में अपना सुदृढ़ संगठन स्थापित कर लिया है, यहाँ तक कि देशी रियासतों में भी। कांग्रेस ने देश

के गाँव–गाँव और हर वर्ग में राजनीतिक जागृति की लहर दौड़ा दी है। इन सब में जो सबसे बड़ी बात यह है कि उन्होंने भारत के जनसाधारण के मन में यह बैठा दिया है कि शक्तिशाली शत्रु पर बिना अस्त्र–शस्त्र के किस प्रकार से चोट की जा सकती है। कांग्रेस ने गाँधी जी के नेतृत्व में यह सीख लिया है कि सत्याग्रह के हथियार के द्वारा सरकार को कैसे ठप्प किया जा सकता है...।

सुभाषचन्द्र बोस ने निष्कर्ष निकालते हुए लिखा है कि संक्षेप में यह कहा जा सकता है कि भारत के पास दूर–दूर के गाँवों तक पहुँचा हुआ अनुशासित राजनीतिक संगठन है जिसके ज़रिए राष्ट्रीय संघर्ष चलाया जा सकता है और आगे जाकर एक स्वतन्त्र राज्य का निर्माण होगा...।

जब–जब सुभाषचन्द्र बोस को यह लगता था कि महात्मा गाँधी स्वतन्त्रता आन्दोलन के अलावा सामाजिक कार्यों या रचनात्मक कार्यों में अधिक रुचि ले रहे हैं, तब–तब उनकी आकुलता बढ़ जाती थी। उन्हें लगने लगता था कि स्वतन्त्रता से बढ़कर अभी और कौन–सा कार्य अधिक महत्त्वपूर्ण हैं...? और यह भी कि यदि उसे सबसे अधिक तरजीह नहीं दी जायेगी तो क्या मिल पायेगी स्वतन्त्रता...?

पर वहीं महात्मा गाँधी का सोचना था क्या होगा वैसी स्वतन्त्रता प्राप्त कर, जहाँ हिंसा हो, जहाँ असत्य हो, जहाँ नफ़रत हो, जहाँ एक भाई दूसरे भाई को अस्पृश्य मानता हो...। महात्मा गाँधी के विचारानुसार स्वतन्त्रता पर हमारा उसी तरह का अधिकार है जिस तरह साँस लेना...पर कैसे साँस ले पायेगा व्यक्ति जब वहाँ आक्सीजन ही नहीं हो। गाँधी जी के अनुसार समाज के सारे रचनात्मक कार्य आक्सीजन ही थे और स्वतन्त्रता की साँस लेना... तो दोनों में से किसे कम महत्त्वपूर्ण माना जा सकता था?

हालाँकि सुभाषचन्द्र बोस ने वियना में विट्ठल भाई पटेल के साथ मिलकर एक घोषणा–पत्र जारी किया था जिसमें गाँधी की सविनय अवज्ञा की जगह अस्पृश्यता उन्मूलन को अधिक महत्त्व देने के कारण उनके नेतृत्व में स्वतन्त्रता मिलने पर प्रश्नचिह्न भी उठाया था, फिर भी महात्मा गाँधी के मन में सुभाष बोस के प्रति तनिक भी कटुता नहीं थी और न सुभाष बोस के मन में अपने महात्मा जी के प्रति आदर में कभी...।

जब 1936 में सुभाषचन्द्र बोस वियना में थोड़े स्वस्थ हो रहे थे उस समय जवाहरलाल नेहरू की पत्नी कमला नेहरू भी यूरोप में थीं। पं. नेहरू

उस समय जेल में थे पर कमला नेहरू की बिगड़ती हालत देखकर सरकार ने उन्हें यूरोप जाने दिया। फ़रवरी 1936 में जब कमला नेहरू ने अपनी अन्तिम साँस भी उस समय पं. नेहरू के साथ सुभाषचन्द्र बोस भी खड़े थे। सुभाषचन्द्र बोस और जवाहरलाल नेहरू में प्रारम्भ से ही वामपन्थी विचारों के कारण मित्रता थी। इसी से 1936 में जब जवाहरलाल नेहरू के कांग्रेस के अध्यक्ष बनने की ख़बर सुभाषचन्द्र बोस को मिली तो वे भारत के लिए रवाना हो गये।

पर सुभाषचन्द्र बोस को गिरफ़्तार कर लिया गया। पं. जवाहरलाल नेहरू काफ़ी दुखी हो गये। उन्होंने दोबारा अधिकारपूर्वक श्री बोस को कांग्रेस की सदस्यता दी और कांग्रेस कार्य समिति का अभिन्न अंग बना लिया...।

नेहरू ने कांग्रेस अधिवेशन के अध्यक्षीय भाषण में कहा–श्री सुभाषचन्द्र बोस की गिरफ़्तारी ने एक सिद्धान्त का रूप धारण कर लिया है और इस सम्बन्ध में विशेष काम करने की ज़रूरत है...।

सुभाष की इस बार की गिरफ़्तारी के विरोध में पूरे देश में हड़ताल हो गयी। उनकी यह गिरफ़्तारी गलत थी। मजबूर होकर सरकार को उन्हें रिहा करना पड़ा।

जब 1936 में सुभाषचन्द्र बोस की तबीयत बिगड़ रही थी, वे वियना से भारत आये थे और स्वास्थ्य लाभ के लिए डलहौजी में थे तो महात्मा गाँधी ने मिस स्लेड (मीरा बहन) को उनके पास भेजा था तथा वे स्वयं सुभाषचन्द्र बोस के इलाज से लेकर उनके खान–पान तक में बहुत रूचि रखते थे। उन्होंने 13 सितम्बर, 1936 को सुभाष बोस को जो पत्र लिखा था इससे उपर्युक्त बातें पूर्ण रूप से दृष्टिगोचर होती हैं।

प्रिय सुभाष,

आपने जो पूछताछ की थी उसके उत्तर में मैंने तार भेजा था। आशा है, मिल गया होगा। बारह वर्षों के बाद मुझे बुख़ार हो आया था। इसी कारण से आपके प्रश्नों के उत्तर देने में देर हुई।

(1) मैं स्वास्थ्य के ख़याल से चाय या कॉफ़ी में से किसी को भी आवश्यक नहीं मानता। बल्कि उनसे अक्सर नुक़सान ही होता है। यदि चाय हलकी, सूखी घास के रंग की बनी हो और कॉफ़ी में दूध की मात्रा अधिक और एक या दो ही चम्मच कॉफ़ी हो तो चाय और कॉफ़ी से नुक़सान नहीं भी हो सकता है।

(2) स्वस्थ गाय के साफ़–सुथरे थनों से निकला ताज़ा दूध यदि बिना उबाले और गरम किये कच्चा ही पिया जाये तो वह सर्वश्रेष्ठ आहार होता है। इसके बाद सुखाये हुए दूध को मैं श्रेष्ठ मानता हूँ। कुछ लोगों के लिए मीठा दही उत्तम होता है। दही के माध्यम से खमीर मिल जाता है और इस तरह फलों की आवश्यकता भी नहीं रह जाती।

(3) पत्तेदार भाजियों का उपयोग सलाद की तरह किया जाये तो अधिक अच्छा अवश्य होना चाहिए। वैसे हर तरह के पत्ते कच्चे नहीं खाये जा सकते। पत्ती–वाली सब्ज़ियों के अलावा प्याज, छिलके–सहित मूरा कुम्हड़ा, परवल, बैंगन, भिंड़ी, शलजम, गाजर, पत्तागोभी, चुकन्दर, फूलगोभी आदि भी गुणकारी हैं। आलू और ज़मीन के अन्दर होने वाली दूसरी स्टार्च–युक्त चीज़ों का उपयोग कम होना चाहिए।

(4) अच्छी पाचन–शक्ति वाले के लिए खजूर बहुत ठीक आहार है। किशमिश अधिक आसानी से पचती है। मैं दोनों जी–भर कर ले सकता हूँ पर सबके लिए यह सम्भव नहीं है। बाकी लोग किशमिश और मुनक्का ले सकते हैं।

(5) पश्चिम में कच्चे लहसुन और प्याज के प्रयोग पर क़ाफ़ी ज़ोर दिया जाता है। मैं रक्तचाप के लिए नियमित तौर पर कच्चा लहसुन लेता हूँ। यह सर्वोत्तम विषनाशक ओषधि है। क्षय के रोगियों को भी लहसुन के उपयोग की सलाह दी जाती है।

मेरा ख़याल है इन दौनों भाजियों के ख़िलाफ़ लोगों के पूर्वग्रह का कारण इनकी गन्ध है, हालाँकि यही इनका सार–तत्त्व है। यह पूर्वग्रह वैष्णव सम्प्रदाय के उदय के साथ पैदा हुआ। आयुर्वेद में दोनों की मुक्त कण्ठ से प्रशंसा की गयी है। लहसुन को तो ग़रीबों की कस्तूरी कहा जाता है और वास्तव में वह है भी। मैं कह नहीं सकता कि कौन–से ग्रामीण लोग प्याज–लहसुन के बिना काम चला सकते हैं।

पर अन्ततः सुभाषचन्द्र बोस को भारत की आबोहवा रास नहीं आयी और उनका स्वास्थ्य नहीं सुधरा। इसी से वे पुनः अपने प्रिय स्वास्थ्य वर्धक स्थान आस्ट्रिया जा पहुँचे। उन्होंने आस्ट्रिया के बारे में स्वयं लिखा है कि 'आस्ट्रिया उनका सबसे अधिक प्रिय और स्वास्थ्यवर्धक स्थान है।' इसी स्थान पर सुभाषचन्द्र बोस की प्रेमिका एमिल शैंकिल भी रहती थी। बाद में उन्होंने उनसे विवाह भी किया। इसी दौरान उन्होंने वियना में

अपनी आत्मकथा एक भारतीय तीर्थ यात्री' के नाम से भी लिखा। इसी समय अप्रैल 1935 में सुभाषचन्द्र बोस अपने यूरोप प्रवास में ही मनीषी विचारक रोमा रोलाँ से मिले जिन्हें वे यूरोप में सबसे अधिक सम्माननीय और भारत को सबसे अधिक प्यार करने वाले विदेशी मानते थे। रोमा रोलाँ ने भी सुभाष के मन में गाँधी को लेकर जो विचार था उस पर लिखा है–'अप्रैल, 1935–सुभाषचन्द्र बसु मिलने आये। ये कलकत्ते के भूतपूर्व मेयर और कांग्रेस के समाजवादी वामपन्थियों के एक नेता हैं। छह–आठ साल जेलों में रहे हैं। इस समय स्वास्थ्य लाभ के लिए यूरोप में हैं। अभी इनके लिए कार्यक्षम रूप से भारत लौटना सम्भव नहीं है। इनकी उम्र अभी कम ही है, चेहरे पर खासी गम्भीरता और चिन्ता की छाप है, लगभग हर वक्त भौंहें सिकोड़े रहते हैं। प्रखर बुद्धि वाले हैं–इसका परिचय इनके सद्यः प्रकाशित ग्रन्थ से भी मिलता है, जो इन्होंने विगत दशक भारतीय राजनीतिक इतिहास के बारे में लिखा है। इस पुस्तक में व्यक्तियों और घटनाओं के विवरण में इनकी जो विश्लेषिणी दृष्टि है, वह वास्तविक कूटनीतिज्ञों जैसी है और ऐसे स्थलों पर इन्होंने निरपेक्ष बने रहने का भी विलक्षण प्रयास किया है–यद्यपि स्पष्टतः यह भी बतला दिया है कि कहाँ औरों से उनका मत मेल नहीं खाता। मेरे सामने इन्होंने यह स्पष्ट करने की चेष्टा की कि इनके विचार से गाँधी का राजनीतिक नेतृत्व आज किस तरह एक निर्जीव स्थिति में आ पहुँचा है और अगर भारत आगे बढ़ना चाहता है, अपनी स्वाधीनता अर्जित करना चाहता है तो उसे आज उस नेतृत्व से हटना ही पड़ेगा। इनके ख़्याल से अहिंसक प्रतिरोध पूरी तरह असफल हो गया है। वह सफल हो सकता था, अगर उसके चलते भारत की जन–शासन–व्यवस्था पूरी तरह ठप्प हो जाती। कहा गया था कि अंग्रेज़ी वस्तुओं का पूर्ण बहिष्कार किया जायेगा, लेकिन वैसा किया नहीं जा सका। गाँधी ने जिस भी आन्दोलन के संचालन का भार लिया, उसके अन्त तक जाना उन्होंने कभी स्वीकार नहीं किया। उनके शिष्यगण किसी प्रकार के बल का आश्रय ले सकें, इसका अधिकार उन्होंने एक बार भी उन्हें नहीं दिया। सार्वजनीन प्रतिरोध की नीति को सफल बनाने के लिए किसी–न–किसी तरह का एकनायकत्व आवश्यक हो जाता है लेकिन गाँधी ने ऐसा बिल्कुल नहीं होने देना चाहा। परिणाम यह हुआ कि इस सम्बन्ध में जो सचमुच आग्रहान्वित थे वे भी, और जो शुरू से आगा–पीछा कर

रहे थे वे भी, घबराकर पीछे हट गये, विशेषतः जब उन्हें डराने की एक से ज़्यादा घटनाएँ हो चुकी थीं। भारतीय दुकानदार तो अंग्रेज़ी वस्तुओं के बहिष्कार की बात पर राजी ही नहीं हुए। दूसरी ओर, अंग्रेज़ बहुत समय से यह सोचकर परेशान हो रहे थे कि किस उपाय से इस प्रतिरोध आन्दोलन को दबाया जाय, अन्त में उन्होंने उसकी पेंदी में छेद करने की उपयुक्त पद्धति ढूँढ़ निकाली। कई साल पहले तक वे हज़ारों–हज़ार भारतीयों को जेलों में भर देते थे (जेलों में जगह न रह जाती थी, जान पड़ता था कि क़ैदियों का अन्त ही नहीं हैं), अब वे ऐसा नहीं करते। इधर कुछ दिनों से वे सिर्फ़ उन भारतीयों, नेताओं को ही गिरफ़्तार करते हैं, जो भारतीय विद्रोह की आत्मा के समान हैं–जैसे जवाहरलाल नेहरू या सुभाषचन्द्र बसु वगैरह को। और छोटे–से–छोटे आन्दोलन को भी वे दमन से शान्त करते हैं। गाँधीवादियों का अप्रतिरोध उन्हें शान्त रखता है–वे जानते हैं, उधर से उन्हें कोई ख़तरा नहीं है। यहाँ तक कि अंग्रेज़ी पार्लियामेंट के सोशलिस्ट नेता वेजवुड बेन, जो भारतीय स्वाधीनता के प्रश्न से काफ़ी सहानुभूति रखते हैं, उन्होंने भी हाल ही में राधाकृष्णन् से कहा था–"जो भी हो, हम लोग खामख्वाह भला भारत छोड़कर चले क्यों जायेंगे, जब कि स्पष्टतः भारतीय हम लोगों को हटाने में असमर्थ हैं?" आतंकवादी अथवा टेररिस्टों के कामों का समर्थन तो सुभाष बसु ने नहीं किया, फिर भी उन्होंने कहा कि केवल ये क्रान्तिकारी ही भारत में अंग्रेज़ों को संकटापन्न कर सके हैं। बंगाल में यद्यपि उनकी संख्या बहुत अधिक नहीं है, और अन्यान्य कारणों से भी उनकी शक्ति सीमित है, फिर भी उनके कामों का परिणाम कुछ कम गहरा नहीं हुआ। यहाँ तक कि जब सुभाष बसु जेल में थे, कुछ अंग्रेज़ अधिकारियों ने भी खुले दिल से यह बात स्वीकार की थी। उनका ख़्याल है कि क्रान्तिकारियों की कार्यवाहियाँ अगर सारे देश में फैल सकतीं तो वे जल्दी ही अंग्रेज़ों को ठण्डा कर देतीं। लेकिन राजनीतिक पद्धति के रूप में वे क्रान्तिवाद को बहुत अच्छा नहीं मानते, यह भी उन्होंने बताया–वे सुपरिकल्पित्त प्रतिरोध के ही पक्ष में हैं, और ज़रूरत पड़ने पर हिंसा को भी स्वीकार करने को तैयार हैं, युद्ध में वे उसका व्यवहार करने को भी राजी हैं। सभी पार्टियों में गाँधी की लोकप्रियता बहुत अधिक है, लेकिन वे उसका उपयोग नहीं करते। राष्ट्रीय चेतना की सृष्टि में भी, समाज की विभिन्न श्रेणियों में निकट सम्बन्ध जोड़ने के पीछे गाँधी के पन्द्रह वर्षों का

योग असामान्य है–लेकिन जिस सत् परिवेश में उनका पालन–पोषण हुआ है, इससे उनका स्वभाव ही ऐसा हो गया है कि वह कभी परस्पर विरोधी दो अतियों के बीच और कभी विभिन्न पार्टियों के बीच सिर्फ़ किसी तरह का समझौता ढूँढ़ता रहता है। इसी से उनकी आन्तरिकता के साथ जहाँ अछूतोद्धार में लगते देखा जाता है, वहीं जातिभेद प्रथा का पक्ष लेते भी। मज़दूरों की बात वे सोचते तो हैं, लेकिन यह नहीं चाहते कि मालिकों के ख़िलाफ़ वे संगठित हों। अब यद्यपि वे मशीनीकरण के विरोध में मुँह खोलकर कुछ कहते नहीं, लेकिन समाज–सुधार के उद्योगों को वे अपने द्वारा अनुमोदित कुटीर शिल्प (चरखा) की उन्नति के लिए ग्रामोभिमुख कर रहे हैं। इससे लाभ तो बहुत थोड़ा होगा–लेकिन इसके चलते अत्यन्त प्रयोजनीय सर्वांगीण शिल्पोन्नयन का जो महान् आन्दोलन है उसकी राह रुक जायेगी। सब तरह की अग्रगति के लिए वे एक बड़ी बाधा हैं, वे हमेशा लगाम खींचे रहते हैं। देश के लिए अपने स्वाधीनता–संग्राम में भी उन्होंने इस बात पर नज़र रखी है कि कहीं आर्थिक प्रश्नों पर ज़्यादा ज़ोर न दिया जाये, यद्यपि एक श्रेणी के साथ दूसरी श्रेणी का जितना भेदभाव है वह आर्थिक कारणों से ही है। सुभाष बसु का मत है कि सोशलिस्ट पार्टी अगर सचमुच जनता पर अपना प्रभाव फैलाना चाहती है तो उसे इसी बात पर ज़ोर देना चाहिए। उसे जनता को सिखाने–समझाने की ज़िम्मेदारी लेनी होगी, उनके तमाम श्रेणीगत दावों का समर्थन करना होगा–किसानों को ज़मीन का वचन देना होगा। गाँव–गाँव में समाजवादी प्रचार–कार्य चलाना होगा और गाँवों के द्वारा ही फ़ौजों तक भी बात पहुँचा देनी होगी–और चूँकि भारतीय फ़ौजों के लिए गाँवों से ही लोग लिये जाते हैं, अतः जिस वातावरण में वे बढ़े–पनपे हैं, वहाँ काम न शुरू करने से उनकी मनोवृत्ति को बदलना भी सम्भव न होगा। लेकिन भारत बहुत समय तक सशस्त्र युद्ध में ग्रेट ब्रिटेन का मुक़ाबला न कर सकेगा, अपने देश की इस वर्तमान भयानक असमर्थता की बात सुभाष बसु ने मान ली। बड़े सरल भाव से वे यह आशा भी रखते हैं कि अगर यूरोप में लड़ाई छिड़ जाये और इंग्लैंड पर कोई विदेशी शक्ति अधिकार कर ले तो उस समय वह शक्ति भारत की स्वाधीनता के लिए उसकी सहायता कर सकती है। जब मैंने यह बतलाया कि अन्यान्य बहुत से कारणों से उस तरह की कोई इच्छा हम लोगों के मन में नहीं है तो वे थोड़े निराश हुए! '(हाय रे भोले बालक!)'

...तो वे शायद ख़ासकर मेरा मतामत जानने के लिए ही आये थे (भारत मेरे मत की कितनी क़ीमत आँकता है, यह तो मैं निश्चित रूप से जानता ही हूँ)। वे यह भी जानना चाहते थे कि ज़रूरत पड़ने पर अगर भारत की स्वतन्त्रता के लिए वे लोग हिंसात्मक युद्ध में उतर पड़ें तो मैं उनका समर्थन करूँगा या नहीं। मैं कहीं प्रकट रूप से उन लोगों से सम्बन्ध न तोड़ लूँ, इस बारे में वे व्यग्र जान पड़े। पता नहीं, मेरे किन फ्रांसीसी मित्रों ने ज़ोरदार शब्दों में सुभाष बसु को बताया है (सम्भवतः उन लोगों ने अच्छे भाव से ही ऐसा किया हो, लेकिन मेरी ओर से बात करने का उन्हें कोई अधिकार नहीं है) कि भारत यदि किसी दिन गाँधी के मार्ग से हट गया तो भारत के प्रति मेरा सारा उत्साह मिट जायेगा। मैंने इससे ठीक उलटी बात उनसे कहीं। मैंने दूसरे की सहायता से (क्योंकि सुभाष बसु केवल अंग्रेज़ी ही बोलते और समझते हैं) अनुवाद के ज़रिए, विप्लव, हिंसा और अहिंसा के बारे में बातें करते हुए उनको अपना वह मनोभाव समझाने की चेष्टा की; जिसे मैं आज ग्रहण करने को बाध्य हुआ हूँ और जिसकी व्याख्या मैंने अपनी नयी पुस्तक 'युद्ध के पन्द्रह वर्ष' में की है। गाँधी की महान् आत्मा के प्रति सम्मान (और इस बारे में सुभाष बसु मेरे साथ सहमत हैं) तथा स्नेह प्रकट करने के बाद भी मैं यह कहूँगा कि मैं उनकी नीति के साथ किसी तरह अपने को जुड़ा हुआ नहीं समझना चाहता–वह नीति मेरी दृष्टि में एक महान् परीक्षा के सिवा और कुछ नहीं है। अगर अपर्याप्त और नकारात्मक परिणाम के बावजूद वे उस नीति से हठपूर्वक चिपके रहें अथवा यदि वे पूँजी और श्रम के अनिवार्य संघर्ष में बिना शर्त और स्वेच्छा से श्रम का पक्ष न लें तो भले ही मुझे उनके विरोध में जाना पड़े, मैं तो श्रम का ही पक्ष लूँगा, इस बात को मैंने कभी भी छिपाया नहीं।

गाँधी के साथ विचार–विमर्श करने अथवा तर्क से उनको समझाकर अपने पक्ष में ले आने के लिए सुभाष बसु बहुत उत्सुक हों, ऐसा मुझे नहीं लगा। गाँधी के इन दिनों के लेखन अथवा उनकी आलोचनाओं में यदि समाज–चेतना का कोई उल्लेखनीय परिवर्तन दीख भी पड़े तो गाँधी के विरोधी, उपेक्षा के भाव से, उसे देखकर भी नहीं देखना चाहते–और उन लोगों की उस उपेक्षा का यह भाव मैं पहली बार देख रहा हूँ, ऐसा भी नहीं है। बड़े दुःख की बात है कि भारत में एक भी ऐसा व्यक्ति नहीं है, जो मेरी तरह हो अथवा जिसका नैतिक चरित्र मेरे–जैसा हो। गाँधी

को मैं सामाजिक क्रान्ति में खींच ला सकूँगा, यह आशा मैं किसी तरह न छोड़ता, बेशक अहिंसा को अलग करके नहीं, क्योंकि अहिंसा को वे न छोड़ सकेंगे। यद्यपि सुभाष बसु जैसे व्यक्ति भी स्वीकार करेंगे कि यदि वे गाँधी को अपने बीच पा सकें, तो यह उनकी बहुत बड़ी सफलता होगी, लेकिन मुझे ऐसा नहीं लगता कि गाँधी को अपने बीच पाने की उन लोगों में कोई ख़ास व्यग्रता है। क्योंकि ऐसा होने पर वे लोग गाँधी के सामने सदा अपने को 'छोटा' समझेंगे। शायद जवाहरलाल नेहरू के साथ भी ऐसी ही बात है—विचारों की दिशा में वे बहुत दूर चले गये हैं, एकदम कम्युनिज़्म के दरवाज़े तक, बेशक यदि इसी बीच वे उस स्थिति का अतिक्रमण न कर गये हों। लेकिन गाँधी के प्रति उनकी पुत्रोचित श्रद्धा बहुलांश में उन्हें शर्मीला बनाती है, उनके कार्यों में अनिश्चय उत्पन्न करती है।

सुभाष बोस को देखकर ऐसा लगा कि कम्युनिज़्म के पास—पड़ोस में वे भी पहुँचे हैं। लेकिन इस बारे में वे कोई बात सुनना ही नहीं चाहते। शायद उनके इस विरोधी भाव के पीछे कोई व्यक्तिगत कारण मौजूद हो, शायद भारत की कम्युनिस्ट पार्टी के वर्तमान प्रतिनिधियों को देखकर ही उनमें यह भाव उत्पन्न हुआ हो। क्योंकि उन्होंने स्पष्ट ही कहा कि सोवियत रूस यदि भारत के स्वाधीन होने में सहायता करे तो उन्हें कोई आपत्ति नहीं दीखती। और सोवियत रूस के बारे में उनका मुख्य अभियोग यह है कि एक राष्ट्रीय राजनीति के निर्माण के लिए आज वह विश्व—विप्लव का आग्रह खो रहा है।' रोमाँ रोलाँ ने पुनः लिखा है—

'अप्रैल, 1935—सुभाषचन्द्र बसु ने मेरे साथ हाल ही में हुई अपनी बातचीत का एक विवरण लिखा है। वे उसे प्रकाशित कराना चाहते हैं। विवरण मुझे भेज रहे हैं। विवरण ठीक ही है—हाँ, इतना है कि उसमें उन्होंने अपने प्रश्नों को ही अधिक प्रधानता दी है, मेरे उत्तर इतने सरल कर दिये गये हैं कि वे न—कुछ—से रह गये हैं। लेकिन जिस बातचीत में दो पक्षों का कोई भी एक—दूसरे की भाषा नहीं जानता और तीसरे व्यक्ति के अनुवाद पर निर्भर रहता है, उसमें इस तरह की असुविधा अनिवार्य है। ऐसी बातचीत में प्रत्यक्षता की धार भोथरी हो ही जायेगी।

सिर्फ़ दो जगह मैंने अपने मत का संशोधन किया। 27 अप्रैल को रोमा रोलाँ ने सुभाष बोस को पत्र में लिखा—

पहली बात आपने लिखा है कि अगर कभी भारत में गाँधी और आधुनिक युवा पीढ़ी ('दि यंगर जेनरेशन') के बीच विच्छेद हो जाये तो मैं युवकों का पक्ष लूँगा। लेकिन यह बात मैंने ठीक इसी रूप में नहीं कही थी। मेरा सवाल दो कालों के लोगों के बीच अथवा दो राजनीतिक पार्टियों के बीच चुनाव के बारे में बिल्कुल नहीं है (और यहाँ भी आपके विवरण ने उन्हें कोई स्पष्ट संज्ञा नहीं दी—उन्हें क्या कहा जायेगा—युवक या समाजवादी, या कम्युनिस्ट, या निर्दलीय, या रेडिकल वगैरह?)। नहीं, मेरा सवाल और बड़ा है, उसका सम्बन्ध है श्रमशक्ति से। मैंने सीधे—सादे यह कहा था—'दुर्भाग्यवश यदि किसी दिन ऐसी परिस्थिति उत्पन्न हो जाये, जिसके परिणामस्वरूप गाँधी (या कोई दूसरी पार्टी) श्रमिक—मज़दूरों के स्वार्थ के विरुद्ध जायें, उनके समाजवादी आन्दोलन के आवश्यक परिवर्तनों का विरोध करें, अथवा उस समय यदि गाँधी (अथवा कोई दूसरी पार्टी) उनके प्रति उदासीन होकर उनसे दूर हट जायें तो उसके बाद भी हमेशा मैं श्रमशक्ति के ही पक्ष में रहूँगा, उनके संग्राम और उनके प्रयत्नों के साथ रहूँगा, क्योंकि सच्चा न्याय उन्हीं की ओर है और मानव—समाज की आवश्यक अग्रगति की न्यायसंगत रीति भी उन्हीं के पक्ष में है।'

रोमा रोलाँ ने पुनः सुभाष बोस के आगे लिखा—दूसरी बात आपने लिखा है, 'अहिंसा के बारे में मेरा मनोभाव' कैसा होना चाहिए, इसके बारे में दस (या पन्द्रह) वर्ष 'मानसिक उद्वेग' में बिताने के बाद मैंने उस सम्बन्ध में अन्तिम निर्णय किया। अपने अन्तर के साथ यह जो मेरा युद्ध था, वस्तुतः उसका कारण ज़्यादा व्यापक तथा जटिल था। युद्ध समाप्त होने के बाद से मैंने अपना सारा ध्यान अपनी सारी सामाजिक विचारधारा एवं धारणा के आमूल पुनरीक्षण में लगा दिया। अहिंसा का प्रश्न मेरे अन्तर के उसी विराट् वितर्क का एक अंश मात्र था और मैंने एकबारगी अहिंसा का 'विरोधी' होने का निर्णय भी नहीं लिया। मैं जिस निर्णय पर पहुँचा, वह यह था कि 'अहिंसा के लिए सभी सामाजिक कार्यों का केन्द्र—बिन्दु होना सम्भव नहीं है। अहिंसा अनेक मार्गों में से एक है, अनेक प्रस्तावों में से एक है और आज भी उसकी परीक्षा चल रही है।' हम सभी के विचार—केन्द्र में एकमात्र जो लक्ष्य रहना चाहिए, वह है : और भी मानवीय तथा और भी न्यायपूर्ण एक समाज—व्यवस्था की प्रतिष्ठा'—और उसकी प्रतिष्ठा करने के लिए पहले उस लक्ष्य को ज़ोरदार ढंग से प्रस्तुत करना चाहिए। क्योंकि

प्राचीन समाज–व्यवस्था आज निश्चित रूप से ख़ारिज हो गयी है, फिर भी उस ख़ारिज समाज का कोई हिंसात्मक अंश कहीं हमारे लक्ष्य को ढक न सके, इसके लिए पहले कमर कस कर लड़ना होगा। पुरानी स्थिति के मूल में था–सामाजिक अन्याय, पूँजावादी शोषण और उसके उत्स से निकला हुआ सामाजिक साम्राज्यवाद; उसके मूल में था–संसार के तीन–चौथाई लोगों पर अत्याचार। ऐसी जघन्य अवस्था है जो मानो एक अचल पाप है, आज सारी शक्ति लेकर जूझना ही हम लोगों का सबसे बड़ा कर्तव्य है और यह हमें बिना किसी की कोई अपेक्षा किये ही करना चाहिए (क्योंकि वह जो अचल राज–चक्रवर्ती पाप है, वह तो किसी की अपेक्षा करता नहीं, उसका ध्वंस न करने पर, वह सारे मानव–समाज का ही ध्वंस कर देगा)। अतः उसके विरुद्ध तो आज ही जुट जाना है, हिंसा और अहिंसा के सभी सम्भव अस्त्रों को लेकर, जिससे यथाशीघ्र और बिल्कुल निश्चित रूप से लक्ष्य तक पहुँचा जा सके। मैं तो किसी अस्त्र का व्यवहार वर्जित नहीं मानता, लेकिन शर्त यह है कि उस अस्त्र को ऐसे योद्धा के हाथ में होना चाहिए जो सत् हो, साहसी और निःस्वार्थ हो। जिस सामाजिक पाप और जिस प्राचीन व्यवस्था ने मनुष्य को क्रीतदास बना रखा है, जो मनुष्य का खून चूस रही है : उसके विरुद्ध सार्वजनीन युद्ध में मैं हिंसा और अहिंसा की समस्त विप्लवी शक्तियों को एकत्र करके पास खींच सकूँ, इसी को पिछले कई वर्षों से मैंने अपना यथार्थ कर्तव्य मान रखा है। सन् 1932 के अगस्त में एम्सटर्डम में 'फासिज्म और युद्ध–विरोधी समस्त पार्टियों की विश्व–कांग्रेस' का जो अधिवेशन हुआ था, उसमें भी मेरी यही भूमिका रही। अहिंसा के भीतर जो एक प्रचण्ड विप्लवी शक्ति निहित है, और 'जिससे काम लिया जा सकता है' यही नहीं, जिससे काम लेना उचित है। (नौकरी करने से इनकार करना, अस्त्र–शस्त्र अथवा रासायनिक पदार्थों के कारख़ानों में साधारण हड़ताल, परिवहन कर्मचारियों की हड़ताल आदि), आज भी मेरा ऐसा ही विश्वास है। सुपरिचालित अहिंसा और श्रृंखलाबद्ध विप्लवी हिंसा के द्विविध अस्त्रों का एक–दूसरे का सहयोगी बनकर एक साथ चलना आवश्यक है–वे अपने–अपने विशिष्ट रण–कौशल को बनाये रखेंगे, केवल पारस्परिक प्रचेष्टाओं का तालमेल बैठाकर उन्हें एक शत्रु से जूझने के लिए संयुक्त करेंगे–उस शत्रु से, जो केवल उन्हीं का शत्रु नहीं है, वह सारे मनुष्य–समाज का शत्रु है और वह शत्रु है युद्ध, वह

शत्रु है फासिज्म, वह शत्रु है सामरिक और औद्योगिक क्षेत्र का पूँजीवाद, साम्राज्यवाद, सामाजिक अन्याय आदि।'

मनीषी रोमाँ रोलाँ फिर लिखते हैं–सुभाष बसु को मैंने अपने दो निबन्ध–संग्रहों की सूचना दी, जिनमें मैंने अपने इन विचारों की विस्तृत व्याख्या की है। फिर मैंने उसमें 'पुनश्च' जोड़ा–

'यह कहना व्यर्थ है कि गाँधी के प्रति मेरी स्नेहपूर्ण श्रद्धा ज्यों की त्यों बनी है–बाद में अगर कभी उन्हें सार्वजनिक सेवा से विरत होता देखने का दुर्भाग्य भी मुझे प्राप्त होगा, तब भी उनके प्रति मेरी श्रद्धा मिटेगी नहीं। मेरा कर्तव्य मुझे उसी सामाजिक कर्म–क्षेत्र में प्रवेश करने का आदेश देता है–सच कहूँ तो उस क्षेत्र में मैं बहुत वर्षों पहले ही विपुल उत्साह में प्रवेश कर चुका हूँ।'

इधर भारत में जवाहरलाल नेहरू का अध्यक्षीय काल पूरा हो रहा था। अगले अध्यक्ष पद के नाम पर चर्चा हो रही थी। अपने अध्यक्षीय काल में जवाहरलाल नेहरू ने सुभाषचन्द्र बोस को कांग्रेस कार्यकारिणी का सदस्य बना लिया था।

कांग्रेस का 5 वाँ अधिवेशन होना था। महादेव देसाई के बेटे नारायण देसाई ने बनारस में बापू कथा के दौरान यह बात कही थी कि जब चर्चा हो रही थी किसे अध्यक्ष बनाया जाये–सभी बैठे थे पटेल, नेहरू, आज़ाद..., राजेन्द्र प्रसाद...! महात्मा गाँधी ने अपना दृष्टिकोण रखा–सुभाष बाबू को अध्यक्ष बनाया जाना चाहिए यह मेरा मत है...। महात्मा गाँधी का मत जानते ही कांग्रेस कार्यकारिणी समिति ने उन्हें सर्वसम्मति से अपना अध्यक्ष बना लिया। सुभाषचन्द्र बोस को वियना में इस बात की ख़बर मिली और वे वापस भारत आये।

वापस लौटने पर उनका अभूतपूर्व स्वागत किया गया। भारतीय राष्ट्रीय कांग्रेस का यह 51वाँ अधिवेशन गुजरात के हरिपुरा में 19 फ़रवरी, 1938 को हुआ। सुभाषचन्द्र बोस कलकत्ता से हरिपुरा अपने परिवार वालों के साथ दूसरे दर्जे में बैठकर आये। उनके साथ उन्हें हिन्दी सिखाने वाले शिक्षक भी थे। चूँकि यह 51वाँ अधिवेशन था इसलिए उसी के अनुरूप अधिवेशन स्थल पर 51 द्वार बनाये गये थे। 51 राष्ट्रीय ध्वज लगाये गये थे और 51 बार राष्ट्रीय गीत गाये गये। सुभाष बोस की सवारी 51 सफ़ेद बैलों से जुते हुए रथ पर धूमधाम से निकाली गयी। विदा लेने

वाले अध्यक्ष पंडित जवाहरलाल नेहरू ने नये अध्यक्ष सुभाषचन्द्र बोस का स्वागत किया।

19 फ़रवरी, 1938 के इस अधिवेशन में सरदार बल्लभ भाई पटेल ने अपने भाषण में समाजवांदियों के लिए कुछ आपत्तिजनक बात की, इसके लिए महात्मा गाँधी ने सरदार पटेल को 20 फ़रवरी को लिखा कि तुम्हारा भाषण बहुत गर्म था। यदि तुम्हें अपनी भूल महसूस हो तो तुम सुभाष की विशेष अनुमति लेकर मंच पर जाकर उनके आँसू पोंछना और उन्हें हँसाना। हम "जैसे को तैसा" वाला व्यवहार नहीं कर सकते। बलवान का भूषण क्षमा है...।"

यह सच था कि 51वाँ कांग्रेस की अध्यक्षता करने के लिए सरदार पटेल, जमनालाल बजाज, राजेन्द्र बाबू, मौलाना आज़ाद भी इच्छुक थे पर महात्मा गाँधी ने पटेल से सुभाष बोस के अध्यक्ष बनने देने की अपील की। हालाँकि गाँधी को सुभाष बाबू के तौर तरीक़े पर पूर्ण भरोसा नहीं था फिर भी उन्हें लगता था कि यह मौक़ा सुभाष बाबू को मिलना चाहिए। महात्मा गाँधी ने सरदार पटेल को 19 नवम्बर, 1937 को लिखा–'मैं तो इस नतीजे पर पहुँचा हूँ कि यदि तुम सभी हट जाओ तो अच्छा है। अगर सब न भी हटें तो भी तुमको हट जाना चाहिए। जमनालाल तो हटेंगे ही... राजेन्द्र बाबू? मौलाना... सुभाष का कोई भरोसा नहीं फिर भी उनके सिवा और कोई अध्यक्ष नहीं बन सकता।'

सुभाषचन्द्र बोस कांग्रेस अध्यक्ष बन गये और कांग्रेस अध्यक्ष की हैसियत से वे कांग्रेस पार्टी के रुख को ब्रिटिश सरकार के साथ समझौते के विरुद्ध और कड़ा बनाने की कोशिश करने लगे। सुभाष बोस का मानना था कि गाँधीवादी हलकों को यह बात उतनी पसन्द नहीं आयी क्योंकि वे लोग ब्रिटिश सरकार के साथ समझौता करने का इरादा कर रहे थे।

1938 के उत्तरार्द्ध में सुभाष ने औद्योगीकरण और राष्ट्रीय विकास के लिए एक व्यापक योजना तैयार करने के वास्ते राष्ट्रीय योजना समिति की स्थापना की। सुभाष बोस का यह भी सोचना था कि महात्मा गाँधी चूँकि औद्योगीकरण के विरोधी थे इसी से उनके इस कार्य से महात्माजी के साथ दूरियाँ बढ़ती गयीं...।

पर 4 मई, 1938 को महात्मा गाँधी ने समाजवादियों का समर्थन करते हुए तथा राजेन्द्र बाबू, सरदार पटेल तथा अन्य कांग्रेसियों का विरोध

करते हुए कहा–'जो समाजवादी कांग्रेस के सिद्धान्तों में विश्वास रखते हैं उन्हें अपनी समाजवादी विचारधारा के कारण कांग्रेस से अलग नहीं किया जा सकता। पंडित नेहरू और श्री सुभाषचन्द्र बोस भी समाजवादी हैं...।'

सुभाषचन्द्र बोस के बड़े भाई शरत बोस ने 1938 में गाँधी जी से मुलाक़ात की और बंगाल में साझा मन्त्रिमण्डल (कांग्रेस+मुस्लिम लीग) के पक्ष में अपनी बात रखी। शरत बोस के साथ सुभाषचन्द्र बोस भी वर्धा गये थे। दोनों भाइयों को ऐसा लगा था कि महात्मा जी उनसे सहमत हैं पर गाँधी जी ने उन्हें लिखा कि–

'प्रिय सुभाष,

मैं यह पत्र बोलकर ही लिखवाऊँगा क्योंकि मैं अभी अपनी आँखों से काम नहीं लेना चाहता। मौलाना साहब, नलिनी बाबू और घनश्यामदास जी मुझे यह पत्र लिखवाते सुन रहे हैं। बंगाल मन्त्रिमण्डल के बारे में हमारी विस्तृत बातचीत हुई। मेरा यह विश्वास आज पहले की अपेक्षा और दृढ़ हो गया है कि हमें मन्त्रिमण्डल को गिराने की कोशिश नहीं करनी चाहिए। उसमें हेर–फेर करवाने से भी कोई लाभ नहीं होगा। और सम्भवतः मन्त्रिमण्डल में कांग्रेसियों के शामिल किये जाने से हमें हानि बहुत होगी। इसलिए मैं यह महसूस करता हूँ कि प्रशासन को अपेक्षाकृत शुद्ध बनाने और निश्चित कार्यक्रम तथा नीति को चालू रखने का सबसे अच्छा तरीक़ा यह होगा कि हम जो भी सुधार चाहते हों, उन्हें हम वर्तमान मन्त्रिमण्डल में ही सम्पन्न करवाने की कोशिश करें। जब कोई असली महत्त्व का प्रश्न उठे और मन्त्रिमण्डल देश के हितों के विरुद्ध निर्णय ले, तब उसी बिना पर नलिनी बाबूको मन्त्रिमण्डल से बाहर आ जाना चाहिए, और वे कह रहे हैं कि वे ऐसा ही करेंगे भी। उस हालत में उनका मन्त्रिमण्डल से अलग होना शोभाजनक और पूरी तरह न्यायसंगत होगा। मुझे मालूम हुआ है, जहाँ तक म्युनिसिपल–क़ानून में संशोधन का सम्बन्ध है, अनुसूचित वर्ग के पृथक् निर्वाचक–मण्डल बनाने की बात छोड़ दी गयी है। मुसलमानों के पृथक् निर्वाचक–मण्डल का आग्रह अब भी किया जा रहा है। कह नहीं सकता कि विरोध को इस हद तक ले जाना ठीक होगा या नहीं कि समझौते का कोई रास्ता ही न रह जाये। यदि मुसलमानों का मत स्पष्ट रूप से पृथक्ता के पक्ष में हो तो मेरा विचार है कि बुद्धिमत्ता इसी में है कि उन्हें सन्तुष्ट कर दिया जाये। मैं नहीं चाहूँगा कि वे इस बात

को कांग्रेस के विरोध के बावजूद मनवा लें। उस हालत में तो यह बात कांग्रेस के ख़िलाफ़ जायेगी।

यदि आप मेरी राय मानते हों तो क़ैदियों की रिहाई का मामला आज की अपेक्षा बहुत ज़्यादा आसान बन जायेगा। और यदि यह राय आपको अच्छी लगती हो तो नयी नीति के बारे में खुली घोषणा कर देनी चाहिए। उम्मीद है कि इससे बंगाल में व्याप्त तनाव में कमी आ जायेगी और बंगाल में उत्साहहीनता की स्थिति स्वतः समाप्त हो जायेगी।'

इस पत्र से सुभाषचन्द्र बोस को लगा था कि एच. आर. सरकार, जी. डी. बिरला, मौलाना आज़ाद आदि ने महात्मा गाँधी को प्रभावित करके अपनी राय बदलवाई है। इसी से सुभाषचन्द्र बोस ने महात्मा गाँधी को लिखा–'स्पष्ट तौर पर आपने इन लोगों से बातचीत के बाद अपनी राय बदली है। इसलिए स्थिति यह है कि अब आप इन तीन महानुभावों की राय को बंगाल में कांग्रेस संगठन चलाने वालों की राय की तुलना में अधिक महत्त्व दे रहे हैं।'

1933 में सुभाषचन्द्र बोस ने वियना में यह वक्तव्य दिया था जब महात्मा गाँधी ने सविनय अवज्ञा को 6 सप्ताह के लिए स्थगित कर दिया था–'स्थगन की ताज़ा कार्रवाई असफलता की स्वीकारोक्ति है। हमारी यह स्पष्ट सम्मति है कि गाँधी जी राजनीतिक नेता के रूप में असफल रहे हैं। इसलिए अब समय आ गया है कि हम सिद्धान्तों के ऊपर नये उपायों को लेकर कांग्रेस की काया पलट करें और इसके लिए एक नये नेता की आवश्यकता है क्योंकि गाँधी जी से यह आशा करना अनुचित है कि वे ऐसे कार्यक्रम को हाथ में लेंगे, जो उनके जीवन भर के सिद्धान्तों से मेल न खाता हो।... यदि कांग्रेस में स्वयं ही इस प्रकार का परिवर्तन हो सके तो अच्छा है, नहीं तो कांग्रेस के भीतर ही उग्र मत के लोगों को एक नयी पार्टी बनानी पड़ेगी।'

पर जब वे अध्यक्ष बने तो अपने अध्यक्षीय भाषण में उन्होंने जो कहा वह वियना के वक्तव्य से बिल्कुल अलग थी–भारत महात्मा गाँधी को नहीं खोना चाहता, विशेषकर ऐसे समय में जबकि लोगों में एकता स्थापित करने के लिए उनकी आवश्यकता है। क्या युद्ध की कटुता और घृणा से बचाये रखने के लिए हम उन्हें चाहते हैं? नहीं–नहीं। मनुष्य मात्र के हित के लिए हम उन्हें चाहते हैं। हमारा युद्ध केवल ब्रिटिश साम्राज्यवाद से

नहीं—बल्कि संसार भर के साम्राज्यवाद से है। अतः हम लोग केवल भारत के लिए नहीं बल्कि मनुष्य मात्र के हित के लिए लड़ रहे हैं...।

इस अधिवेशन के बाद सुभाष अखिल भारतीय स्तर पर अत्यन्त लोकप्रिय नेता हो गये। पर सुभाषचन्द्र बोस ने वियना में दिये गये वक्तव्य कि कांग्रेस को अपनी काया पलट करनी चाहिए यदि पूरा कांग्रेस नहीं भी बदले तो उसके अन्दर ही एक उग्रमत के लोगों की नयी पार्टी बननी चाहिए के अनुरूप अपनी कार्यशैली को कार्य रूप देना प्रारम्भ किया...।

यह बात अहिंसावादी नीतियों के समर्थक कांग्रेसियों को अखरने लगी थी, इसी से जब सुभाषचन्द्र बोस का पहला कार्यकाल 1938 को समाप्त हुआ तो उन्हें दूसरे कार्यकाल के चुनने के लिए पूर्ण सहमति नहीं बन सकी...। अहिंसावादी कांग्रेसियों की इच्छा थी सुभाष बोस के बाद एक पूर्ण अहिंसक व्यक्ति को कांग्रेस के अध्यक्ष के पद पर स्थापित किया जाये। लेकिन सुभाषचन्द्र बोस को ऐसा लगता था कि कांग्रेस को क्रान्तिकारी बनाकर ही देश की आज़ादी प्राप्त की जा सकती है इसलिए उन्होंने 1939 ई. में स्वयं कांग्रेस का अध्यक्ष बनना चाहा। सुभाष बोस इसलिए ऐसा चाहते थे क्योंकि द्वितीय विश्वयुद्ध छिड़ चुका था और उन्हें लग रहा था कि अभी अवसर है दुश्मन के कमज़ोर क्षणों का लाभ उठाने का और उन्हें विश्वास था कि महात्मा गाँधी के सिद्धान्त में यह बात गलत थी कि किसी के कमज़ोर पल के अवसर का लाभ न उठाया जाय भले ही वह उनका दुश्मन ही क्यों न हो। सुभाष के अपने विचारों, उनके अपने सिद्धान्तों के कारण और कोई विकल्प नहीं था कि वे कांग्रेस के अध्यक्ष पद के लिए दुबारा निर्वाचित हों।

वहीं पर अहिंसावादियों को भी अपने विचारों, अपने सिद्धान्तों की वजह से यह देखना मुश्किल था कि तीस सालों की मेहनत से निर्मित अहिंसावादी कांग्रेस को चुपचाप हिंसा के रास्ते पर चलने दिया जाये...। इसी से एक कट्टर अहिंसावादी जो आन्ध्र प्रदेश के थे, जी हाँ ... डॉ. पट्टाभि सीतारमैया को सुभाषचन्द्र बोस के विरोध में चुनाव में उतारा गया।

चुनाव हुआ और चुनाव के नतीजे के अनुसार सुभाषचन्द्र बोस अधिक मतों से विजयी होकर कांग्रेस के अध्यक्ष निर्वाचित हुए, और डॉ. पट्टाभि सीतारमैया चुनाव हार गये। उनकी इस हार के बाद महात्मा गाँधी ने उनकी हार को अपनी हार माना। इसका पूर्ण विवरण इस प्रकार है।

महात्मा गाँधी ने इस सम्बन्ध में 31 जनवरी, 1939 को वक्तव्य दिया। इन्हीं के शब्दों में–'श्री सुभाष बोस ने अपने प्रतिद्वन्द्वी उम्मीदवार डॉ. पट्टाभि सीतारमैया पर निर्णायक विजय प्राप्त की है। मैं यह स्वीकार करता हूँ कि शुरू से ही कुछ कारणोंवश, जिनमें इस समय जाने की कोई आवश्यकता नहीं है, मैं निश्चित रूप से उनके दोबारा चुने जाने के विरुद्ध था। इस चुनाव के सम्बन्ध में उन्होंने जो वक्तव्य जारी किये हैं; उनमें दी गयी दलीलों या तथ्यों से मैं सहमत नहीं हूँ। मेरे ख़्याल में तो उन्होंने अपने सहयोगियों के बारे में जो–कुछ कहा है, वह अनुचित और अशोभनीय है। तो भी मैं उनकी विजय से ख़ुश हूँ और चूँकि मौलाना अबुल कलाम आज़ाद द्वारा अपना नाम वापस ले लेने के बाद डॉ. पट्टाभि को चुनाव से पीछे न हटने की सलाह मैंने दी थी, इसलिए यह हार उनसे ज़्यादा मेरी है। अगर मैं अमुक निश्चित नीति और सिद्धान्तों का प्रतिनिधित्व नहीं करता हूँ, तो फिर कुछ भी नहीं हूँ। इसलिए यह स्पष्ट हो गया है कि कांग्रेस के प्रतिनिधि उन सिद्धान्तों को और उस नीति को मान्य नहीं करते, जिनका कि मैं प्रतिपादन करता हूँ।

इस हार से मैं ख़ुश हूँ। इससे मुझे उस बात को अमल में लाने का अवसर मिला है, जिसकी सलाह मैंने दिल्ली में हुई अखिल भारतीय कांग्रेस कमेटी में अल्पसंख्यक गुटवालों के सभा से उठकर चले जाने पर एक लेख लिखकर दी थी। सुभाष बाबू अब उन लोगों की कृपा के सहारे अध्यक्ष नहीं बने जिन्हें वे दक्षिण पन्थी कहते हैं, बल्कि चुनाव में जीतकर अध्यक्ष बने हैं। इससे यह अपने ही समान विचार वाली कार्य–समिति चुन सकते हैं और बिना किसी बाधा या अड़चन के अपना कार्यक्रम अमल में ला सकते हैं।

एक बात अल्पसंख्यक और बहुसंख्यक दोनों गुटों के मान्य है; दोनों ही कांग्रेस की आन्तरिक शुद्धि चाहते हैं। 'हरिजन' में प्रकाशित मेरे लेखों से यह साफ़ हो चुका है कि कांग्रेस तेज़ी से एक भ्रष्ट संगठन बनती जा रही है, क्योंकि उसके रजिस्टरों में बहुत बड़ी संख्या में जाली नाम दर्ज हैं। पिछले कई महीनों से मैं यह सलाह देता आ रहा हूँ कि कांग्रेस के इन रजिस्टरों का संशोधन किया जाये और उन्हें नये सिरे से लिखा जाये। मुझे इसमें ज़रा भी शक नहीं कि इस समय इन नकली मतदाताओं के कारण जो प्रतिनिधि चुने गये हैं, छानबीन करने पर वे प्रतिनिधि नहीं

रह पायेंगे। लेकिन मैं ऐसा कोई उग्र क़दम उठाने का सुझाव नहीं दे रहा हूँ। इतना ही काफ़ी होगा कि रजिस्टरों से जाली मतदाताओं के नाम निकाल दिये जायें और ऐसी व्यवस्था की जाय कि भविष्य में ऐसा करना सम्भव न रह जाय।

अल्पसंख्यकों को हतोत्साह होने की ज़रूरत नहीं। अगर वे कांग्रेस के वर्तमान कार्यक्रम में विश्वास रखते हैं तो उन्हें मालूम हो जायेगा कि उसके अनुसार काम किया जा सकता है, फिर चाहे वे अल्पमत में हों अथवा बहुमत में और कांग्रेस के बाहर हों या अन्दर।

मौजूदा परिवर्तन से केवल संसदीय कार्यक्रम में फ़र्क़ पड़ सकता है, और किसी में नहीं। मन्त्रिमण्डलों का चुनाव उन लोगों ने किया है जो अभी तक बहुमत में थे और उन्होंने ही उसका कार्यक्रम बनाया है। लेकिन संसदीय कार्यक्रम कांग्रेस–कार्यक्रम का एक छोटा–सा अंग है। कांग्रेसी मन्त्रियों को आख़िरकार यही समझकर चलना है कि उन्हें अपना पद किसी भी दिन छोड़ना पड़ सकता है। कांग्रेसी मन्त्रियों के लिए इस बात का कोई महत्त्व नहीं है कि उनसे किसी ऐसे मुद्दे पर पद–त्याग करने को कहा जाता है जिसके विषय में वे कांग्रेस की नीति से सहमत हैं अथवा वे स्वयं इस कारण त्यागपत्र देते हैं कि वे कांग्रेस की नीति से सहमत नहीं हैं।

सुभाष बाबू देश के दुश्मन तो हैं नहीं। उन्होंने उसके लिए कष्ट सहन किये हैं। उनकी राय में उनका कार्यक्रम और उनकी नीति दोनों अत्यन्त अग्रगामी हैं। अल्पसंख्यक उसकी सफलता ही चाहेंगे। लेकिन यदि वे उसके अनुसार न चल सकें, तो उन्हें कांग्रेस के बाहर आ जाना चाहिए। उनसे बन पड़ा तो वे बहुमत की शक्ति बढ़ायेंगे।

वे किसी भी स्थिति में बाधक न होंगे। यदि वे सहयोग न कर सकें, तो उन्हें अलग हो जाना होगा। कांग्रेसजनों को मैं यह याद दिलाना चाहता हूँ कि जो लोग कांग्रेस–मनोवृत्ति रखते हुए भी सोच–समझकर कांग्रेस से बाहर हैं, वे उसका सर्वाधिक प्रतिनिधित्व करेंगे। इसलिए जो लोग कांग्रेस के भीतर रहने में असुविधा अनुभव करते हों, वे बाहर आ सकते हैं, लेकिन दुर्भावना से नहीं, बल्कि ज़्यादा सेवा करने की भावना से।'

सुभाषचन्द्र बोस ने महात्मा गाँधी के वक्तव्य के बाद अपना वक्तव्य दिया कि यह महात्मा गाँधी की हार कैसे हो सकती है? जब मत उनके पक्ष और विपक्ष में पड़े ही नहीं और न ऐसी कोई अपील ही की गयी

थी साथ ही यह भी लिखा कि देश के सबसे महानतम व्यक्ति का यदि विश्वास नहीं जीत पाऊँगा तो इससे दुखद और क्या होगा...।

सुभाषचन्द्र बोस का वक्तव्य—हाल के (कांग्रेस के) अध्यक्ष—पद के चुनाव के बारे में महात्मा गाँधी ने जो वक्तव्य दिया है, मैंने अत्यन्त ध्यानपूर्वक पढ़ा है। मुझे यह देखकर दुःख होता है कि महात्मा गाँधी ने उसे अपनी निजी पराजय माना है। इस मुद्दे पर मैं विनम्रतापूर्वक उनसे अपनी असहमति प्रकट करना चाहूँगा। मतदाताओं, अर्थात् प्रतिनिधियों से महात्मा गाँधी के पक्ष या विपक्ष में मत देने को नहीं कहा गया था। परिणामतः चुनाव का नतीजा, मेरी राय में, और अधिकांश लोगों की राय में, उनको (गाँधी जी को) प्रभावित नहीं करता।

पिछले कुछ दिनों में अख़बारों ने इसे कांग्रेस के अन्दर दक्षिणपन्थी गुटों पर वामपन्थी गुटों की विजय माना है। तथ्य यह है कि मैंने जनता के सामने दो मुख्य प्रश्न रखे थे। एक था संघीय योजना के विरुद्ध संघर्ष, और दूसरा था प्रतिनिधियों को अपना अध्यक्ष चुनने के मामले में पूरी स्वतन्त्रता। इन दो प्रश्नों ने अवश्य ही मतदान की काफ़ी प्रभावित किया होगा, और इसके सिवा, उम्मीदवारों के व्यक्तित्व का भी कुछ हद तक प्रभाव पड़ा होगा। इन परिस्थितियों में मुझे लगता है कि चुनाव—परिणाम के महत्त्व का विश्लेषण करते समय हमें कल्पना का सहारा नहीं लेना चाहिए और न ही हमें उसका कुछ विशेष अर्थ लगाना चाहिए।

बहस की ख़ातिर अगर यह मान भी लें कि चुनाव—परिणाम का अर्थ वामपन्थी गुट की विजय है, तो हमें ज़रा ठहरकर सोचना चाहिए कि वामपन्थियों का कार्यक्रम क्या है। निकट भविष्य के ख़्याल से वामपन्थी राष्ट्रीय एकता चाहते हैं और संघीय योजना का अनवरत विरोध करना चाहते हैं। इसके अतिरिक्त, वे लोकतान्त्रिक सिद्धान्तों के पक्ष—समर्थक हैं। वामपन्थी लोग कांग्रेस में दरार डालने की ज़िम्मेदारी नहीं लेंगे। अगर कांग्रेस में दरार पड़ेगी भी तो वामपन्थियों के कारण नहीं पड़ेगी, बल्कि उनकी कोशिशों के बावजूद पड़ेगी।

निजी तौर पर मेरी यह निश्चित राय है कि कांग्रेस संगठन में दरार पड़ने का न तो कोई कारण है और न कोई औचित्य ही है। इसलिए मेरी यह हार्दिक आशा है कि इस समय या निकट भविष्य में तथाकथित अल्पसंख्यक दल के लिए तथाकथित बहुसंख्यक दल के साथ असहयोग

करने का कोई प्रसंग उत्पन्न नहीं होगा। मुझे यह कहने की ज़रूरत नहीं है कि ऐसी कोई भी सम्भावना उत्पन्न होने पर मैं अन्त तक कोशिश करूँगा कि कोई दरार न पड़ने पाये।

मेरे जैसे लोग भविष्य में किस नीति पर चलेंगे, इस बात को लेकर बहुतों के मन में आशंकाएँ पैदा हो गयी हैं। मैं स्पष्ट कर देना चाहता हूँ कि संसदीय और गैर–संसदीय क्षेत्र में जो भी नीति अभी तक चलती आयी है, उससे एकदम अलग कोई नीति नहीं अपनायी जायेगी। जहाँ तक संसदीय कार्यक्रम का सवाल है, हम चुनाव के समय किये गये अपने वादों को और अपने संसदीय कार्यक्रमों को पहले की अपेक्षा ज़्यादा तेज़ी से कार्यान्वित करने का प्रयत्न करेंगे। गैर–संसदीय क्षेत्र में हम संघीय योजना का विरोध करने के लिए और पूर्ण स्वराज्य की दिशा में आगे बढ़ने के लिए अपनी सारी शक्ति और सारे साधन संगठित करेंगे। और हम भारतीय राष्ट्रीय कांग्रेस के सिद्धान्तों और नीतियों के अनुसार ही कार्य करेंगे।

इस सम्बन्ध में यह कहना चाहूँगा कि कुछ अवसरों पर सार्वजनिक प्रश्नों पर मुझे दुःख के साथ महात्मा गाँधी से असहमत होना पड़ा है, लेकिन उनके व्यक्तित्व के प्रति मेरा आदरभाव किसी से भी कम नहीं है। अगर मैंने उन्हें ठीक–ठीक समझा है, तो स्वयं वे भी यही चाहेंगे कि लोग स्वतन्त्र रूप से विचार करें, हालाँकि हो सकता है कि वे उनके (महात्मा गाँधी के) साथ सदैव सहमत न भी हों? "मुझे पता नहीं कि महात्मा गाँधी मेरे बारे में किस तरह की राय रखते हैं। लेकिन उनके विचार कुछ भी हों, मेरी हमेशा यही कोशिश रहेगी कि उनका विश्वास प्राप्त करूँ–और यह कोशिश मैं इसलिए करूँगा कि मेरे लिए यह दुःख की बात होगी कि अन्य लोगों का विश्वास तो जीत सकूँ, लेकिन भारत के सबसे महान व्यक्ति का विश्वास न जीत सकूँ।"

इसी समय मैनचेस्टर गार्जियन में श्री विलियम्स ने सुभाषचन्द्र बोस पर व्यंग्योक्ति कसी तो महात्मा गाँधी ने लिखा–सुभाषचन्द्र बोस के सम्बन्ध में श्री विलियम्स द्वारा की गयी व्यंग्योक्तियों से सुभाष बाबू अपना बचाव स्वयं कर सकने में समर्थ हैं। लेकिन उनके साथ एक साल से मेरा गहरा सम्पर्क रहा है। उसके दौरान मैंने कभी भी उन्हें वैसा विचार व्यक्त करते नहीं सुना जैसा विचार रखने का आरोप श्री विलियम्स उन पर लगाते हैं...।

सुभाषचन्द्र बोस की विचारधारा से कांग्रेस कार्यकारिणी अपना सामंजस्य नहीं बिठा पा रही थी। उस कार्यकारिणी के सदस्यों को सुभाषचन्द्र बोस के साथ काम करने में असहजता महसूस हो रही थी। इसी से मौलाना आज़ाद, राजेन्द्र प्रसाद आदि नेताओं ने महात्मा गाँधी को लिखा कि वे कार्यकारिणी से इस्तीफ़ा देना चाहते हैं। इस पर महात्मा गाँधी ने इन लोगों को लिखा भी कि इससे सुभाष बोस को परेशानी होगी। इसी आशय का एक पत्र महात्मा गाँधी ने सुभाषचन्द्र बोस को लिखा भी।

प्रिय सुभाष, 5 फरवरी, 1939

आशा है, तुम्हें मेरा निजी पत्र और कल भेजा हुआ पत्र, दोनों मिल गये होंगे। मुझे मौलाना साहब का तार मिला है जिसमें यह सुझाव है कि वे और दूसरे लोग कार्य–समिति से अलग हो जायें। मैंने उसको यह उत्तर दिया है कि इससे शायद तुम्हें (सुभाष को) परेशानी होगी। अब राजेन्द्र बाबू का पत्र आया है। उसमें भी वही सुझाव है और उसका इस तर्क द्वारा समर्थन किया गया है कि यदि इस्तीफ़े तुम्हारे हाथ में हों तो इससे तुम्हें मदद ही मिलेगी। इससे तुम एक अस्थायी कार्य–समिति चुन सकते हो जो भावी कार्यक्रम बनाने में तुम्हारी मदद करेगी। राजेन बाबू का तर्क मुझे सही लगता है। मेरी समझ के अनुसार पुराने साथी, जिन्हें तुम दक्षिणपथ्थी मानते हो, कार्य–समिति में काम नहीं करेंगे। यदि तुम्हारे लिए यह ज़्यादा सुविधाजनक हो तो तुम उनके इस्तीफ़े अभी ले सकते हो। उनकी उपस्थिति तुम्हारे लिए और उनके लिए भी उचित नहीं होगी। तुम्हें अपना कार्यक्रम गढ़ने के लिए स्वतन्त्र रहना चाहिए और दक्षिणपन्थियों से (मैं चाहता हूँ तुम्हारी कल्पना में जो दल है उनके लिए कोई ज़्यादा अच्छे और देशी नाम चुनो) यह आशा रखनी चाहिए कि जहाँ तक उनसे बन पड़ेगा, वे तुम्हें समर्थन देंगे और जहाँ वे तुमसे सहमत नहीं होंगे, वहाँ तुम्हारे काम में रोड़ा अटकाये बिना तटस्थ रहेंगे।

अपने वक्तव्य के उत्तर में दिया गया तुम्हारा वक्तव्य मैंने अभी–अभी पढ़ा है। यद्यपि इसका उत्तर दिया जाना चाहिए, लेकिन मैं इसका उत्तर नहीं दे रहा हूँ। जहाँ तक मेरा बस चले, मैं तुम्हारे साथ सार्वजनिक विवाद में नहीं पड़ना चाहता।

बापू

लेकिन बात नहीं बनी। कांग्रेस कार्य–समिति के सदस्यों ने 22 फ़रवरी, 1939 को कांग्रेस अध्यक्ष सुभाषचन्द्र बोस को अपना त्यागपत्र भेज दिया और उन्हें अपनी मनपसन्द कार्य–समिति चुनने के लिए स्वतन्त्र कर दिया और साथ ही नीतियों पर सहमति होने पर सहयोग का भी भरोसा दिया। त्यागपत्र देने वालों में–सरदार बल्लभ भाई पटेल, सरोजिनी नायडू, राजेन्द्र प्रसाद, मौलाना आज़ाद पट्टाभि सीतारमैया, अब्दुल गफ़्फ़ार खाँ, भूला भाई देसाई, कृपलानी, जमनालाल बजाज आदि थे।

कांग्रेस कार्य–समिति के सदस्यों ने अपने त्याग पत्र में 22 फ़रवरी, 1939 को सुभाषचन्द्र बोस के नाम एक पत्र लिखा–

प्रिय सुभाष,

आपकी बीमारी की ख़बर सुनकर हम सबों को बहुत दुःख हुआ। यह तो सोचा भी नहीं जा सकता था कि आप अपने स्वास्थ्य को ख़तरे में डालकर वर्धा आयें। हम आशा करते हैं कि आप शीघ्र ही पूर्णतः स्वस्थ हो जायेंगे।

हाल की घटनाओं पर हमने सावधानीपूर्वक विचार किया है और अध्यक्ष पद के चुनाव के बारे में दिये गये आपके विभिन्न वक्तव्यों को भी हमने पढ़ा है। आपकी दुःखद बीमारी, और उसके परिणामस्वरूप हमारी बैठक के स्थगन के कारण हम आपके वक्तव्यों के बारे में अपने विचार प्रकट नहीं कर रहे हैं।

इस समय तो हमारे लिए इतना ही कहना पर्याप्त है कि हम लोग, जिनके हस्ताक्षर नीचे दिये हुए हैं, अपना कर्त्तव्य समझते हैं कि कार्य–समिति की सदस्यता से अपना इस्तीफ़ा दे दें, और इस पत्र के ज़रिये हम इस्तीफ़ा दे रहे हैं। हमें लगता है कि आपको ऐसी कार्य–समिति चुननी चाहिए जो आपके विचारों का प्रतिनिधित्व करती हो।

हमें लगता है कि वह समय आ गया है जब देश के सामने एक स्पष्ट नीति होनी चाहिए, ऐसी नीति जो कांग्रेस के विभिन्न और परस्पर–विरोधी गुटों के बीच समझौते पर आधारित न हो।

इसलिए यह उचित ही होगा कि आप एक समान विचारधारा वाली कार्य–समिति चुनें जो बहुमत के विचारों का प्रतिनिधित्व करती हो। आप विश्वास रखें कि आप देश के सामने जो नीतियाँ रखेंगे, उनमें जहाँ हम आपके दृष्टिकोण से सहमत होंगे, वहाँ हम आपको हर सम्भव सहयोग

देंगे। सार्वजनिक दुविधा को दूर करने के लिए हम यह पत्र अख़बारों में भेज रहे हैं।

त्रिपुरी कांग्रेस सम्मेलन 1939 में गोविन्द बल्लभ पन्त ने एक प्रस्ताव कांग्रेस की विशेष समिति में रखा था, जिसे पन्त प्रस्ताव भी कहा जाता है। यह प्रस्ताव 135 के विरुद्ध 218 मतों से पास हुआ था। प्रस्ताव यह था कि–

"कांग्रेस अध्यक्ष के चुनाव और परवर्ती घटनाओं से सम्बन्धित विवाद के कारण देश में तथा कांग्रेस–संस्था के अन्दर जो गलतफ़हमियाँ पैदा हो गयी हैं, उन्हें ध्यान में रखते हुए यह वांछनीय है कि अखिल भारतीय कांग्रेस कमिटी अपनी स्थिति स्पष्ट करे और अपनी सामान्य नीति घोषित करे। यह समिति कांग्रेस की मूल नीतियों में, जो पिछले कुछ सालों से महात्मा गाँधी के मार्ग दर्शन में उसके कार्यक्रम को शासित करती रही हैं, अपनी दृढ़ निष्ठा घोषित करती है और उसका यह सुनिश्चित मत है कि इन नीतियों में कोई व्यवधान नहीं आना चाहिए और कांग्रेस–कार्यक्रम भविष्य में भी इन्हीं के द्वारा शासित होता रहना चाहिए। यह समिति गत वर्ष की कार्य–समिति के कार्यक्रम में अपना विश्वास प्रकट करती है और उसे इस बात का खेद है कि उसके किसी सदस्य पर कुछ छींटाकशी की गयी है। इस बात को दृष्टि में रखते हुए कि आगामी वर्ष में परिस्थिति नाज़ुक हो सकती है और इस तथ्य पर ध्यान देते हुए कि इस तरह के संकट में केवल महात्मा गाँधी ही कांग्रेस और देश को विजय की ओर ले जा सकते हैं, समिति यह आवश्यक समझती है। कि कांग्रेस के अंग को उनका निश्चित प्राप्त करना चाहिए और अध्यक्ष से यह प्रार्थना करती है कि वे आगामी वर्ष के लिए गाँधी जी की इच्छा के अनुरूप कार्य–समिति मनोनीत करें।"

हालाँकि पन्त प्रस्ताव के बारे में महात्मा गाँधी को कोई जानकारी नहीं थी लेकिन सुभाषचन्द्र बोस ने त्रिपुरी कांग्रेस अधिवेशन में समझा कि शायद यही महात्मा जी की भी इच्छा है। पर उन्हें यह भी लगता रहा कि महात्मा गाँधी के स्वभाव से यह प्रस्ताव मेल नहीं खाता...। बाद में चलकर इस विषय पर स्थिति स्पष्ट हुई।

कार्य–समिति के इस्तीफ़े के बाद सुभाषचन्द्र बोस के आग्रह पर महात्मा गाँधी मौन साधे रहे... और इस सम्बन्ध में सुभाष बोस को पत्र भी लिखा।

24 मार्च, 1939

प्रिय सुभाष,

आशा है, तुम पूर्ण स्वास्थ्य–लाभ की ओर बराबर प्रगति कर रहे होगे। इसके साथ मेरे नाम शरत के पत्र की नकल और मेरा उत्तर भी है। मेरे ये सुझाव तभी, और केवल तभी, संगत होने हैं जब वह पत्र तुम्हारी भावनाओं का भी प्रतिनिधित्व करता हो। हर हालत में केन्द्र में जो अराजकता है वह ख़त्म होनी चाहिए। तुम्हारे अनुरोध के अनुसार, मैं बिल्कुल मौन साधे हुए हूँ, यद्यपि इस संकट के बारे में अपनी राय देने के लिए मुझ पर दबाव डाला जा रहा है।

प्रस्ताव मैंने पहली बार इलाहाबाद में देखा। वह मुझे बिल्कुल स्पष्ट लगता है। पहल तुम्हें करनी है। मुझे पता नहीं कि तुम्हारा स्वास्थ्य तुम्हारे राष्ट्रीय कार्य में लगने लायक है या नहीं। यदि न हो तो, मेरे ख़्याल में, तुम्हारे आगे जो एकमात्र संवैधानिक मार्ग है वही तुम्हें अपनाना चाहिए।

अभी कुछ दिन और मुझे दिल्ली में ही रहना होगा।

सस्नेह।

बापू

महात्मा गाँधी के पत्र के जवाब में सुभाषचन्द्र बोस ने एक नहीं दो–दो लंबे पत्र लिखे और अपनी बात स्पष्ट करने की कोशिश की... इस पत्र में महात्मा गाँधी के प्रति निष्ठा भी है और आदर भी, पर सरदार पटेल तथा अन्य गाँधीवादी कांग्रेसियों के प्रति आक्रोश भी है तो अपना महत्त्व भी कि यदि वे कांग्रेस से अलग होंगे तो...उसके कितने भयंकर दुष्परिणाम देश को भोगने होंगे। इसका विस्तृत विवरण सलंग्न है।

29 मार्च, 1939

प्रिय महात्मा जी,

गत 24 तारीख़ को गाड़ी से लिखा आपका पत्र और संलग्न काग़ज़ात भी मिले।

पहली बात तो यह है कि मेरे भाई शरत ने आपको अपनी ही इच्छा और प्रेरणा से पत्र लिखा। उनके पत्र से आप देख सकते हैं कि आपका तार उन्हें यहाँ से कलकत्ता लौटने पर मिला और उसके बाद उन्होंने आपको लिखा। अगर उन्हें आपका तार न मिलता तो वे आपको लिखते, इसमें मुझे सन्देह है।

बेशक, उनके पत्र में कुछ ऐसी बातें हैं जो मेरी भावनाओं को प्रतिध्वनित

करती हैं। लेकिन यह तो एक अलग बात है। मुझे मुख्य समस्या यह प्रतीत होती है कि क्या दोनों पक्ष अतीत को भुलाकर एक साथ काम कर सकते हैं? यह बात पूरी तरह से आप पर निर्भर है। यदि आप सच्चे अर्थों में निष्पक्ष रुख अपनाकर दोनों पक्षों का विश्वास प्राप्त कर लें तो आप कांग्रेस को बचा सकते हैं और राष्ट्रीय एकता फिर से कायम कर सकते हैं।

मेरा स्वभाव ही ऐसा नहीं है कि मन में बदले की भावना रखूँ या किसी के खिलाफ़ शिकायत को पोसूँ। एक तरह से मेरी मनोवृत्ति घूँसेबाज़ वाली है–घूँसेबाज़ी ख़त्म होते ही प्रतिपक्षी से मुस्कराते हुए हाथ मिलाने वाली और परिणाम को खिलाड़ी की वृत्ति से उदारतापूर्वक स्वीकार करने वाली।

दूसरे, मुझसे लोग जो कुछ कहते रहे हैं उस सबके बावजूद मैं पन्त प्रस्ताव को कांग्रेस द्वारा पारित रूप में ही लेता हूँ। हमें इस पर हर हालत में अमल करना चाहिए।

प्रस्ताव पेश किये जाने और उस पर बहस की अनुमति भी ख़ुद मैंने दी थी, हालाँकि उसमें वह अवैधानिक धारा मौजूद थी। अब मैं उससे पीछे कैसे हट सकता हूँ?

तीसरे, आपके सामने दो रास्ते हैं (1) या तो नयी कार्य–समिति के गठन के बारे में हमारे विचारों को स्थान दीजिए, या (2) पूरे तौर पर अपने ही विचारों पर आग्रह रखिए। यदि आप अपने ही विचारों पर आग्रह रखते हैं तो हो सकता है, वहाँ से हमारे रास्ते अलग हो जायें।

चौथे, जल्दी–से–जल्दी नयी कार्य–समिति के गठन तथा कार्य–समिति और महासमिति की बैठकें बुलाने के लिए मेरे लिए जो कुछ भी करना सम्भव है, सो सब करने को मैं तैयार हूँ। लेकिन मुझे बड़ा अफ़सोस है कि अभी दिल्ली आना मेरे लिए मुमकिन नहीं है। (डॉ. सुनील ने आज सुवह इस सम्बन्ध में आपको तार दिया है। आपका तार मुझे कल ही मिला।)

पाँचवें, आपके पत्र से यह जानकर मुझे आश्चर्य हुआ कि महासमिति कार्यालय ने आपको पन्त प्रस्ताव की नकल नहीं भेजी। (अब तो भेज दी गयी है।) उससे भी ज़्यादा आश्चर्य इस बात से हुआ कि आपके इलाहाबाद आने से पहले तक प्रस्ताव आपको दिखाया ही नहीं गया था। त्रिपुरी में तो यह अफ़वाह बहुत गरम थी कि प्रस्ताव को आपका पूरा समर्थन प्राप्त है। हमारे त्रिपुरी में रहते हुए ही दैनिक समाचार–पत्रों में इस आशय का एक वक्तव्य भी प्रकाशित हुआ था।

छठे, पद पर बने रहने की मेरी तनिक भी इच्छा नहीं है, लेकिन मुझे अपनी बीमारी की वजह से त्यागपत्र दे देने का भी कोई कारण दिखाई नहीं देता। उदाहरण के लिए, जेल में रहते हुए तो किसी अध्यक्ष ने त्यागपत्र नहीं दिया। मैं आपको बता दूँ कि मुझ पर त्यागपत्र देने के लिए बहुत दबाव डाला जा रहा है। मैं अड़ा हुआ हूँ–इसलिए कि मेरे त्यागपत्र का मतलब कांग्रेस की राजनीति में एक नये चरण का आरम्भ होगा, और मैं इस स्थिति को अन्त तक बचाना चाहता हूँ। मैं पिछले कुछ दिनों से महासमिति के ज़रूरी कामकाज देखता रहा हूँ।

कल या परसों मैं आपको फिर लिखूँगा।

मेरा स्वास्थ्य सुधर रहा है। आशा है, आपका रक्तचाप शीघ्र ही फिर से कम हो जायेगा।

प्रणामपूर्वक,

स्नेहाधीन,
सुभाष

पुनश्चः

यह पत्र ठीक–ठीक आपके पत्र का उत्तर नहीं है। बस, मेरे मन में जो बातें थीं और जो मैं आपको बताना चाहता था उन्हीं को यहाँ दर्ज कर दिया है।

सुभाषचन्द्र बोस को इतने लिखने से सन्तुष्टि नहीं मिली उन्होंने पुनः महात्मा गाँधी को एक पत्र साथ ही साथ लिख डाला।

प्रिय महात्मा जी,

मेरे स्वास्थ्य के बारे में सुनील के लम्बे तार के उत्तर में भेजा आपका तार देखा। जब आपने मेरे दिल्ली आने का सुझाव देते हुए तार भेजा तो मैंने सोचा कि इस सम्बन्ध में डाक्टर ही अपनी बात कहें, यही बेहतर होगा। निदान सुनील ने आपको तार दिया।

गाड़ी से मेरे नाम लिखे आपके इसी 24 तारीख़ के पत्र और उसी दिन शरत को लिखे आपके पत्र के विभिन्न मुद्दों और आमतौर पर पूरी स्थिति पर मैं विचार करता रहा हूँ। यह मेरे लिए सचमुच बड़े दुर्भाग्य की बात है कि ऐसे नाज़ुक समय में मैं बीमार हो गया। लेकिन एक के बाद एक घटनाएँ इतनी तेजी से घटित होती रही हैं कि मुझे जल्दी स्वस्थ होने का अवसर ही नहीं मिला। इसके अतिरिक्त, त्रिपुरी कांग्रेस के पहले और बाद

में भी कुछ हलकों में (आपको स्पष्ट कर दूँ कि इनमें आप शामिल नहीं हैं) मेरे साथ वैसा व्यवहार नहीं किया जाता रहा है जैसे का मैं पात्र हूँ। लेकिन अपनी बीमारी की वजह से मेरे त्यागपत्र दे देने का कोई कारण नहीं है। जैसा कि मैंने अपने कल के पत्र में (वह आपके नाम मेरा दूसरा पत्र था) बताया, मेरी जानकारी में तो लम्बे अर्से तक जेल में रहने पर भी अध्यक्ष ने त्यागपत्र नहीं दिया। हो सकता है, आख़िर मुझे त्यागपत्र देना ही पड़े। लेकिन अगर देना पड़ा तो उसके कारण सर्वथा भिन्न होंगे।

मेरा ख़्याल है, अपने दूसरे पत्र में मैंने कहा है कि यद्यपि त्यागपत्र देने के लिए मुझपर दबाव डाला जा रहा है, लेकिन मैं अड़ा हुआ हूँ। मेरे त्यागपत्र का मतलब कांग्रेस की राजनीति में एक नये चरण का आरम्भ होगा, और मैं इस स्थिति को अन्त तक बचाना चाहता हूँ। अगर हमारे रास्ते अलग हुए तो भारी गृह–कलह आरम्भ हो जायेगी, और उसका अन्तिम परिणाम चाहे जो हो, कांग्रेस कुछ काल के लिए कमज़ोर पड़ जायेगी और इसका लाभ उठायेगी ब्रिटिश सरकार। उस विपत्ति से कांग्रेस और देश को बचाना आपके हाथ में है। विभिन्न कारणों से सरदार पटेल और उनके गुट का कट्टर विरोध करने वाले लोगों का भी आप में अबतक विश्वास है। और वे मानते है कि आप मामलों को निःसंग और निष्पक्ष भाव से देख सकते हैं। उनके लिए आप दलों और गुटों से ऊपर एक राष्ट्रीय व्यक्तित्व हैं, और इसलिए आप आपस में झगड़ रहे तत्त्वों के बीच फिर से एकता कायम कर सकते हैं। यदि किसी कारण उक्त विश्वास हिल गया–भगवान न करे, ऐसा हो–और आप किसी पक्ष–विशेष से जुड़े हुए माने जाने लगे तो फिर हमारा और कांग्रेस का मालिक भगवान ही है।

इसमें सन्देह नहीं कि आज कांग्रेस के दोनों पक्षों (या दोनों गुटों) के बीच भेद की बहुत चौड़ी खाई है। लेकिन यह खाई अब भी पाटी जा सकती है–और सो भी आपके द्वारा। अपने राजनीतिक विरोधियों की मनोवृत्ति के बारे में मैं कुछ नहीं कह सकता। त्रिपुरी में हमें उनका बहुत बुरा अनुभव हुआ, लेकिन मैं अपने पक्ष के लोगों के बारे में कुछ कह सकता हूँ। हममें बदले की भावना नहीं है और हम अपने मन में किसी के प्रति शिकायतें नहीं पोसते। हम बातों को दरगुजर करके, भारत की राजनीतिक और आर्थिक मुक्ति के सामान्य उद्देश्य के निमित्त एक बार फिर मिलकर काम करने के लिए तैयार हैं। जब मैं 'हमारे पक्ष' की बात करता हूँ तो उसमें

अधिकृत कांग्रेस समाजवादी पक्ष को शामिल मत मानिये। हमें पहले–पहल त्रिपुरी में इस बात का पता चला कि इस पक्ष के साथ कितने कम लोग हैं। अब इस पक्ष में भी विभाजन हो गया है–आम सदस्यों तथा कई प्रान्तीय शाखाओं ने अधिकृत नेताओं की ढुलमुल नीति के ख़िलाफ़ विद्रोह कर दिया है। कांग्रेस समाजवादी पक्ष का एक बहुत बड़ा हिस्सा भविष्य में हमारे साथ होगा–चाहे उसके चोटी के नेता जो करें। अगर इस सम्बन्ध में आपको कोई सन्देह हो तो कुछ दिन इन्तज़ार करके देख लीजिए।

आपके नाम मेरे भाई शरत के पत्र से प्रकट होता है कि उनका मन कड़वाहट से भरा हुआ है। मेरा ख़्याल है, इसका कारण मुख्यतः त्रिपुरी का उनका अनुभव है, क्योंकि कलकत्ता से त्रिपुरी जाते समय उनके मन में ऐसी कोई भावना नहीं थी। स्वाभाविक है कि त्रिपुरी की घटनाओं के बारे में मेरी अपेक्षा उन्हें ज़्यादा मालूम है, क्योंकि वे वहाँ बेझिझक घूम–फिरकर लोगों से मिल–जुल सकते थे और हर तरह की जानकारी हासिल कर सकते थे। मैं यद्यपि रोग–शैया पर पड़ा हुआ था, फिर भी कई स्वतन्त्र और निष्पक्ष वृत्तियों के लोगों से–हमसे राजनीतिक प्रतिद्वन्द्विता रखने वाले ज़िम्मेदार व्यक्तियों के रुख के बारे में–मुझे इतनी सारी और ऐसी जानकारी मिली कि सारे मामले से मेरा जी भर गया। मैं यह भी बता दूँ कि जब मैं त्रिपुरी से चला उस समय कांग्रेस की राजनीति के प्रति मेरा मन ऐसी अरुचि और जुगुप्सा से भर उठा जैसा पिछले उन्नीस वर्षों में कभी नहीं हुआ था। प्रभु की कृपा से अब मैं उस एहसास से छुटकारा पा चुका हूँ और मैंने फिर अपने को सन्तुलित कर लिया है।

जवाहर ने अपने किसी पत्र में (और सम्भवतया समाचार–पत्रों में प्रकाशित किसी वक्तव्य में भी) कहा है कि मेरी अध्यक्षता में महासमिति कार्यालय की हालत बिगड़ गयी है। मैं इस कथन को अनुचित और अन्यायपूर्ण मानता हूँ और मुझे वह सख्त नापसन्द है। शायद उन्होंने यह नहीं सोचा कि मेरी निन्दा करके वे कृपलानी जी और महासमिति के सारे कर्मचारियों की निन्दा कर रहे हैं। कार्यालय तो मन्त्री और उसके कर्मचारियों के हाथों में है और अगर उसकी हालत बिगड़ती है तो उसकी ज़िम्मेदारी उन्हीं पर है। इस सम्बन्ध में मैं जवाहर को विस्तारपूर्वक लिख रहा हूँ। यह सब आपको इसलिए बता रहा हूँ कि शरत के नाम अपने पत्र में आपने अन्तरिम व्यवस्था के बारे में कुछ लिखा है। कार्यालय की सहायता करने

का एकमात्र उपाय यह है कि हम कोई स्थायी मन्त्री तत्काल नियुक्त कर दें–भले ही कार्य–समिति के बाक़ी सदस्यों की नियुक्ति में विलम्ब हो। लेकिन अगर कार्य–समिति की नियुक्ति शीघ्र होने वाली हो तो फिर हमें महामन्त्री की नियुक्ति पहले करने की ज़रूरत नहीं है।

पन्त प्रस्ताव पर आप अपनी प्रतिक्रिया बतायें तो कृपा होगी। आपकी स्थिति इस अर्थ में विशेष सुविधाजनक है कि अगर आपको त्रिपुरी का सारा क़िस्सा मालूम हो जाये तो आप वस्तुस्थिति के प्रति सन्तुलित और निष्पक्ष दृष्टिकोण से काम ले सकते हैं। अख़बारों से तो लगता है कि अब तक जो भी लोग आपसे मिले हैं, उनमें से अधिकांश एक ही विचारधारा के, अर्थात् पन्त प्रस्ताव के समर्थक गुट के हैं। लेकिन इससे कोई फ़र्क नहीं पड़ता। पन्त प्रस्ताव पर ख़ुद मेरे विचार का भी आप सहज ही अन्दाज़ा लगा सकते हैं। लेकिन सार्वजनिक हित की बातों के सन्दर्भ में मेरी व्यक्तिगत भावनाओं का कोई महत्त्व नहीं है। जैसा कि मैंने पहले के एक पत्र में कहा है, विशुद्ध संवैधानिक दृष्टिकोण से पन्त प्रस्ताव के बारे में कोई चाहे जो सोचे, जब उसे कांग्रेस ने पारित कर दिया है तो मैं उससे बँधा हुआ हूँ। अब आप ही बताइए कि क्या आप उस प्रस्ताव को मुझमें अविश्वास की अभिव्यक्ति मानते हैं और क्या आपको लगता है कि उसके फलस्वरूप मुझे त्यागपत्र दे देना चाहिए? इस सम्बन्ध में आपकी राय का मेरे लिए बहुत महत्त्व होगा।

शायद आपको मालूम हो कि त्रिपुरी में पन्त प्रस्ताव के पक्ष में मत तैयार करने वालों ने ऐसी अफ़वाह फैलाई कि राजकोट में आपसे फ़ोन पर बातचीत हुई है और प्रस्ताव को आपने अपना पूरा आशीर्वाद दिया है। इस आशय की एक ख़बर दैनिक समाचार–पत्रों में भी प्रकाशित हुई थी। खानगी बातचीत में यह बात भी कही गयी कि सम्पूर्ण पन्त प्रस्ताव से कम कोई भी चीज़ आपको और आपके कट्टर अनुगामियों को सन्तुष्ट नहीं कर सकती। ख़ुद मैंने इस तरह की ख़बरों में न तो विश्वास किया और न अब करता हूँ, लेकिन वे प्रस्ताव के पक्ष में मत दिलाने में मददगार तो हुई ही। जब सरदार ने पन्त प्रस्ताव मुझे पहली बार दिखाया तो मैंने कहा (उस समय राजेन बाबू और मौलाना आज़ाद भी वहाँ थे) कि अगर उसमें कुछ परिवर्तन कर दिये जायें तो संशोधित रूप में कांग्रेस उसे सर्वसम्मति से पारित कर सकती है। प्रस्ताव का संशोधित प्रारूप भी सरदार पटेल

को गया, लेकिन उनकी ओर से कोई जवाब नहीं मिला। उन लोगों का रुख तो यह प्रतीत होता था कि उसका एक शब्द, कोई विराम–चिह्न भी न बदला जाये। मेरा ख़्याल है, राजकुमारी अमृतकौर ने आपको संशोधित प्रस्ताव की प्रति दे दी है। यदि पन्त प्रस्ताव का उद्देश्य आपके सिद्धान्तों में, आपके नेतृत्व और मार्गदर्शन में फिर से विश्वास का इजहार करना था तो उसकी व्यवस्था तो संशोधित प्रस्ताव में भी थी, लेकिन अगर उसका उद्देश्य अध्यक्ष के चुनाव का बदला लेना था तो अलबत्ता संशोधित प्रस्ताव पर्याप्त नहीं था। ख़ुद मेरी समझ में तो नहीं आता कि पन्त प्रस्ताव से आपकी प्रतिष्ठा, प्रभाव और सत्ता में कैसे वृद्धि हुई है? विशेष–समिति में आपके ख़िलाफ़ एक सौ पैंतीस मत पड़े, और पक्षपातपूर्ण रुख रखने वाले लोग चाहे जो कहें, विभिन्न स्वतन्त्र और निष्पक्ष स्रोतों से मुझे तो यह जानकारी मिली है कि कांग्रेस समाजवादी पक्ष की तटस्थता के बावजूद खुले अधिवेशन में 2,300 में से कम से–कम 800 मत आपके ख़िलाफ़ पड़े (या पड़े होंगे)। और अगर कांग्रेस समाजवादी गुट ने विषय–समिति की तरह खुले अधिवेशन में भी मतदान किया होता तो प्रस्ताव गिर जाता। जो भी हो, उस हालत में मतदान का परिणाम, कम से–कम, समस्यामूलक तो होता ही। प्रस्ताव में थोड़ा–सा फेर–बदल कर देने से उसके ख़िलाफ़ एक भी मत नहीं पड़ता, और आपके नेतृत्व को सभी कांग्रेस जनों का समर्थन प्राप्त हो जाता। ब्रिटिश सरकार और सारी दुनिया के समक्ष आपकी प्रतिष्ठा में चार चाँद लग जाते। इसके बजाय हुआ यह कि हमसे बदला लेने की वृत्ति से चालित लोगों ने आपके नाम और आपकी प्रतिष्ठा का नाजायज़ लाभ उठाया। फलतः आपकी प्रतिष्ठा और प्रभाव की अभिवृद्धि करने के बजाय वे उसे जाने कितने गहरे गर्त्त में घसीट ले गये–क्योंकि आज सारी दुनिया यह जानती है कि यद्यपि आपने और आपके अनुगामियों ने त्रिपुरी में जैसे–तैसे बहुमत प्राप्त कर लिया, तथापि एक सशक्त विरोध–पक्ष का अस्तित्व कायम है। अगर मामले को यों ही अपने भाग्य पर छोड़ दिया गया तो निश्चय ही इस विरोध की शक्ति और आयाम में वृद्धि होगी। परिवर्तन कामी, युवा और प्रगतिशील तत्त्वों से रहित दल का भविष्य भला क्या होगा? उसका भविष्य वैसा ही है जैसा इंग्लैण्ड की लिबरल पार्टी का हुआ।

पन्त प्रस्ताव पर अपनी प्रतिक्रिया की जानकारी आपको देने के लिए

अब मैं काफ़ी–कुछ कह चुका हूँ। अब अगर आप अपनी प्रतिक्रिया बतायें तो बड़ी कृपा होगी। क्या आप पन्त प्रस्ताव को पसन्द करते हैं, या यदि वह हमारे सुझाये गये ढंग से संशोधित रूप में पारित किया होता तो वह आपको ज़्यादा अच्छा लगता?

अपने पत्र में एक और बात की चर्चा करना चाहूँगा। मेरा मतलब हमारे कार्यक्रम के सवाल से है। वर्धा में 15 फ़रवरी को मैंने आपको अपने विचार बता दिये थे। तब से जो–कुछ हुआ है, उससे मेरे विचारों की, मेरे अनुमान की पुष्टि हुई है। महीनों से मैं मित्रों से कहता आ रहा हूँ कि यूरोप में वसन्त ऋतु में एक संकट आयेगा, जो ग्रीष्म तक चलेगा। अन्तर्राष्ट्रीय स्थिति तथा हमारी घरेलू स्थिति ने मुझे लगभग आठ महीने पहले इस बात का कायल कर दिया था कि समय आ गया है जब हमें पूर्ण स्वराज्य के प्रश्न पर पूरी शक्ति से आग्रह करना चाहिए। किन्तु हमारे और देश के दुर्भाग्य से आप मेरी इस आशावादिता में शरीक नहीं हैं। आपका मन कांग्रेस के भीतरी भ्रष्टाचार के विचार से बुरी तरह ग्रस्त है। इसके अलावा, आप हिंसा के भय से त्रस्त हैं। यद्यपि कांग्रेस से भ्रष्टाचार को निर्मूल करने के आपके संकल्प में मैं भी पूरी तरह शरीक हूँ, मैं नहीं समझता कि सम्पूर्ण भारत को ध्यान में रखकर देखें तो आज पहले की अपेक्षा अधिक भ्रष्टाचार है; और जहाँ तक हिंसा का सम्बन्ध है, मुझे पूरा यकीन है कि पहले की अपेक्षा आज उसका ज़ोर कम है। पहले बंगाल, पंजाब और संयुक्त प्रान्त को संगठित क्रान्तिकारी हिंसा की आशा का आधार माना जा सकता था। आज वहाँ अहिंसा की भावना पहले की अपेक्षा बहुत अधिक है। और बंगाल की बात लें तो मैं पूरे प्रमाण के साथ कह सकता हूँ कि यह प्रदेश जितना अहिंसक आज है उससे अधिक पिछले 30 वर्षों के दौरान कभी नहीं रहा। इन और अन्य कारणों से हमें ब्रिटिश सरकार के सामने अपनी माँगें अन्तिम चेतावनी की शक्ल में रखने में देर नहीं करनी चाहिए। अन्तिम चेतावनी का विचार न तो आपको और न पण्डित जवाहरलाल को ही रुचता है। लेकिन अपने पूरे राजनीतिक जीवन के दौरान आप सत्ताधारियों को जाने कितनी अन्तिम चेतावनियाँ देकर जन–हित को आगे बढ़ाते रहे हैं। अभी पिछले दिनों राजकोट में आपने यही किया। तब राष्ट्रीय माँग को अन्तिम चेतावनी के रूप में पेश करने पर क्या आपत्ति हो सकती है? अगर आप ऐसा करें और साथ ही आगामी

संघर्ष की तैयारी भी करें तो मुझे पूरा विश्वास है कि हम शीघ्र ही पूर्ण स्वराज्य प्राप्त कर लेंगे। ब्रिटिश सरकार या तो हमसे लड़े बिना हमारी माँग स्वीकार कर लेगी, या अगर संघर्ष हुआ तो वर्तमान परिस्थितियों में वह लम्बा नहीं खिंचेगा। इस सम्बन्ध में मुझमें इतना अधिक आत्मविश्वास और आशा है कि मुझे लगता है, यदि हम पूरे साहस के साथ आगे बढ़ चलें तो अधिक–से–अधिक 18 महीने के अन्दर स्वराज्य प्राप्त कर सकते हैं।

इस सम्बन्ध में मेरी भावना इतनी प्रबल है कि इसके लिए मैं कोई भी कुर्बानी करने को तैयार हूँ। अगर आप संघर्ष आरम्भ कर दें तो मैं ख़ुशी–ख़ुशी आपकी भरसक सहायता करूँगा। अगर आपको लगता हो कि दूसरे अध्यक्ष के अधीन कांग्रेस ज़्यादा अच्छी तरह लड़ सकेगी तो मैं अध्यक्षता छोड़ने को सहर्ष तैयार हूँ। यदि आपको यह महसूस होता हो कि कांग्रेस आपकी पसन्द की कार्य–समिति के परामर्श से अधिक सफलतापूर्वक लड़ सकती है तो मैं आपकी इस इच्छा को भी ख़ुशी–ख़ुशी मंजूर करूँगा। मैं केवल इतना ही चाहता हूँ कि इस नाज़ुक घड़ी में आपको और कांग्रेस को राष्ट्रहित की सिद्धि होती हो तो मैं आपको अत्यन्त गम्भीरतापूर्वक वचन देता हूँ कि मैं पूर्ण आत्म–विलोपन के लिए तैयार हूँ। मेरा ख़्याल है, मैं अपने देश को इतना प्यार अवश्य करता हूँ कि ऐसा कर सकूँ।

मैं क्षमा–याचनापूर्वक कहना चाहूँगा कि हाल में आप रियासतों की प्रजा की लड़ाई का संचालन जिस रीति से करते रहे हैं, वह मुझे ठीक नहीं लगता। राजकोट के लिए आपने अपने अमूल्य जीवन को ख़तरे में डाला, लेकिन राजकोट की प्रजा के लिए लड़ते हुए आपने अन्य रियासतों में संघर्ष स्थगित करवा दिया। आपने ऐसा क्यों किया? भारत की छह सौ से भी अधिक रियासतों में राजकोट एक छोटी–सी रियासत है। यदि मैं राजकोट–संघर्ष को सर्वथा नगण्य चीज़ कहूँ तो अतिशयोक्ति नहीं होगी। क्यों नहीं हम सारे देश में एक ही साथ संघर्ष चलाएँ और इस प्रयोजन से एक व्यापक योजना अपनाएँ? आपके करोड़ों देशभाई महसूस तो ऐसा ही करते हैं, हालाँकि आपका ख़याल करके भले ही वे ऐसा न कहें।

अन्त में, मैं यह कह सकता हूँ कि मुझ–जैसे बहुत–से लोग हैं, जिन्हें राजकोट समझौते की शर्तों पर कोई ख़ुशी नहीं हो सकती। हम लोगों ने और राष्ट्रवादी समाचार–पत्रों ने भी इसे महान् विजय माना है, लेकिन इससे हमें क्या मिला है? सर मॅरिस ग्वायर न हमारे आदमी हैं और न वे कोई

स्वतन्त्र व्यक्ति ही हैं। वे सरकार के आदमी हैं। उन्हें पंच बनाने की बात समझ में नहीं आती। हम ऐसी उम्मीद किये हुए हैं कि वे निर्णय हमारे पक्ष में देंगे। लेकिन यदि उन्होंने निर्णय हमारे विरुद्ध दे दिया तो हमारी क्या स्थिति होगी? और फिर, सर मॉरिस ग्वायर उस संघ–योजना के अभिन्न अंग हैं जिसे हम अस्वीकार करना निश्चित कर चुके हैं। ब्रिटिश सरकार से संघर्ष होने पर यदि हम उच्च न्यायालय के किसी न्यायाधीश या सत्र न्यायाधीश को पंच बनाना तय करें तब तो ब्रिटिश सरकार से हम बराबर समझौता कर सकते हैं। लेकिन ऐसे समझौते से हमें क्या मिलेगा? फिर, यह भी बहुत–से लोगों की समझ में नहीं आता कि वायसराय से मिल लेने के बाद आप दिल्ली में क्यों रुके हुए हैं। शायद अपने स्वास्थ्य की कमज़ोर हालत के कारण अगली लम्बी यात्रा के पहले कुछ आराम करना आपके लिए बहुत ज़रूरी था। लेकिन ब्रिटिश सरकार और उसके समर्थकों को ऐसा लग सकता है कि आप संघीय मुख्य न्यायाधीश को ज़रूरत से ज्यादा महत्त्व दे रहे हैं और इस तरह उनकी प्रतिष्ठा में वृद्धि कर रहे हैं।

मेरा पत्र काफ़ी लम्बा हो गया है, इसलिए अब इसे समाप्त करना चाहिए। अगर मैंने कोई ऐसी बात कही है जो आपको गलत लगती है तो आशा है उसके लिए मुझे क्षमा करेंगे। मैं यह जानता हूँ कि आप लोगों का स्पष्ट और बिना लाग–लपेट के बात करना पसन्द करते हैं। इसीलिए मैं आपको यह लम्बा और स्पष्ट पत्र लिखने का साहस कर पाया हूँ।

मैं निरन्तर, हालाँकि धीरे–धीरे, अच्छा हो रहा हूँ। मुझे आशा है, आप भी पहले से अच्छे होंगे और आपका रक्तचाप भी पहले से बहुत कम हो गया होगा।

महात्मा गाँधी ने इन दोनों पत्र के प्राप्त होने के पहले ही लिखा कि मैं किसी भी प्रकार तुम्हारे आत्मदमन में भागीदार होने का अपराधी नहीं बनूँगा... तुम्हें समिति का स्वेच्छा से चुनाव करना चाहिए। साथ में संलग्न है महात्मा गाँधी का पत्र जो उन्होंने 30 मार्च, 1939 को सुभाष बोस को लिखा–

नयी दिल्ली
30 मार्च, 1939

प्रिय सुभाष,

अपने तार का जवाब पाने की ख़ातिर मैंने तुम्हारे 24 तारीख़ के पत्र

...उत्तर देने में देर की है। सुनील का तार मुझे कल रात को मिला। अब प्रातःकाल की प्रार्थना के समय से पहले उठकर यह उत्तर लिख रहा हूँ।

चूँकि तुम्हारे ख़याल में पण्डित पन्त का प्रस्ताव अनियमित था और कार्य–समिति–सम्बन्धी धारा स्पष्ट रूप से अवैधानिक और नाजायज़ है, इसलिए तुम्हारा मार्ग नितान्त स्पष्ट है। तुम्हें समिति का स्वेच्छा से चुनाव करना चाहिए।

इसलिए इस विषय में तुम्हारे कई प्रश्नों को मेरे उत्तर की ज़रूरत नहीं। जब हम फ़रवरी में मिले थे तबसे मेरी यह राय मज़बूत हुई है कि जहाँ मौलिक बातों पर मतभेद हों, और हम सहमत थे कि ऐसे मतभेद हैं, वहाँ मिली–जुली समिति हानिकर होगी। इसलिए अगर यह माना जा सके कि तुम्हारी नीति को महासमिति के बहुमत का समर्थन प्राप्त है तो तुम्हें बिल्कुल उन्हीं लोगों की बनी हुई कार्य–समिति रखनी चाहिए, जो तुम्हारी नीति में विश्वास करते हैं।

हाँ, हमारी फ़रवरी की मुलाक़ात में से गाँव में मैंने जो यह विचार प्रकट किया था कि मैं किसी भी प्रकार से तुम्हारे आत्म–दमन में भागीदार होने का अपराधी नहीं बनूँगा, उसपर मैं अभी भी कायम हूँ। स्वेच्छापूर्वक आत्म–विलोपन दूसरी चीज़ है। किसी ऐसे विचार को दबा लेना, जिसे तुम बहुत दृढ़ता के साथ देश–हित का साधक मानते हो, आत्म–दमन होगा। इसलिए अगर तुम्हें अध्यक्ष के रूप में काम करना है तो तुम्हारे हाथ खुले रहने चाहिए। देश के सामने जो परिस्थिति है, उसमें किसी मध्यम मार्ग की गुंजाइश नहीं है।

जहाँ तक गाँधीवादियों (वैसे, यह शब्द प्रयोग गलत है) का सम्बन्ध है, वे तुम्हें बाधा नहीं पहुँचायेंगे। जहाँ सम्भव होगा, वे तुम्हारी सहायता करेंगे और जहाँ नहीं कर सकेंगे, वहाँ अलग रहेंगे। अगर वे अल्पमत में हैं तब तो कुछ भी कठिनाई नहीं होनी चाहिए। अगर वे स्पष्टतः बहुमत में होंगे तो शायद वे अपने आपको दबाकर न रख सकें।

लेकिन मुझे जिस चीज़ की चिन्ता है वह यह हक़ीक़त है, कि कांग्रेस के मतदाता फर्ज़ी हैं और इसलिए बहुमत और अल्पमत का पूरा अर्थ नहीं रह जाता। फिर भी जब तक कांग्रेस की भीतरी सफ़ाई नहीं हो जाती तब तक जो हथियार हमारे पास फिलहाल है, उसी से काम चलाना होगा। दूसरी चीज़, जिसमें मुझे परेशानी है, हमारा भयंकर आपसी अविश्वास

है। जहाँ कार्यकर्त्ताओं में परस्पर अविश्वास हो वहाँ मिल–जुल कर काम करना असम्भव हो जाता है।

मेरे ख़याल से तुम्हारे पत्र में अब ऐसा और कोई मुद्दा नहीं रह जाता जिसका जवाब देने की आवश्यकता हो।

जो–कुछ करो उसमें भगवान तुम्हारा मार्ग–दर्शन करे। डॉक्टरों की आज्ञाओं का पालन करके जल्दी अच्छे हो जाओ।

प्यार।

बापू

(पुनश्चः)

जहाँ तक मेरा सम्बन्ध है, हमारे पत्र–व्यवहार को प्रकाशित करने की ज़रूरत नहीं। परन्तु तुम्हारा दूसरा विचार हो तो प्रकाशित करने की मेरी इजाज़त है।

पुनः महात्मा गाँधी ने सुभाषचन्द्र बोस के 29 और 31 मार्च के पत्र प्राप्त होने पर 2 अप्रैल को उनके नाम एक तार और पत्र दोनों दिया जिसमें स्पष्ट रूप से अपनी बात रखी–तार–राष्ट्रपति सुभाषचन्द्र बोस।

राष्ट्रपति सुभाष बोस 1 अप्रैल, 1939

झरिया

तार मिला। जो तारीख तुम्हें ठीक लगे निश्चित करो। उसी के अनुसार मैं अपना कार्यक्रम बना लूँगा। स्नेह।

बापू

प्रिय सुभाष, 2 अप्रैल, 1939

तुम्हारा 31 मार्च का तथा उससे पहले वाला पत्र भी मिला। तुम काफ़ी स्पष्टवादी हो और मैं तुम्हारे पत्र पसन्द करता हूँ, क्योंकि अपने विचारों को तुम साफ़–साफ़ प्रकट करते हो।

जो विचार तुमने प्रकट किये हैं वे अन्य लोगों के तथा मेरे विचारों के इतने विरुद्ध है कि मैं उनमें किसी तरह मेल बिठा सकने की कोई सम्भावना नहीं देखता। मेरा ख़याल है कि प्रत्येक विचारधारा के अनुयायियों का अपने विचार देश के सामने बिना किसी मिलावट के रख सकने की सुविधा होनी चाहिए। और यदि ईमानदारी से ऐसा किया जाता है तो मैं नहीं समझता कि ऐसी कोई कड़वाहट क्यों होनी चाहिए जिससे गृह–कलह हो।

जो चीज़ गलत है वह हमारे बीच मतभेदों का होना नहीं, बल्कि

एक–दूसरे के प्रति आदर और विश्वास का समाप्त हो जाना है। इसका इलाज समय करेगा, जो सबसे अच्छा वैद्य है। यदि हममें सच्ची अहिंसा है तो कोई गृह–कलह नहीं हो सकता और कड़वाहट तो और भी नहीं।

सभी बातों को ध्यान में रखते हुए मेरा मत है कि तुम्हें तुरन्त अपने विचारों का पूरी तरह प्रतिनिधित्व करने वाली अपनी समिति बना लेनी चाहिए और अपना कार्यक्रम सुनिश्चित रूप से तैयार करके उसे आगामी अ. भा. का. क. के सामने रखना चाहिए। अगर कमेटी उस कार्यक्रम को स्वीकार कर लेती है तो सब सुगम हो जायेगा और अल्पसंख्या के द्वारा रुकावट डाले गये बिना तुम उसे कार्यान्वित कर सकोगे। इसके विपरीत, यदि तुम्हारा कार्यक्रम स्वीकार नहीं किया जाता तो तुम्हें त्यागपत्र दे देना चाहिए और कमेटी को अपना अध्यक्ष चुन लेने देना चाहिए। और तब तुम देश को अपने ढंग पर समझाते–सिखाने को आज़ाद होंगे। मैं यह सलाह पण्डित पन्त के प्रस्ताव का ख़याल किये बिना दे रहा हूँ।

अब रही तुम्हारे प्रश्नों की बात। जब पण्डित पन्त का प्रस्ताव पेश किया गया था, मैं बिस्तर पर था। मथुरादास, जो उस दिन राजकोट में थे, एक दिन सवेरे मेरे पास यह सन्देश लाये कि पुराने नेताओं में विश्वास व्यक्त करने के लिए एक प्रस्ताव होने वाला है। मेरे सामने प्रस्ताव का पाठ नहीं था। मैंने कहा कि इस बात की हद तक वह अच्छा होगा, क्योंकि सेगाँव में मुझे बताया गया था कि तुम्हारा चुनाव जिस मात्रा में तुममें विश्वास का सूचक था उससे कहीं ज़्यादा पुराने नेताओं की, ख़ासकर सरदार की, निन्दा का सूचक था। इसके बाद वास्तविक पाठ तो मैंने इलाहाबाद में उस समय देखा जब मैं मौलाना साहब से मिलने गया।

मेरी प्रतिष्ठा की कोई बात नहीं है। उसका अपना कोई मूल्य नहीं है। जब मेरे मन्तव्य में सन्देह किया जाता हो या मेरी नीति अथवा कार्यक्रम को देश अस्वीकार कर दे तब प्रतिष्ठा समाप्त ही होनी चाहिए। भारत का उठना या गिरना तो इस बात पर निर्भर है कि उसके करोड़ों निवासी कुल मिलाकर क्या करते हैं। व्यक्ति चाहे जितने ऊँचे हों, उनका कोई मूल्य नहीं है। जिस मात्रा में वे उन करोड़ों का प्रतिनिधित्व करते हैं उतना ही उनका मूल्य है। इसलिए इस बात को हम ध्यान से निकाल दें।

मैं तुम्हारी इस राय से पूरी तरह असहमत हूँ कि देश कभी इतना अहिंसात्मक नहीं रहा जितना आज है। मैं जिस हवा में साँस लेता हूँ

उसमें मुझे हिंसा की गन्ध आती है। लेकिन हिंसा ने बड़ा सूक्ष्म रूप धारण कर लिया है। हमारा पारस्परिक अविश्वास हिंसा का ही एक बुरा रूप है। हिन्दुओं और मुसलमानों के बीच जो दरार बढ़ती जा रही है वह भी इसी बात की तरफ़ इशारा करती है। मैं और भी उदाहरण दे सकता हूँ।

कांग्रेस में कितना भ्रष्टाचार है, इस बात पर हममें मतभेद मालूम देता है। मेरा ख़याल है कि यह बढ़ रहा है। पिछले कई महीनों से मैं पूरी जाँच–पड़ताल के लिए आग्रह करता रहा हूँ।

इन परिस्थितियों में मैं सामूहिक अहिंसात्मक कार्रवाई का कोई वातावरण नहीं देखता। जो हम चाहते हैं उसे करा सकने की प्रभावकारी शक्ति उत्पन्न किये बिना अल्टीमेटम बेकार, बल्कि उससे भी बुरा होगा।

लेकिन जैसा कि मैंने तुम्हें बताया है, मैं एक वृद्ध आदमी हूँ, शायद दिनों–दिन भीरु और ज़रूरत से ज़्यादा सतर्क होता जा रहा हूँ और तुम्हारे सामने जवानी हैं और उससे पैदा होने वाला निर्भीक आशावाद है। मैं चाहूँगा कि तुम्हारी बात सही हो और मेरी गलत। मुझे दृढ़ विश्वास है कि कांग्रेस, जैसी वह आज है, अपेक्षित कार्य नहीं कर सकती, सही अर्थों में सविनय अवज्ञा नहीं कर सकती। इसलिए यदि तुम्हारा विश्लेषण सही है तो सत्याग्रह के संचालक के रूप में अब मेरा कोई उपयोग नहीं रह गया है, और मैं एक ऐसा पुराना आदमी हूँ जो वर्तमान से विच्छिन्न हो चुका है।

मुझे ख़ुशी है कि तुमने राजकोट के छोटे–से मामले का उल्लेख किया है। हम दोनों जिन भिन्न दृष्टिकोणों से चीज़ों को देखते हैं, यह इससे काफ़ी स्पष्टतापूर्वक प्रकट होता है। इस मामले में मैंने जो क़दम उठाये उनमें कहीं भी ऐसा कुछ नहीं है जिस पर मुझे पछतावा हो। मुझे लगता है कि इसका बड़ा राष्ट्रीय महत्त्व है। मैंने राजकोट के कारण अन्य रियासतों में सविनय अवज्ञा बन्द नहीं की है। लेकिन राजकोट ने मेरी आँखें खोल दीं; उसने रास्ता दिखलाया। मैं दिल्ली में अपने स्वास्थ्य के कारण नहीं हूँ। मैं तो दिल्ली में अनिच्छापूर्वक हूँ; यहाँ मुख्य न्यायाधीश के फ़ैसले का इन्तज़ार कर रहा हूँ। वायसराय ने मुझे जो अन्तिम तार दिया था, उसमें की गयी घोषणा की समुचित पूर्ति के लिए जो कदम जाने चाहिए जब तक वे अन्तिम रूप से नहीं उठाये जाते तब तक दिल्ली में रहना मैं अपना कर्तव्य समझता हूँ। मैं इसमें कोई जोख़िम नहीं उठा सकता। यदि मैं अधीश्वरी सत्ता को अपना कर्तव्य करने के लिए कहूँ तो

फिर मुझे यह देखने के लिए दिल्ली में रहना ज़रूरी है कि वह कर्तव्य पूर्णतया पूरा किया जाये। जिस दस्तावेज़ के अर्थ में ठाकुर साहब ने सन्देह प्रकट किया है उसकी प्रामाणिक व्याख्या के लिए मुख्य न्यायाधीश को नियुक्त किया जाये, इस बात में मुझे कोई गलत चीज़ नहीं दिखलाई दी। वैसे, सर मॉरिस मुख्य न्यायाधीश की हैसियत से दस्तावेज़ की जाँच नहीं कर रहे हैं, बल्कि वायसराय के विश्वास पात्र प्रशिक्षित विधिवेत्ता की हैसियत से कर रहे हैं। वायसराय द्वारा मनोनीत व्यक्ति को न्यायाधीश स्वीकार करके, मैं समझता हूँ, मैंने बुद्धिमत्ता और शालीनता ही दिखलाई है और जो बात ज़्यादा महत्त्वपूर्ण है वह यह कि इस तरह मैंने इस मामले में वायसराय की ज़िम्मेदारी बढ़ा दी है।

यद्यपि हमने अपने बीच के तीव्र मतभेदों पर बातचीत की है, मुझे पूरा विश्वास है कि हमारे निजी सम्बन्धों पर ज़रा–सी भी आँच नहीं आयेगी। यदि वे दिली हैं, और मैं समझता हूँ कि वे हैं, तो वे इन मतभेदों का भार बरदाश्त कर लेंगे।

स्नेह।

2 अप्रैल, 1939 को महात्मा गाँधी ने सुभाषचन्द्र बोस को पुनः लिखा–

तुम्हारे पत्रों का पूर्ण उत्तर डाक से भेज दिया है। उसमें मैंने जो सलाह दी है वह पण्डित पन्त के प्रस्ताव पर ध्यान दिये बिना। इस बात को दृष्टि में रखते हुए कि (कांग्रेस में) दो सर्वथा परस्पर–विरोधी विचारधाराएँ चल रही हैं, तुम्हें तुरन्त अपनी पसन्द की कार्य–समिति बना लेनी चाहिए, जो तुम्हारी नीति का पूर्ण प्रतिनिधित्व करती हो। तुम्हें अपनी नीति और कार्यक्रम तैयार करके प्रकाशित कर देने चाहिए और अ. भा. कां. क. के आगे रखने चाहिए। यदि तुम्हें बहुमत प्राप्त हो जाता है तो तुम्हें अपनी नीति बिना किसी बाधा के अमल में लाने की सुविधा मिलनी चाहिए। यदि बहुमत प्राप्त न हो, तो तुम्हें त्यागपत्र दे देना चाहिए और अ. भा. कां. क. नया अध्यक्ष चुनने के लिए आमन्त्रित करना चाहिए। ईमानदारी और सद्भावना हो तो मुझे गृह–कलह की कोई आशंका नहीं है। स्नेह।

बापू

महात्मा गाँधी और सुभाष बोस के मध्य ढेर सारी लम्बी–लम्बी चिट्ठियों का आदान–प्रदान हो रहा था पर वह प्रकाशित नहीं हो रहा था। इस सम्बन्ध में जवाहरलाल नेहरू के पत्र में सुभाषचन्द्र बोस ने 20 अप्रैल

1939 को लिखा–'मेरे प्रिय जवाहर मैंने महात्मा जी को तार दिया है कि हमारे पत्र व्यवहार प्रकाशित न करें इसके लिए मैंने आपके नाम का भी इस्तेमाल किया है, आशा है आप इसका प्रतिवाद नहीं करेंगे।

गाँधी जी के ज्वर के प्रति मैं चिन्तित हूँ... मुझे चिन्ता इसलिए है कि अब वे काफ़ी कमज़ोर हो चुके हैं।

6 अप्रैल, 1939 को सुभाषचन्द्र बोस ने पुनः महात्मा गाँधी को पत्र लिखा कि आपका प्रभाव और व्यक्तित्व एकता स्थापित करवा सकता है...।

प्रिय महात्माजी, 6 अप्रैल, 1939

मँझले दादा यानी मेरे भाई शरत को लिखे एक पत्र में आपने सुझाव दिया है कि भविष्य में एकजुट होकर काम करने के लिए रास्ता साफ़ करने के ख़याल से दोनों पक्षों के नेताओं के बीच दिल खोल कर स्पष्ट बातचीत होनी चाहिए। यह विचार उत्तम है और अतीत में जो–कुछ भी हुआ है उसे भूलकर, मैं इस विषय में जो कर सकता हूँ वह करने को पूरी तरह तैयार हूँ। इस सम्बन्ध में यदि मुझे कुछ करना है और करना है तो क्या, क्या आप यह बताने की कृपा करेंगे? व्यक्तिगत तौर पर मुझे ऐसा लगता है कि आपका प्रभाव और व्यक्तित्व एकता स्थापित करने के इस प्रयास में बहुत मदद कर सकता है। इससे पहले कि हम एकता की सारी आशाएँ छोड़ बैठें, क्या आप एक बार पूरी शक्ति से सबको इकट्ठा करने का प्रयत्न नहीं करेंगे? मैं आपसे एक बार फिर विनती करता हूँ कि आप याद रखें कि आज भी देश आपको कितने सम्मान की दृष्टि से देखता है। आप किसी पक्ष–विशेष से जुड़े हुए नहीं हैं और इसलिए लोग अब भी आपस में जूझ रहे तत्त्वों में एकता स्थापित करने के लिए आपसे आशा लगाये हुए हैं।

कार्य–समिति के गठन के बारे में आपने मुझे जो सुझाव दिया है, उस पर मैं गम्भीरतापूर्वक विचार करता रहा हूँ। मुझे ऐसा लगता है कि यह हताशा से उत्पन्न सलाह है। इससे तो एकता की आशा पूरी तरह ध्वस्त हो जाती है। यह कांग्रेस को विभाजित होने से नहीं बचा सकेगी–बल्कि इससे तो फूट की सम्भावना के लिए रास्ता साफ़ हो जायेगा। आज की परिस्थिति में समरूप कार्य–समिति के गठन का मतलब होगा दोनों पक्षों को अभी से अलग हो जाने की सलाह देना। क्या यह एक बड़ी ज़िम्मेदारी नहीं होगी? क्या आपको पूरा यकीन है कि एक साथ काम करना असम्भव

है? हमारा पक्ष ऐसा नहीं सोचता। हम तो 'पिछली बातें भूलने' और एक ही उद्देश्य के निमित्त मिलकर काम करने के लिए हर सम्भव प्रयत्न करने को तैयार हैं। और सम्मानजनक समझौता कराने की हम आपसे आशा कर सकते हैं। मैं आपसे इस विषय पर बात कर चुका हूँ कि आज कांग्रेस का जैसा गठन है—और जिसमें निकट भविष्य में किसी महत्त्वपूर्ण परिवर्तन की सम्भावना नज़र नहीं आती—उसको देखते हुए सबसे अच्छा तरीक़ा यही होगा कि एक ऐसी मिली—जुली कार्य—समिति बनायी जाये जिसमें यथासम्भव हर एक पक्ष का प्रतिनिधित्व हो।

मुझे मालूम हुआ है कि आप मिली—जुली कार्य—समिति के विरुद्ध है। क्या आपका यह विरोध सैद्धान्तिक है (यानी आपके विचार से एक साथ काम करना असम्भव है), या आप ऐसा महसूस करते हैं कि 'गाँधीवादियों' को (मैं इसका प्रयोग इससे अधिक उपयुक्त शब्द के अभाव में कर रहा हूँ और इसके लिए आपसे क्षमा चाहता हूँ) कार्य—समिति में और अधिक प्रतिनिधित्व मिलना चाहिए? अगर बात कार्य—समिति में 'गाँधीवादियों' को और अधिक प्रतिनिधित्व देने की हो तो मुझे वैसा बताएँ, ताकि मैं इस मामले पर फिर से विचार कर सकूँ। और अगर विरोध सिद्धान्त को लेकर हो तो इस पत्र में मैं जो—कुछ निवेदन कर रहा हूँ उसको ध्यान में रखते हुए आप अपनी उस सलाह पर पुनर्विचार करें जो आपने पहले दी है। हरिपुरा अधिवेशन के वक़्त जब मैंने समाजवादियों को कार्य—समिति में सम्मिलित होने के लिए बुलाने का सुझाव दिया था, तब आपने स्पष्ट शब्दों में मेरे इस सुझाव का समर्थन किया था। क्या अब स्थिति तबसे इतनी अधिक बदल चुकी है कि आप कार्य—समिति में समान विचारों वाले लोगों के ही रखे जाने का आग्रह करने लगें?

आपने अपने पत्रों में एक—दूसरे के 'इतने विरुद्ध' दो पक्षों का उल्लेख किया है। मगर आपने इस बात का खुलासा नहीं किया है, और इसलिए यह स्पष्ट नहीं है कि जिस स्थिति का आपने उल्लेख किया है वह कार्यक्रम पर आधारित है या व्यक्तिगत सम्बन्धों पर। व्यक्तिगत सम्बन्ध तो, मेरी राय में, अस्थायी और परिवर्तनशील होते हैं। हम आपस में झगड़ सकते है, लेकिन फिर हम आपस में मिलकर अपने मतभेद दूर भी कर सकते हैं। उदाहरण के लिए, कांग्रेस के हाल के इतिहास में स्वराज्यवादी प्रकरण को ही लें। जहाँ तक मुझे याद है, कुछ काल के विरोध के बाद देशबन्धु

दास और पण्डित मोतीलाल जी के सम्बन्ध आपसे जितने मधुर हो सकते थे, हो गये। ग्रेट ब्रिटेन में किसी आपात्–स्थिति के उत्पन्न होने पर प्रमुख दल एक साथ होकर एक मन्त्रिमण्डल में बराबर काम कर सकते हैं। यूरोपीय देशों में–जैसे कि फ्रांस में–आमतौर पर मिले–जुले मन्त्रिमण्डल का ही चलन है। क्या हम अंग्रेज़ों और फ्रांसीसियों की तुलना में कम देशभक्त हैं? अगर नहीं तो हम मिली–जुली कार्य–समिति में कारगर ढंग से काम क्यों नहीं कर सकते?

यदि आप ऐसा मानते हों कि आपके विरोध का आधार व्यक्तिगत नहीं, कार्यक्रम आदि हैं तो मैं इस बारे में आपके विचार जानना चाहूँगा। आपकी राय में, हमारे कार्यक्रमों में अन्तर कहाँ है, और वह भी इतना बुनियादी कि मिल–जुलकर काम करना सम्भव ही न हो? हमारे बीच मतभेद हैं, यह मैं जानता हूँ, लेकिन जैसा कि मैंने कार्य–समिति के भूतपूर्व साथियों के त्यागपत्रों का जवाब देते हुए उन्हें लिखा था, मेरे विचार से, जिन बातों पर हमारे बीच मतभेद है उनकी संख्या उनसे कम है जिन पर हममें मतैक्य है। मैं अब भी–त्रिपुरी में जो कुछ हुआ उसके बावजूद–इस राय पर कायम हूँ।

अपने एक पत्र में स्वराज्य के लिए अन्तिम चेतावनी देने के मेरे विचार के सम्बन्ध में आपने कहा है कि अभी अहिंसक सार्वजनिक कार्रवाई के लिए अनुकूल वातावरण नहीं है। लेकिन, क्या राजकोट में अहिंसक कार्रवाई नहीं की गयी? कुछ अन्य राज्यों में भी आज क्या यही नहीं हो रहा है? इन राज्यों के निवासियों को सत्याग्रह करने का अपेक्षाकृत कम प्रशिक्षण मिला है। हम ब्रिटिश भारत के निवासी कम–से–कम तुलनात्मक दृष्टि से अधिक प्रशिक्षित और अनुभवी होने का दावा कर सकते हैं। यदि रियासतों की प्रजा को नागरिक स्वतन्त्रता और उत्तरदायी शासन के अपने संघर्ष में सत्याग्रह का सहारा लेने की अनुमति दी जा सकती है तो हम ब्रिटिश भारत के निवासियों को क्यों नहीं?

अब त्रिपुरी कांग्रेस में गाँधीवादियों के समर्थन से पारित किये गये राष्ट्रीय माँग–सम्बन्धी प्रस्ताव को लें। यद्यपि उसमें कई सुन्दर किन्तु अस्पष्ट मुहावरों का प्रयोग हुआ है और कई ऊँची–ऊँची लेकिन खोखली बातें कही गयी हैं फिर भी उसमें एक अर्थ में अन्तिम चेतावनी देने और आगामी संघर्ष की तैयारी के मेरे विचार से मिलती–जुलती बहुत–सी बातें

हैं। क्या आप इस प्रस्ताव का अनुमोदन करते हैं? यदि करते हैं तो फिर एक क़दम आगे बढ़कर मेरी योजना को भी स्वीकार करने में आपको क्या आपत्ति है?

अब मैं पण्डित पन्त के प्रस्ताव की चर्चा करूँगा। उसके महत्त्वपूर्ण हिस्से में (मेरा मतलब अन्तिम भाग से है) दो मुद्दे हैं : कार्य–समिति को आपका विश्वास–पूर्णविश्वास–प्राप्त होना चाहिए; दूसरा यह कि उसका गठन आपकी इच्छानुसार ही होना चाहिए। यदि आप समान विचारों वाले सदस्यों की कार्य–समिति गठित करने का सुझाव देते हैं और यदि उसका गठन हो जाता है तो शायद ऐसा कहा जा सकेगा कि इसका गठन "आपकी इच्छानुसार हुआ है।" लेकिन क्या इस बात का दावा किया जा सकेगा कि इसे आपका विश्वास प्राप्त है? क्या मुझे अ. भा. कां. कमेटी की बैठक में खड़े होकर सदस्यों को यह बता सकने की छूट होगी कि आपने समान विचारों वाले सदस्यों की नियुक्ति की सलाह दी है और इस नयी समिति को आपका विश्वास प्राप्त है? दूसरी ओर यदि आप ऐसी कार्य–समिति के गठन का सुझाव देते हैं जिसे आपका विश्वास प्राप्त नहीं है तो क्या यह माना जायेगा कि आपने पन्त प्रस्ताव को कार्यान्वित किया–आपके विचार से, क्या यह सही क़दम होगा? मेरा निवेदन है कि आप प्रश्न के इस पहलू पर भी गौर करें। अगर आप पन्त प्रस्ताव को ध्यान में रखेंगे तो न केवल आपको नयी कार्य–समिति के सम्बन्ध में अपनी इच्छा बतानी पड़ेगी, बल्कि साथ ही ऐसी समिति के गठन की भी सलाह देनी होगी जिसे आपका विश्वास प्राप्त हो।

पन्त प्रस्ताव के गुण–दोषों के बारे में आपने अभी तक कुछ नहीं कहा है। क्या आपको वह पसन्द है? या इसके बजाय आप यह चाहेंगे कि न्यूनाधिक हमारे सुझाये ढंग पर एक सर्वसम्मत प्रस्ताव पास करके आपके सिद्धान्तों और मार्गदर्शन में पुनः विश्वास प्रकट किया जाये और विवादास्पद धाराओं को छोड़ दिया जाये? फिर, इस प्रस्ताव के पास हो जाने के बाद कार्य–समिति की नियुक्ति के सिलसिले में अध्यक्ष की स्थिति क्या है? मैं यह प्रश्न फिर से इसलिए कर रहा हूँ कि वर्तमान संविधान लगभग आपका ही बनाया हुआ है और आपकी राय मेरे लिए काफ़ी महत्त्व की होगी। इस बारे में एक और प्रश्न मैं आपसे पूछता रहा हूँ। क्या आप इस प्रस्ताव को मेरे विरुद्ध अविश्वास–प्रस्ताव मानते हैं? यदि ऐसा है,

तो मैं अविलम्ब त्यागपत्र दे दूँगा—और वह भी बिना किसी शर्त के। मैंने समाचार पत्रों के लिए जो वक्तव्य दिया था उसमें मेरे पूछे इस प्रश्न की कुछ समाचार—पत्रों ने यह कहकर आलोचना की है कि इस प्रस्ताव का महत्त्व मुझे ख़ुद ही आँकना चाहिए। मुझमें इस प्रस्ताव की अपनी व्याख्या करने लायक समझ तो है, पर कई बार व्यक्तिगत व्याख्या व्यक्ति की एकमात्र मार्गदर्शिका नहीं होती। साफ़—साफ़ कहूँ तो मुझे ऐसा लगता है कि अध्यक्ष के चुनाव के परिणाम से मेरी स्थिति का औचित्य सिद्ध हो गया है। इस पद पर रहकर अगर मैं सार्वजनिक उद्देश्य को, जैसा मैं उसे समझता हूँ, आगे नहीं बढ़ा सकता तो इस पर एक दिन भी बने रहने की इच्छा मुझमें नहीं है। जो हिचक या देरी मेरी ओर से हुई है उसका कारण यही है कि इस मामले में निर्णय लेना इतना आसान नहीं है। मेरे समर्थकों में दो विचारधाराओं के लोग हैं : एक का कहना है कि एकता बनाये रखने के लिए मुझे अन्त तक प्रयत्न करते रहना चाहिए। दूसरी विचारधारा के लोग मानते हैं कि मुझे बातचीत एकदम समाप्त कर देनी चाहिए, क्योंकि यह सर्वथा निरर्थक प्रयत्न है, और इसके बजाय इस्तीफ़ा दे देना चाहिए। दूसरी विचारधारा के लोग त्यागपत्र के लिए बहुत ज़ोर डालते रहे हैं, पर मैं इसका प्रतिरोध कर रहा हूँ। मैं चाहता हूँ, बाद में मन में कोई ऐसा क्लेश न रह जाये कि अपने दल की एकता कायम रखने के लिए मैंने अन्त तक प्रयास नहीं किया। इसके सिवाय, वर्तमान स्थिति में मेरे त्यागपत्र का क्या अर्थ होगा और उसके क्या परिणाम होंगे, यह मैं जानता हूँ। यहाँ मैं इतना और बताना चाहता हूँ कि पहली विचारधारा के लोग—अर्थात् जो समझौते के लिए हर सम्भव प्रयत्न करवाना चाहते हैं—मानते हैं कि आप स्थिति को सर्वथा निष्पक्ष दृष्टि से देख सकेंगे और इस तरह दोनों पक्षों को एक कर सकेंगे।

अब मुझे स्पष्ट कर देना चाहिए कि यह मैं क्यों कहता हूँ कि यदि आप ऐसा संकेत दें कि पन्त प्रस्ताव अविश्वास का द्योतक है तो मैं स्वयं ही त्यागपत्र दे दूँगा। आप यह अच्छी तरह से जानते हैं कि अन्य कई देशवासियों के विपरीत मैं, आप जो—कुछ कहते हैं या जो मानते हैं, उसका आँख मूँदकर अनुसरण नहीं करता। फिर आपके यह संकेत देने पर कि प्रस्ताव अविश्वास का द्योतक है, मुझे त्यागपत्र क्यों दे देना चाहिए? इसका कारण बिल्कुल साफ़ है। यदि आज भारत की सबसे बड़ी हस्ती यह मानती

हो–चाहे वह यह बात खुलकर न कहे–कि इस प्रस्ताव के पास होते ही मुझे अपने–आप त्यागपत्र दे देना चाहिए था, तो भी मैं अपने पद पर बना रहूँ, यह बात मुझे अपने अन्तःकरण के लिए घोर त्रासदायी लगती है। इस रुख के पीछे आपके प्रति और इस मामले में आपकी राय के प्रति मेरे व्यक्तिगत लिहाज़ की शायद अधिक प्रेरणा है।

जैसा कि कुछ समाचार–पत्रों ने संकेत दिया है, शायद आपका कुछ ऐसा विचार है कि पुराने महारथियों को फिर से पदारूढ़ कर देना चाहिए। ऐसी स्थिति में मैं निवेदन करूँगा कि आप फिर से सक्रिय राजनीति में आ जायें, कांग्रेस के चवन्निया सदस्य बन जायें और कार्य–समिति का भार प्रत्यक्ष रूप से सँभाल लें। किसी का दिल दुखाने की कोई मंशा रखे बिना मैं एक बात कहना चाहूँगा, जिसके लिए आप भी क्षमा करेंगे। मतलब यह कि आपके और आपके लेफ्टिनेंटों के बीच–चुनिन्दा लेफ्टिनेंटों के बीच भी–भारी अन्तर है। कुछ ऐसे लोग हैं जो आपके लिए कुछ भी करने को तैयार हो जायेंगे–लेकिन आपके लेफ्टिनेंटों के लिए नहीं। क्या आप मेरी इस बात पर विश्वास करेंगे कि अध्यक्षीय चुनाव के समय कई प्रान्तों में बहुत–से गाँधीवादियों ने पुराने महारथियों के निर्देश के विरुद्ध मुझे अपने मत दिये? यदि आपका व्यक्तित्व बीच में न लाया जाये तो मुझे उनका सहयोग मिलता रहेगा–पुराने महारथियों के विरोध के बावजूद।

त्रिपुरी में पुराने महारथी बड़ी चतुराई से ख़ुद तो सामने से हट गये और मुझे आपसे भिड़ा दिया। (लेकिन मेरे और आपके बीच कोई झगड़ा था ही नहीं।) बाद में उन्होंने कहा कि त्रिपुरी में उन लोगों की महान विजय और मेरी पराजय हुई। सच तो यह है कि वह न उनकी विजय थी और न मेरी पराजय। वह तो आपकी विजय थी (आपसे संघर्ष का कोई कारण न होते हुए भी), लेकिन वह एक सर्वनाशी विजय थी–किसी हद तक प्रतिष्ठा की बलि चढ़ाकर प्राप्त की गयी विजय।

लेकिन यह तो विषयान्तर होता जा रहा है। मैं आपसे अपील करना चाहता था कि आप आगे आकर सीधे और खुलेआम कांग्रेस का सूत्र–संचालन करें। इससे बात आसान हो जायेगी। पुराने महारथियों के प्रति व्याप्त अधिकांश विरोध–उनके प्रति विरोध तो है ही–अपने–आप समाप्त हो जायेगा।

यदि आप ऐसा नहीं कर सकते तो एक दूसरा सुझाव है। जैसी कि

हम माँग करते रहे हैं, स्वतन्त्रता के लिए राष्ट्रीय संघर्ष फिर से शुरू कर दीजिए, और इसका श्रीगणेश ब्रिटिश सरकार को अन्तिम चेतावनी देकर कीजिए। ऐसी स्थिति में यदि आपकी इच्छा होगी तो हम सब प्रसन्नतापूर्वक अपने–अपने पदों से अलग हो जायेंगे। हम इन पदों को आप जिनको चाहेंगे या जिन पर भी विश्वास करेंगे, उनको ख़ुशी से सौंप देंगे। लेकिन सिर्फ़ एक शर्त पर–कि स्वतन्त्रता के लिए संघर्ष फिर से आरम्भ किया जाये। मुझ–जैसे लोग ऐसा मानते हैं कि आज जैसा अवसर हमें मिला है वैसा किसी राष्ट्र के जीवन में विरल ही मिलता है। और इसी कारण हम कोई भी ऐसा बलिदान करने को तैयार हैं जिससे संघर्ष फिर से आरम्भ किया जा सके।

यदि आप अन्त तक इसी बात पर आग्रह रखेंगे कि मिली–जुली कार्य–समिति अव्यावहारिक है और हमारे पास समान विचारों वाले लोगों से बनी कार्य–समिति के सिवाय दूसरा कोई विकल्प नहीं है और यदि आप मुझे मेरी इच्छानुसार कार्य–समिति बनाने देना चाहते हों तो मैं आपसे उत्कटतापूर्वक अनुरोध करूँगा कि कांग्रेस के अगले अधिवेशन तक के लिए मुझ पर पूरा भरोसा रखें। यदि इस बीच हम लोग अपनी सेवा और कष्ट–सहन के बल पर कसौटी पर खरे नहीं उतरे तो हम कांग्रेस की निगाह में गिर जायेंगे, और तब हमें पद–च्युत कर देना स्वाभाविक और उचित ही होगा। वर्तमान परिस्थितियों में आपका विश्वास प्राप्त करने का मतलब होगा अ.भा.कां. कमेटी का विश्वास प्राप्त कर लेना। यदि आप हमें अपना विश्वास नहीं देते–लेकिन साथ ही हमसे समान विचारों वाले लोगों की कार्य–समिति बनाने को कहते हैं–तो इसका मतलब यह होगा कि आपने पन्त प्रस्ताव पर अमल नहीं किया।

मैं एक बार फिर आपसे यह बताने को कहूँगा कि मिली–जुली कार्य–समिति के प्रति आपका विरोध सैद्धान्तिक आधार पर है या आप यह चाहते हैं कि अपने 24 मार्च के पत्र में मैंने कार्य–समिति में पुराने महारथियों को जितना प्रतिनिधित्व देने का प्रस्ताव किया था, उन्हें उससे अधिक प्रतिनिधित्व दिया जाये।

पत्र समाप्त करने से पहले मैं एक–दो व्यक्तिगत बातों का उल्लेख करना चाहूँगा। आपने अपने एक पत्र में आशा व्यक्त की है कि चाहे कुछ भी हो, "हमारे निजी सम्बन्धों पर कोई आँच नहीं आयेगी।" मैं भी हृदय से

यही कामना करता हूँ। इस सन्दर्भ में मैं यह कहने की इजाज़त चाहूँगा कि जीवन में मैंने यदि किसी चीज़ पर गर्व किया है तो वह यह है कि मैं एक सज्जन का पुत्र हूँ और इसलिए ख़ुद भी सज्जन हूँ। देशबन्धु दास हमसे अकसर कहा करते थे, "जीवन राजनीति से अधिक महत्त्वपूर्ण है।" मैंने उनसे यह सबक सीखा है। जिस दिन मुझे ऐसा लगेगा कि राजनीति में रहने से मैं सज्जनता के उन आदर्शों से च्युत हो जाऊँगा, जिनकी छाप शैशवास्था से ही मेरे मन पर पड़ी है और जिन्हें मैं अपनी रगों में महसूस करता हूँ, उसी दिन मैं राजनीति से अलग हो जाऊँगा। एक व्यक्ति के रूप में आप मुझे कैसा मानते हैं, यह जानने का कोई साधन मेरे पास नहीं है। एक तरह से देखें तो आपने मुझे बहुत कम देखा–जाना है। और फिर मेरे राजनीतिक विरोधी मेरे ख़िलाफ़ बहुत–से क़िस्से आपको बताते रहे हैं। हाल के महीनों में मुझे मालूम हुआ है कि पिछले कुछ महीनों से मेरे ख़िलाफ़ लोग कानोंकान एक सूक्ष्म किन्तु दुष्टतापूर्ण प्रचार करते रहे हैं। मैं यह बात आपको और भी पहले बता देता, पर तब मैं इस बात के ठोस प्रमाण पर्याप्त मात्रा में नहीं प्राप्त कर सका था कि मेरे ख़िलाफ़ ठीक–ठीक क्या कहा जा रहा है और कौन लोग यह सब कह रहे हैं। अभी थोड़े दिन हुए मुझे यह तो मालूम हो गया है कि मेरे बारे में क्या कहा जा रहा है, लेकिन ऐसा प्रचार करने वाले कौन हैं, इससे मैं अब भी अनभिज्ञ हूँ।

एक बार फिर मैं जो कह रहा था उससे हट गया हूँ। अपने एक पत्र में आपने कामना की है कि मैं जो कुछ भी करूँगा, उसमें "भगवान तुम्हारा मार्ग–दर्शन करे।" महात्मा जी, मेरी बात का विश्वास कीजिए कि पिछले दिनों मैं निरन्तर ईश्वर से यही प्रार्थना करता रहा हूँ कि मुझे ऐसी राह दिखाये जो मेरे देश और मेरे देश की स्वतन्त्रता के लिए सर्वोत्तम हो। मैंने प्रभु से ऐसी शक्ति और प्रेरणा देने की प्रार्थना की है कि यदि आवश्यकता पड़े और प्रसंग आये तो मैं अपने–आपकी पूरी तरह मिटा दूँ। मेरा यह दृढ़ विश्वास है कि कोई राष्ट्र तभी जीवित रह सकता है जब उसके सदस्य आवश्यकता पड़ने पर उसकी ख़ातिर जान दे देने को तैयार रहें। यह नैतिक (या आध्यात्मिक) हाराकीरी (आत्मघात) कोई आसान चीज़ नहीं है। लेकिन प्रभु से यही प्रार्थना है कि जब भी देश के हित में वह आवश्यक हो जाये तब वैसा करने की वह मुझे शक्ति दे।

आशा है, आपके स्वास्थ्य में सुधार जारी रहेगा। मेरा स्वास्थ्य धीरे–धीरे सुधरता जा रहा है।

सादर प्रणामपूर्वक,

स्नेहाधीन,

सुभाष

10 अप्रैल, 1939 को पुनः महात्मा गाँधी ने सुभाषचन्द्र बोस को पत्र लिखा और उनकी इस बात का खण्डन किया कि कोई है जो उन्हें सुभाष बोस के ख़िलाफ करना चाहता है... उनका इशारा स्पष्ट सरदार पटेल की तरफ़ था... विट्ठल भाई पटेल की सम्पत्ति को लेकर सरदार बल्लभ भाई पटेल और सुभाष बोस में गहरा विवाद हुआ था। यहाँ तक कि आपस में केस मुक़दमे भी हुए जिसमें सरदार पटेल की जीत हुई थी। पुनः सुभाष बोस उच्चतम कोर्ट में गये लेकिन वहाँ भी सरदार पटेल की ही जीत दर्ज हुई जिससे उन दोनों में कटुता बढ़ गयी थी। महात्मा गाँधी ने सुभाष बोस को लिखा–

प्रिय सुभाष, 10 अप्रैल, 1939

इस महीने की 6 तारीख़ का तुम्हारा पत्र पता बदलकर यहाँ भेजा गया है। मैंने यह सुझाव दिया था कि दोनों विरोधी पक्ष आपस में मिल बैठें और एक–दूसरे से बिना किसी दुराव–छिपाव के अपनी बातें साफ़–साफ़ कहकर सारा मामला निबटा लें। लेकिन तब से अब तक बहुत–कुछ घटित हो चुका है। इसलिए मैं नहीं कह सकता कि वह सुझाव आज भी किसी काम का है या नहीं। वे सिर्फ़ एक–दूसरे को कोसेंगे ही और इस तरह कटुता और बढ़ेगी। दोनों के बीच जो खाई पड़ गयी है, वह बहुत चौड़ी है और पारस्परिक सन्देह बहुत गहरा है। इस झगड़े को बन्द करने का कोई रास्ता मुझे नहीं दिखता। यदि कोई रास्ता दिखता है तो केवल यही कि मतभेदों को स्वीकार करके दोनों को अपने–अपने ढंग से काम करने दिया जाये। आपस में झगड़ते हुए इन तत्त्वों को साथ लाकर मिल–जुलकर काम करने को तैयार करने में मैं अपने–आपको अक्षम पाता हूँ। मैं यह उम्मीद करना चाहूँगा कि वे अपनी–अपनी नीतियों को यथेष्ट गरिमा के साथ कार्यान्वित करेंगे। यदि वे ऐसा करते हैं तो देश का भला ही होगा।

पं. पन्त के प्रस्ताव का मैं विश्लेषण नहीं कर सकता। जितना अधिक मैं उसका अध्ययन करता हूँ, उतना ही अधिक उसे नापसन्द करता हूँ। इस

प्रस्ताव को तैयार करने वालों के इरादे नेक ही थे, किन्तु उससे वर्तमान कठिनाई हल नहीं होती। इसलिए तुम्हें तो अपनी समझ के अनुसार इसका अर्थ लगाकर बिना किसी संकोच के उसी के मुताबिक़ काम करना चाहिए।

मैं तुम पर कोई कार्यसमिति नहीं थोप सकता और न थोपना चाहूँगा। ऐसी कोई कार्यसमिति तुम पर थोपी जाये तो तुम्हें उसके लिए तैयार भी नहीं होना चाहिए और न मैं ही तुम्हें यह आश्वासन दे सकता हूँ कि अ.भा. कां. क. तुम्हारी कार्यसमिति और नीति का समर्थन करेगी ही। यह तो लोगों के विचारों को दबाना होगा। सदस्यों को अपनी निर्णय–बुद्धि का प्रयोग करने दो। यदि तुम्हें बहुमत का समर्थन प्राप्त न हो तो जितने भी सदस्य तुम्हें समर्थन दें उन्हीं का साथ लेकर विपक्ष की तरह काम करते हुए बहुमत को अपने पक्ष में लाने की कोशिश करते रहो।

क्या तुम नहीं जानते कि जहाँ–कहीं मेरा प्रभाव था, वहाँ मैंने सविनय अवज्ञा को रोक दिया है? त्रावणकोर और जयपुर इसके जवलन्त उदाहरण हैं। यहाँ तक कि यहाँ आने के पूर्व ही मैंने राजकोट के आन्दोलन को भी रोक दिया था। मैं फिर कहता हूँ कि वातावरण में मुझे हिंसा की गन्ध मिल रही है। अहिंसक कार्रवाई के लिए अपेक्षित वातावरण मुझे नज़र नहीं आता। क्या रामदुर्ग का उदाहरण तुम्हारे लिए पर्याप्त नहीं है? मेरी समझ में तो उसने हमारे कार्य को भारी क्षति पहुँचाई है। जहाँ तक मैं समझ सकता हूँ, वह पूर्व–निर्धारित योजना थी। कांग्रेसी ही उसके लिए उत्तरदायी हैं, जैसे कि वे रणपुर के मामले में थे। क्या तुम यह लक्ष्य नहीं कर रहे हो कि हम दोनों एक ही चीज़ को पूरी ईमानदारी के साथ एक–दूसरे से भिन्न रूप में देखते हैं और निष्कर्ष भी एक–दूसरे के विपरीत निकालते हैं? राजनीतिक मंच पर हम कैसे मिल सकते हैं? हम यह मान लें कि यहाँ हममें मतभेद हैं और फिर हमें सामाजिक, नैतिक और नागरिक मंचों पर मिलना चाहिए। इसमें मैं आर्थिक मंच को शामिल नहीं कर सकता, क्योंकि उस मंच पर भी हमें अपने आपसी मतभेद का पता चल गया है।

मैं तो मानता हूँ कि एक–दूसरे से भिन्न दृष्टिकोण रखनेवाले गुट परस्पर बिल्कुल बेमेल तत्त्वों को जैसे–तैसे राजी करके तय की गयी किसी नीति और कार्यक्रम को अंजाम देने की कोशिश करें, इसके बजाय यदि हम अपने–अपने रास्ते पर अपने ही ढंग से काम करें तो उसमें देश की ज़्यादा सेवा हो सकेगी।

मैंने धनबाद जाने की अपनी पूर्ण असमर्थता के विषय में तुम्हें तार भेजा था। राजकोट की उपेक्षा करने का साहस मैं नहीं कर सकता।

मैं सकुशल हूँ। बा को सांघातिक किस्म का मलेरिया हो गया है। आज पाँचवाँ दिन है। मैं उसे अपने साथ ले आया हूँ।

मेरी तो यही इच्छा है कि परिणाम ईश्वर पर छोड़ते हुए निर्णायक क़दम उठाकर तुम अपने स्वास्थ्य की रक्षा करोगे। अपने पिताजी के बारे में तुमने जो बात लिखी है, वह हृदयस्पर्शी है उनसे मिलने का सौभाग्य मुझे प्राप्त हुआ था।

मैं एक बात भूल ही गया। किसी ने मुझे तुम्हारे विरुद्ध खड़ा नहीं किया। जो कुछ मैंने तुमसे सेगाँव (सेवाग्राम) में कहा था वह वस्तुस्थिति को ख़ुद देखने समझने के बाद कहा था। यदि तुम ऐसा सोचते हो कि पुराने लोगों में कोई व्यक्तिगत रूप से तुम्हारा दुश्मन है तो तुम गलती पर हो।

स्नेह।

बापू

सुभाष बोस के मन में यह बात घर कर गयी थी कि महात्मा गाँधी और उनके बीच में मतभेद कराने के प्रयत्न त्रिपुरी कांग्रेस अधिवेशन से ही किये जा रहे थे। उन्होंने जवाहरलाल नेहरू को लिखा–'क्या आप इस बात को स्वीकार नहीं करते हैं कि त्रिपुरी में पन्त प्रस्ताव करने का मूल उद्देश्य महात्मा गाँधी को मेरे विरुद्ध करना था? क्या आप ऐसी हरकत को उचित मानेंगे? जबकि महात्मा जी व मेरे बीच कोई अविश्वास पैदा नहीं हुआ। पुराने योद्धा मुझसे झगड़ना चाहते थे तो स्पष्ट रूप में वे सामने क्यों नहीं आये? उन्होंने महात्मा गाँधी को इस बीच में क्यों खींचा? बेशक यह चालाक़ी भरा क़दम था...। क्या सरदार पटेल को यह घोषित करना उचित था कि मेरा पुनः चुनाव देश हित में नहीं होगा? सरदार पटेल व अन्य लोग बड़ी चतुराई से आपसे कार्य करा लेते हैं... वे आपको खुली छूट देते हैं कि आप लगातार बोलते जायें और वे अचानक आप पर ज़िम्मेवारी डाल देते हैं और आप प्रस्ताव तैयार करके प्रसन्न हो जाते हैं। कृपलानी जी को मेरी इच्छा के विरुद्ध मुझ पर थोप दिया गया अतः यदि कांग्रेस कमेटी के कार्यालय की दशा बिगड़ी है तो उसका उत्तरदायित्व महासचिव कृपलानी पर है न कि मुझ पर...।'

महात्मा गाँधी जब कांग्रेस के अधिवेशन में भाग लेने के लिए 27

अप्रैल, 1939 को कलकत्ता गये तो साथ में सरदार पटेल को अपने साथ नहीं ले गये... मेल में यात्रा करने के दरम्यान खड़गपुर और कलकत्ता के बीच समाचार–पत्र स्टेट्समैन के प्रतिनिधि के प्रश्न के जवाब में महात्मा गाँधी ने इस तथ्य को स्वीकार किया। पत्रकार का प्रश्न था–आपने सरदार पटेल को कलकत्ता न आने की सलाह दी है। इसलिए क्या आप शान्ति मिशन पर कलकत्ता आये हैं?

महात्मा गाँधी का उत्तर था–हाँ, सरदार पटेल के न आने का कारण यह था कि उनका कलकत्ता से दूर रहना देश के सर्वोतम हित में था।

पत्रकार के इस प्रश्न पर कि सुना जाता है कि सुभाष एक अवांछित व्यक्ति है? महात्मा गाँधी ने जवाब दिया–मैंने कभी नहीं सुना। मेरे पास ऐसा विश्वास करने का कोई कारण नहीं है कि सुभाष अवांछित व्यक्ति है।

सुभाषचन्द्र बोस ने भी महात्मा गाँधी से त्रिपुरी कांग्रेस अधिवेशन के पन्त प्रस्ताव के अनुसार महात्मा गाँधी को कार्य–समिति के लिए नाम की सूची देने के लिए कहा।

परन्तु महात्मा गाँधी ने इसे सुभाष बोस के ऊपर ज़्यादती माना और उनके नाम अपने पत्र में लिखा–

प्रिय सुभाष, 29 अप्रैल, 1939

तुमने मुझसे पन्त के प्रस्ताव के अनुसार कार्य–समिति के लिए नाम सूचित करने को कहा है। जैसा कि मैं तुम्हें प्रेषित अपने पत्रों और तारों में कह चुका हूँ, मैं ऐसा करने में अपने को बिल्कुल असमर्थ पाता हूँ। त्रिपुरी के बाद बहुत–कुछ हो चुका है। तुम्हारे विचारों को जानते हुए और यह जानते हुए कि तुममें और अधिकांश सदस्यों में बुनियादी बातों के विषय में मतभेद है, मुझे लगता है कि यदि मैं तुम्हें ये नाम देता हूँ तो यह तुम्हारे ऊपर एक प्रकार की ज़्यादती होगी। अपने पत्रों में मैंने इस स्थिति को सविस्तार स्पष्ट किया है। हमारे बीच इन तीन दिनों में जो अत्यन्त अन्तरंग बातचीत हुई है उसमें भी ऐसा कुछ नहीं हुआ है जिससे मेरी राय में कोई फ़र्क़ पड़ता। ऐसी हालत में अपनी कार्य–समिति का चुनाव करने के लिए तुम स्वतन्त्र हो। मैंने तुमसे यह भी कहा है कि तुम भूतपूर्व सदस्यों से आपसी सहमति की सम्भावना पर चर्चा कर सकते हो, और मुझे यह जानकर जितनी प्रसन्नता होगी उतनी किसी और चीज़ से नहीं होगी कि दोनों पक्षों में समझौता हो गया है। इस बीच जो कुछ

हुआ है उसमें जाने की मैं कोई आवश्यकता नहीं देखता। तुम और वहाँ उपस्थित भूतपूर्व सदस्य आखिल भारतीय कांग्रेस कमिटी की बैठक में यह सारी परिस्थिति सुस्पष्ट कर दें। यहाँ मुझे इतना ही और कहना है कि इस बात से मुझे गहरा दुख हुआ है कि आपसी समझौता नहीं हुआ। तथापि मैं आशा करता हूँ जो कुछ भी किया जायेगा, पारस्परिक सद्भावना के साथ किया जायेगा।

तुम्हारा बापू

5 मई, 1939 को जब गाँधी सेवा संघ की बैठक में महात्मा गाँधी से यह पूछा गया कि कुछ लोगों का ख़्याल है कि पन्त जी का प्रस्ताव आपको पसन्द नहीं था। जब आपने पहले—पहल उस प्रस्ताव के विषय में सुना तो आपके दिल पर क्या असर हुआ? आपने सुभाष बाबू को ऐसा क्यों लिखा कि 'पन्त के प्रस्ताव के विषय में ज्यों—ज्यों सोचता हूँ त्यों—त्यों उसे अधिक नापसन्द करता हूँ'? कृपया इसे समझाइए।

महात्मा गाँधी ने उत्तर देते हुए कहा—पहली बात तो यह है कि आप यह जानते हैं कि उस वक़्त मैं तो बिछौने पर पड़ा था। मेरे काम करने का तरीक़ा ऐसा नहीं कि जिस चीज़ में मैं नहीं हूँ उसमें मैं पड़ूँ। इसलिए त्रिपुरी में क्या हो रहा है इसके विषय में मैं बिल्कुल उदासीन था। यहाँ तक कि मैं उन दिनों अख़बार भी नहीं पढ़ता था। मेरे मन में तो राजकोट—ही—राजकोट भरा था। किसी ने मुझसे कहा कि पन्त जी का ऐसा कोई प्रस्ताव त्रिपुरी में आने वाला है। उस वक़्त मुझे इतना ही ख़्याल हुआ कि पुरानी कार्य—समिति में विश्वास प्रकट करने वाला प्रस्ताव है। मैंने कहा कि विश्वास प्रकट करने की बात तो ठीक है। लेकिन मैं होता तो और कुछ करता। मैंने तो वर्धा में ही कहा था कि अगर हिम्मत है तो सुभाष बाबू के ऊपर अविश्वास का प्रस्ताव लाओ। यह सीधा तरीक़ा है। अगर कांग्रेस के प्रतिनिधि यह समझते थे कि सुभाष बाबू को चुनने में उन्होंने गलती की तो उनके लिए यही सभ्यता का रास्ता था। लेकिन उस वक़्त ऐसी आबोहवा शायद नहीं थी। मेरा तो यह ख़्याल हो गया कि सुभाष बाबू अपनी कार्य—समिति बना लेंगे। लेकिन वह नहीं बना। तब पन्त का प्रस्ताव त्रिपुरी में आया। मैंने इतना ही सुना कि जो लोग निकल गये हैं उनके लिए उसमें विश्वास प्रकट किया गया है। मैंने कहा इतना ही है तो ठीक है। लेकिन वह मेरी चीज़ तो नहीं थी। बाद में मैंने

वह प्रस्ताव देखा। फिर सुभाष बाबू के साथ पत्र–व्यवहार चला। अन्नदा बाबू ने जिस ख़त का ज़िक्र किया है वह आपके सामने नहीं है। जब मैंने पन्त का प्रस्ताव पढ़ा तो देखा कि उसमें तो कहा गया है कि मुझे सुभाष बाबू को रास्ता दिखाना है। जब वह चीज़ मेरे पास आ गयी तो मुझे बहुत नापसन्द लगी। यहाँ तक नापसन्द लगी कि मैंने वैसा करने से इनकार किया। और उसी इनकार पर आख़िरी दम तक कायम रहा। हो सकता है कि इसके कारण कुछ गलतफ़हमी पैदा हो जाये। तो उसे भी मुझे सहना है। जिस चीज़ को मैं गलत समझता हूँ उसे मैं कैसे करूँ? मैंने उनसे कहा कि आप अपने मन की कमेटी बना लें और अपना कार्यक्रम बनाकर काम शुरू कर दें। मेरी चले तो मैं आबोहवा साफ़ कर दूँगा। नहीं तो काम चलता रहेगा और धीरे–धीरे साफ़ आबोहवा को पहुँच जायेंगे। इसीलिए कलकत्ते में जब मुझसे कहा गया कि मैं कमेटी के नाम सुझाऊँ तो मुझे यह बात कुछ विपरीत लगी। मेरे लिए सभी समान थे जिससे मुझे ऐसा करना गलत मालूम हुआ। आगे पत्र–व्यवहार से मेरी यह राय और भी पक्की हुई। पीछे वैमनस्य की बात भी मेरे पास आ गयी। ऐसी स्थिति में नाम कैसे दे सकता था? वह तो सुभाष बाबू पर जबरदस्ती होती। मैं सुभाष बाबू पर जबरदस्ती करूँ तो क्या राष्ट्र का जहाज़ चल सकता है? यह तो जहाज़ डुबाने की बात है। मैंने कहा कि मैं ऐसा नहीं करूँगा। अगर आप पुरानी कार्य–समिति के लोगों को चाहते हैं तो आपस में मशवरा कर लें। आपको वे लोग चाहें तो दोनों साथ काम कर सकते हैं। लेकिन मुझसे यह काम नहीं होगा कि मैं सुभाष बाबू पर कुछ नाम लाद दूँ। जितना मैं उस प्रस्ताव पर सोचूँ वह मुझे नापसन्द आता है। उसके अनुसार मैं राष्ट्र की सेवा नहीं कर सकता। कोई कितना भी कहे मैं तो यही कहूँगा कि कार्य–समिति के नाम नहीं दे सकता। मैं जो–कुछ पसन्द करूँ वह सुभाष बाबू पर बलात्कार होगा। और बलात्कार तो हिंसा है। वह मैं कैसे करूँ? पन्त के प्रस्ताव का मेरे दिल पर क्या असर हुआ वह मैंने बतला दिया। अगर लोग समझते हैं कि मैंने देश की काफ़ी सेवा की है, तो भी किसी पर बलात्कार करने का अधिकार मुझे थोड़े ही आ गया है।

दूसरा प्रश्न था जब सुभाष बाबू आपके दिये हुए किसी भी नाम को मंजूर करने के लिए तैयार थे तो नाम देने में आपको क्या आपत्ति थी?

महात्मा गाँधी ने उत्तर देते हुए कहा–इस सवाल का यह मतलब है

कि "त्रिपुरी ने पन्त–प्रस्ताव से तुम्हें एक हुक्म दिया और सुभाष बाबू को भी दिया। सुभाष बाबू तो वह हुक्म मानने के लिए तैयार थे लेकिन तुमने उसका विरोध क्यों किया? हुक्म के अनुसार कार्य–समिति के नाम देने में कौन–सा बलात्कार था?" यह तर्क देखने में बड़ा मोहक है। लेकिन गलत है। कल कोई आदमी मुझसे कहे कि तुमको हुक्म हुआ कि मुझे गालियाँ दे दो और बेंत मारो तो क्या मैं उसे मनमानी गालियाँ दे दूँ और तड़ातड़ बेंत मार दूँ? जब सुभाष बाबू के और मेरे बीच इतना फ़ासला था तो इस अधिकार के ज़ोर पर उन पर कोई नाम लाद देना क्या सभ्यता का काम होता? अधिकार मिलने का मतलब यह थोड़ा ही है कि मुझे अपनी विवेक–बुद्धि के ख़िलाफ़ उस पर अमल करना ही चाहिए। मेरे साथ कोई ऐसा करे तो मैं परान्द नहीं करूँगा। मान लीजिए कि कल मुझे सबको गाली देने का अधिकार मिल गया। लेकिन क्या उस पर अमल करना धर्म पर निर्भर है। धर्म–पालन मेरा कर्तव्य है। मैं केवल अपने व्यक्तिगत महत्त्व को नहीं देखता। मेरे नज़दीक उसकी कोई क़ीमत नहीं। मैं राष्ट्र की दृष्टि से विचार करता हूँ। मुझे मेरा जो कर्तव्य लगता है वह मैं करता हूँ।

सुभाष बाबू से आपका जो पत्र–व्यवहार हुआ, क्या वह प्रकाशित नहीं हो सकता? अगर नहीं, तो कृपया बतलाइए कि क्यों?

पहले तो उस पत्र–व्यवहार को प्रकट करना तय हो गया था। बाद में जवाहरलाल जी आ गये। यह तय हुआ कि उसे रोक लें। यह भी तय हुआ कि मैं भी कोई वक्तव्य नहीं निकालूँ। वह मुल्क के लिए अच्छा नहीं होगा। मैंने इसमें यही नीति अख्तियार की है कि सुभाष बाबू को जो सुभीते का हो वही वे करें। अगर हम अहिंसक हैं तो हमें ऐसा ही करना चाहिए। किसी पत्र–व्यवहार को प्रकट करना हमारा काम नहीं है। हम जब तक रोक सकते हैं, रोकें। जब कोई आदमी ख़त में लिखता है उसके विपरीत काम करे तभी उसे प्रकट करना हमारा कर्तव्य हो जाता है। ऐसी कोई बात यहाँ नहीं आती। इसलिए यह मैंने सुभाष बाबू पर छोड़ दिया है। पत्र–व्यवहार प्रकट न होने से अगर कोई गलतफ़हमी होती है तो कोई ख़ास नुक़सान नहीं है। सामने वाला आदमी जब ज़रूरी समझेगा तब प्रकट कर देगा। अगर वह सब पुराना इतिहास बन गया तो छोड़ दिया जायेगा।

महात्मा गाँधी और सुभाषचन्द्र के बीच मतभेद की बातें उठ रही थीं

इसी से गाँधी सेवा संघ में 5 मई को उनसे इस विषय पर प्रश्न पूछा गया कि आपने सुभाषचन्द्र बोस को पत्र में लिखा है कि आपके और उनके बीच–बीच बुनियादी मतभेद है, वह मतभेद कौन–सा है?

महात्मा गाँधी ने इसके उत्तर में कहा कि जलपाईगुड़ी में बंगाल के प्रतिनिधियों के साथ मिलकर सुभाषचन्द्र बोस ने एक प्रस्ताव पेश किया कि ब्रिटिश सरकार को छह महीने का नोटिस दिया जाये और सविनय अवज्ञा प्रारम्भ कर दी जाये।

वैसी आज भी उनकी राय है ऐसा मैं समझता हूँ। उसमें मैंने देखा कि मैं कहीं शामिल नहीं हो सकता। उसमें सरकार को अन्तिम सूचना (अल्टिमेटम) देने की बात है। वे मानते हैं कि हमारे पास लड़ाई का सामान मौजूद है। मैं बिल्कुल उलटा मानता हूँ। आज हमारे पास लड़ाई करने का कोई सामान है ही नहीं। आज सारा वायुमण्डल हिंसा से इतना भरा हुआ है कि मैं लड़ाई कर ही नहीं सकता। उड़ीसा में रानपुर और कर्नाटक में रामदुर्ग का मामला कैसे बना? कानपुर में पन्त जी अपना क़ाबू नहीं रख सके। लखनऊ के शिया और सुन्नी मुसलमानों पर हमारा कोई क़ाबू नहीं। जातीय झगड़ों का तो कोई ठिकाना नहीं रह गया है। मुट्ठी–भर कांग्रेस वालों पर क़ाबू रहने से हमारा काम नहीं चलेगा। हमारा तो हमेशा यह दावा रहा है कि सारे मुल्क पर हमारा क़ाबू है। लेकिन आज मुट्ठी–भर लोगों पर हमारा क़ाबू रह गया है। मज़दूर और किसान तो कांग्रेस वाले ही माने जाते थे। किसानों पर बिहार में हमारा पहले जो, काबू था वह आज नहीं रहा। क्या यह लड़ाई के लिए अनुकूल स्थिति है? क्या कांग्रेस के काम में और अहिंसावादियों के काम में फ़र्क़ है? आज मुझसे कोई कहे कि तुम 'दाण्डीकूच' करो तो मुझमें हिम्मत नहीं है। मज़दूर और किसानों को छोड़कर हम कैसे काम कर सकते हैं? उन्हीं का तो मुल्क है। सरकार को अन्तिम सूचना देने का सामान मेरे पास नहीं है। ऐसी सूचना से देश की हँसी ही होगी। लेकिन सुभाष बाबू समझते हैं कि हम लड़ाई के लिए तैयार हैं। यह मतभेद बहुत बड़ा और बुनियादी है। लड़ाई के सामान की उनकी कल्पना और मेरी कल्पना में भेद है। सत्याग्रह की मेरी जो कल्पना है वह उनकी नहीं है। क्या यह मतभेद बुनियादी नहीं है? मैं ये सब बातें आज ही अख़बारों में नहीं दे सकता। क्योंकि उससे कोई फ़ायदा नहीं है। मौक़ा आने पर लिखूँगा। यह तो बुनियादी मतभेद की बात है। हमारे

खतों में भी यह बात आयी है। एक मोटी–सी चीज़ आपके सामने रख दी है। इससे व्यक्तिगत मतभेद का कोई सम्बन्ध नहीं है।

इसी तरह कांग्रेस की अशुद्धि की बात है। उसमें मेरा और उनका मात्रा (डिग्री) का भेद है। अशुद्धि है, यह तो वे भी कबूल करते हैं। पर वे मानते हैं कि वह इतनी नहीं कि जिससे डरने की ज़रूरत हो। लेकिन मैं मानता हूँ कि जब तक यह अशुद्धि रहेगी हम कोई काम नहीं कर सकेंगे। मेरे नज़दीक सविनय भंग और अधिकार–स्वीकार में भेद नहीं है। दोनों सत्याग्रही लड़ाई के ही अंग हैं। इस तरह मेरा और उनका दृष्टिकोण और अवलोकन अलग–अलग है। सत्याग्रह का मेरा जो अर्थ है वह उनका नहीं है। इसलिए कभी–कभी मात्रा (डिग्री) का भेद भी बुनियादी हो जाता है। मैं तो यहाँ तक अधीर हो गया हूँ कि अशुद्धि दूर करने के लिए कांग्रेस को ही दफ़न कर देना पड़े तो कर देना चाहिए। एक हिंसावादी संस्था जिन बातों को दरगुजर कर सकती है उन्हें अहिंसावादी संस्था नहीं कर सकती। हिंसक युद्ध का दृष्टान्त यहाँ पर लागू नहीं पड़ता। अब आप समझ गये होंगे कि बुनियादी मतभेद से मेरा क्या मतलब है। महात्मा गाँधी ने अपनी बात मुस्कुराते हुए समाप्त किया तभी उनसे अगला प्रश्न पूछा गया–

क्या समाजवाद और जवाहरलाल जी से आपका मतभेद बुनियादी नहीं है? क्या उनके प्रति भी आपका यही रुख रहेगा?

नहीं। समाजवादियों से मेरा मतभेद दूसरी तरह का है। इन दोनों को मिलाइए नहीं। सरकार को अन्तिम सूचना देने की बात पर उनका भी सुभाष बाबू से मतभेद है। मुझे पता नहीं इसमें उनके साथ कौन–कौन है? इसलिए समाजवादियों से बुनियादी और तीव्र मतभेद होते हुए भी उनके बारे में मेरे विचार दूसरे हैं। और फिर, समाजवाद और जवाहरलाल को हम एक ही वर्ग में रख भी नहीं सकते। जवाहरलाल किसी समाजवादी गिरोह में अपना नाम नहीं देते। उनका समाजवाद में विश्वास है। वे समाजवादियों के साथ बैठते–उठते हैं, मशविरा कर लेते हैं। पर उनके काम करने के तरीक़े में काफ़ी भेद पड़ा है। समाजवादियों में और मुझमें जो मतभेद है वह मशहूर ही है। मैं मनुष्य के हृदय–परिवर्तन में और उसके लिए कोशिश करने में विश्वास करता हूँ। वे नहीं करते। वे चरखे की हँसी उड़ाते हैं। परन्तु फिर भी समाजवादी हर दिन मेरी तरफ़ बढ़ रहे हैं। या, चाहें यों कह लीजिए कि मैं उनके पास जा रहा हूँ। या यों

कहिए कि हम एक–दूसरे की तरफ़ बढ़ रहे है। मुझे पता नहीं यह कब तक चलेगा। शायद एक दिन हम दोनों का रास्ता अलग–अलग हो जाये। सुभाष बाबू के साथ ऐसा ही हुआ। जलपाईगुड़ी के प्रस्ताव ने हमारा मतभेद स्पष्ट कर दिया। जवाहरलाल और मुझमें मतभेद है तो सही। लेकिन वह नहीं–सा है। उनके बिना मैं अपने को अपंग–सा महसूस करता हूँ। वे भी।

अन्त में महात्मा गाँधी बोले–मेरे और सुभाष बोस के बीच जो मतभेद है वह क्षणिक है। परन्तु उनके और मेरे बीच में वैमनस्य आ जाये तो मुल्क का नाश हो जायेगा।

साथ ही एक बार पुनः महात्मा गाँधी ने सरदार पटेल की स्थिति स्पष्ट करते हुए कहा कि बहुत–से लोगों के दिल में ऐसा है कि सरदार ठीक काम नहीं करते तथा सुभाष के प्रकरण में उन्होंने अन्याय किया...ऐसा वे मन ही मन मानते हैं। अगर ऐसा है तो इसे साफ़–साफ़ कहना चाहिए यही अहिंसावादी का शाश्वत धर्म है। मैं सत्यार्थी, सत्यवादी, सत्याग्रही, ये सब विशेषण अपने लिए लगाता हूँ। इसलिए मैं जानबूझकर अन्याय करने वाले का साथ नहीं दूँगा। लेकिन आपके दिल में यदि सरकार के प्रति कुछ है तो आपको जाकर उनसे ही पूछना चाहिए।

पर इतने पत्राचार, इतने वक्तव्य और भेंट मुलाक़ात के बाद भी मामला नहीं सुलझ पाया। सुभाषचन्द्र बोस ने अपनी जीत के चार महीने बाद 29 अप्रैल, 1939 को अध्यक्ष के पद से इस्तीफ़ा दे दिया।

इस्तीफा देते समय सुभाषचन्द्र बोस ने कहा कि–मुझे अत्यन्त खेद है कि त्रिपुरी अधिवेशन के समय से ही मैं नयी कार्यकारिणी के सदस्यों की घोषणा करने में असमर्थ रहा हूँ। लेकिन यह उन परिस्थितियों के कारण हुआ, जो मेरे क़ाबू से बाहर रही हैं। महात्मा जी का सुझाव तो मुझको यह था कि पिछली कार्यकारिणी से इस्तीफ़ा देने वाले सदस्यों को छोड़कर मुझे कार्यकारिणी का स्वयं गठन करना चाहिए। पर मैं इस सुझाव पर अनेक कारणों से अमल नहीं कर सका।

मैंने महात्मा जी से कहा कि वे जैसी भी कार्यकारिणी नियुक्त करेंगे वह मुझे अनिवार्य रूप से मान्य होगी। हमारे दुर्भाग्यवश महात्मा गाँधी ने कार्यकारिणी को नामजद करने में अपनी असमर्थता ज़ाहिर की।

कार्यकारिणी का गठन कर सकूँ इसके लिए मैंने अपना सर्वश्रेष्ठ प्रयास किया पर सफल नहीं हो सका। महात्मा जी ने मुझसे कहा कि पूर्व

कार्यकारिणी के सभी सदस्य और मैं स्वयं अपने विचारों को इकट्ठा कर सकते हैं और इस तरह हम किसी समझौते पर पहुँच सके हैं। मैं इससे सहमत हुआ और हमने इसके लिए प्रयास भी किया।

चूँकि मैं महात्मा जी के सुझाव पर अमल नहीं कर पाया, लिहाज़ा मैं अपने इस अनुरोध की पुनरावृत्ति मात्र कर पाया कि उन्हें उस ज़िम्मेदारी को ख़ुद वहन करने में अपना कन्धा देने को कृपापूर्वक तैयार होना चाहिए था और साथ ही कार्यकारिणी को भी उन्हें ही नामजद करना चाहिए था।

पर अब मैं यह महसूस करता हूँ कि अखिल भारतीय कांग्रेस कमिटी के लिए इस मसले का निपटारा करना तब शायद और भी आसान हो सकता है जब उसके पास एक नया अध्यक्ष हो। इसलिए परिपक्व निश्चय के बाद और पूर्णतः सहयोगी भावना से भरकर मैं आपके हाथों में अपना त्यागपत्र प्रस्तुत कर रहा हूँ।

और इस्तीफ़े के दूसरे ही दिन फारवर्ड ब्लाक के नाम से एक नयी पार्टी बनाई जिसके अध्यक्ष बने सुभाषचन्द्र बोस और उपाध्यक्ष बने पंजाब के सरदार शार्दूल सिंह कवीश्वर।

फारवर्ड ब्लाक की स्थापना करने के बाद सुभाषचन्द्र बोस ने तूफ़ानी दौरा प्रारम्भ किया जिसमें बड़ी–बड़ी सभाओं से लेकर छोटी–छोटी टुकड़ियों के साथ संवाद भी था। पर जब सुभाषचन्द्र बोस ने समाचार–पत्रों में यह वक्तव्य दिया कि अखिल भारतीय कांग्रेस कमेटी ने जो प्रस्ताव पास किया है उनका विरोध करने के लिए 9 जुलाई का दिन निश्चित किया गया है और उसमें कांग्रेसियों को भाग लेने के लिए कहा। तब कांग्रेस अध्यक्ष डॉ. राजेन्द्र प्रसाद ने एक घोषणा की कि जब यह प्रस्ताव पास हुआ था तो सुभाष बोस के विरोध के बावजूद बहुत बड़े बहुमत से यह प्रस्ताव पास हुआ था और यदि अब कांग्रेसी ही इसका विरोध करेंगे तो यह अनुशासनहीनता मानी जाएगी।

कांग्रेस अध्यक्ष ने 6 जुलाई, 1939 को घोषणा करते हुए कहा– 'समाचार–पत्रों में श्री सुभाषचन्द्र बोस का यह वक्तव्य पढ़कर मुझे बहुत आश्चर्य हुआ कि अखिल भारतीय कांग्रेस कमेटी ने बम्बई में जो प्रस्ताव पास किये हैं उनका विरोध करने के लिए 9 जुलाई का दिन निश्चित किया गया है। यह बात सब लोग अच्छी तरह जानते हैं कि वह प्रस्ताव एक लम्बी बहस के बाद सुभाषचन्द्र बोंस के विरोध के वावजूद बहुत

बड़े बहुमत से पास हुआ था। यदि अखिल भारतीय कांग्रेस कमेटी की अधीनस्थ समितियाँ और उन समितियों के पदाधिकारी या कांग्रेस का अल्पमत इस तरह के प्रस्तावों की अवज्ञा करने लगें और अखिल भारतीय कांग्रेस कमेटी या कांग्रेस द्वारा अच्छी तरह से सोच–विचार करने के बाद लिये गये निर्णयों के विरुद्ध प्रदर्शनों का आयोजन करने लगें तो कांग्रेस में अनुशासन का नाम भी नहीं रहेगा और यह संस्था पूर्णतया छिन्न–भिन्न हो जायेगी। इसलिए, मैं सभी कांग्रेस समितियों और उनके पदाधिकारियों को यह समझाना चाहूँगा कि कांग्रेस की नीति और व्यवहार का और कांग्रेस संस्था के प्रति उनकी वफ़ादारी का यह तकाजा है कि वे अखिल भारतीय कांग्रेस कमेटी द्वारा पास किये गये प्रस्तावों का पालन करें और उन पर अमल करें। इस तरह के प्रस्तावों की निन्दा करना अथवा उनके विरुद्ध विरोध–प्रदर्शनों का आयोजन करना अनुशासन को भंग करना होगा। मुझे विश्वास है कि कांग्रेस समितियाँ और उनके पदाधिकारी इस तरह की विरोधी सभाओं और प्रदर्शनों का न तो आयोजन करेंगे और न उनमें भाग ही लेंगे।

18 जुलाई, 1939 को कांग्रेस अध्यक्ष ने एक पत्र लिखा ताकि सुभाष बोस कांग्रेस कार्य–समिति के सामने अपना स्पष्टीकरण और दृष्टिकोण रख सकें।

पुनः कांग्रेस– अध्यक्ष ने 18 जुलाई, 1939 को सुभाषचन्द्र बोस को यह पत्र लिखकर भेजा–

अखिल भारतीय कांग्रेस कमेटी द्वारा बम्बई में पास किये गये कुछ प्रस्तावों के विरुद्ध सभाएँ आयोजित करने की आपकी कार्रवाई से एक नाज़ुक और कठिन परिस्थिति पैदा हो गयी है। जैसा कि मैंने 9 जुलाई की सभाओं के होने से पहले दिये गये अपने वक्तव्यों में साफ़ कर दिया था, मुझे ऐसा लगता है कि यदि कांग्रेस की मातहत समितियाँ और उनके पदाधिकारी जिनका कर्तव्य अ. भा. कां. क. के प्रस्तावों का पालन करना और उन्हें अमल में लाना है, वैसा करने के बजाय उन प्रस्तावों के विरुद्ध विरोध–सभाएँ और प्रदर्शन आयोजित करने लगें, तो कांग्रेस संगठन के लिए काम करना असम्भव हो जायेगा। उनकी इस तरह की किसी भी कार्रवाई मैं, व्यक्तिगत रूप से, न केवल हर तरह के अनुशासन के लिए घातक बल्कि कांग्रेस संगठन के भविष्य के लिए भी ख़तरनाक मानता हूँ।

इसलिए मैं इस सारे मामले को कार्य–समिति के सम्मुख विचारार्थ रखूँगा ताकि वह इस पर अनुशासनात्मक या जो भी उचित समझे वह कार्रवाई कर सके। लेकिन कार्य–समिति के सामने आपकी कार्रवाई के बारे में आपका स्पष्टीकरण और दृष्टिकोण भी होना चाहिए। इसलिए यदि आप शीघ्र ही मुझे वह भेज दें तो मैं आपका आभारी होऊँगा।

7 अगस्त, 1939 को सुभाषचन्द्र बोस ने कांग्रेस अध्यक्ष डॉ. राजेन्द्र प्रसाद को पत्र लिखकर एक प्रकार से चुनौती दी कि उन पर अनुशासनात्मक कार्रवाई करें...।

कांग्रेस–अध्यक्ष के नाम सुभाषचन्द्र बोस ने 7 अगस्त, 1939 को चुनौती भरा पत्र भेजा–

राँची से लिखे आपके 17 जुलाई के पत्र का उत्तर देने में विलम्ब हो गया, इसके लिए मुझे अत्यन्त खेद है। आपने मुझसे इस बात की कैफ़ियत माँगी है कि मैंने बम्बई में अखिल भारतीय कांग्रेस कमेटी द्वारा पारित कुछ प्रस्तावों के प्रति विरोध प्रकट किया है।

पहली बात तो यह कि किसी प्रस्ताव का विरोध करने और सचमुच उसकी अवज्ञा या उल्लंघन करने में भेद किया जाना चाहिए। अब तक जो–कुछ हुआ है वह सिर्फ़ यही कि मैंने महासमिति के दो प्रस्तावों के प्रति विरोध प्रकट किया है।

महासमिति द्वारा पारित किसी भी प्रस्ताव पर अपनी राय व्यक्त करना मेरा संविधान–सम्मत अधिकार है। आप शायद यह तो स्वीकार करेंगे कि महासमिति का कोई अधिवेशन जब समाप्त होने को होता है तो उसके द्वारा पारित प्रस्तावों पर बहुत–से कांग्रेस जन दस्तूरन अपने विचार व्यक्त करते हैं। अगर आप कांग्रेसजनों को महासमिति द्वारा पारित प्रस्तावों पर अपने विचार व्यक्त करने का अधिकार देते हैं तो आप ऐसी कोई लक्ष्मण–रेखा नहीं खींच सकते कि केवल अनुकूल रायें ही ज़ाहिर की जायें और प्रतिकूल रायें व्यक्त न की जायें। अगर हमें अपने विचार व्यक्त करने का संवैधानिक अधिकार है तो वे विचार अनुकूल हैं अथवा प्रतिकूल इससे कोई फ़र्क नहीं पड़ता। आपके पत्र का आशय तो यह प्रतीत होता है कि प्रतिकूल विचार व्यक्त किये ही नहीं जा सकते।

हम लोग इतने दिनों से जिन चीज़ों के लिए ब्रिटिश हुकूमत से लड़ते आये हैं उनमें से एक हमारी नागरिक स्वतन्त्रता भी है। मैं मानता

हूँ कि नागरिक स्वतन्त्रता में बोलने की आज़ादी भी शामिल है। आपके दृष्टिकोण से तो जब हम महासमिति या कांग्रेस के बहुमत से सहमत न हों तब बोलने की आज़ादी का आग्रह हमें करना ही नहीं चाहिए। यह तो बड़ी विचित्र स्थिति होगी कि ब्रिटिश सरकार के ख़िलाफ़ तो हमें बोलने की आज़ादी हो लेकिन कांग्रेस या उसकी किसी मातह्त संस्था के विरुद्ध बोलने की स्वतन्त्रता न हो। महासमिति के जिन प्रस्तावों को हम देश के हित के लिए हानिकर समझें, उनकी प्रतिकूल आलोचना करने का अधिकार यदि हमसे छीन लिया जाता है तो यह एक लोकतान्त्रिक अधिकार के अपहरण के समान होगा। क्या मैं सम्पूर्ण गम्भीरता के साथ आपसे पूछ सकता हूँ कि लोकतान्त्रिक अधिकारों का प्रयोग क्या केवल कांग्रेस के बाहर ही किया जाना है, इसके अन्दर नहीं?

आशा है, आप मेरी इस बात से सहमत होंगे कि महासमिति द्वारा कोई प्रस्ताव पारित कर दिये जाने के बाद हमें यह अधिकार होता है कि उसी की किसी अगली बैठक में हम उस प्रस्ताव पर पुनर्विचार करवायें, उसे संशोधित या परिवर्तित करवायें या उसे वापस ही करवा लें। आशा है, आप यह भी स्वीकार करेंगे कि हमें महासमिति के विरुद्ध उससे ऊपर के संगठन, अर्थात् कांग्रेस के खुले अधिवेशन में अपील करने का अधिकार है। इसी तरह उम्मीद है, आप यह भी मंजूर करेंगे कि अल्पसंख्यक पक्ष को बहुसंख्यक पक्ष के लोगों को अपने दृष्टिकोण का कायल करने के लिए प्रचार–अभियान चलाने का भी हक़ है। लेकिन यह काम हम सार्वजनिक सभाओं और समाचार पत्रों में प्रकाशित लेखों में कांग्रेस जनों से अपील करने के अलावा और किस तरह कर सकते हैं? आज कांग्रेस कोई मुट्ठी–भर लोगों की संस्था नहीं है। मैं समझता हूँ, उसके सदस्यों की संख्या लगभग 45 लाख तक पहुँच गयी है।हम आम कांग्रेसजनों से अपील करके उन्हें अपना दृष्टिकोण समझा पाने की आशा तभी कर सकते हैं जब हमें समाचार–पत्रों में लिखने और सभाएँ बुलाने की छूट हो। अगर आप यह मानते हों कि एक बार महासमिति द्वारा पारित कर दिये जाने के बाद हर प्रस्ताव अलंघ्य हो जाता है और वह सदा के लिए उचित और संगत होता है तो प्रस्ताव की आलोचना के निषेध का आपके पास कुछ औचित्य हो सकता है। लेकिन यदि आप हमें महासमिति के प्रस्ताव–विशेष पर, उसी संस्था या कांग्रेस के अधिवेशन के माध्यम में, पुनर्विचार करने

या उसमें संशोधन अथवा परिवर्तन करने या उसे मंसूख करने का हक़ देते हैं तो समझ में नहीं आता कि आप आलोचना पर पाबन्दी कैसे लगा सकते हैं? जबकि इस प्रसंग में आप यही करने की कोशिश कर रहे हैं।

मुझे लगता है कि 'अनुशासन' शब्द की आप ऐसी व्याख्या कर रहे हैं जिसे मैं स्वीकार नहीं कर सकता। मैं अपने को बहुत कठोर अनुशासनवादी मानता हूँ और मुझे तो ऐसा लग रहा है कि अनुशासन के नाम पर आप शुभ आलोचना पर प्रतिबन्ध लगा रहे हैं। अनुशासन का अर्थ किसी को अपने संवैधानिक और लोकतान्त्रिक अधिकार से वंचित कर देना तो नहीं होता।

जिन प्रस्तावों को देश के हित के लिए हानिकर समझते हैं उनका विरोध करने का हमें संवैधानिक और लोकतान्त्रिक अधिकार है, बात को अलग रखकर अगर हम सिर्फ़ इन दोनों प्रस्तावों के गुण–दोषों का विचार करें तो भी यह प्रकट हो जायेगा कि वास्तव में ऐसे विरोध–प्रदर्शन की आवश्यकता थी। अगर इन दो प्रस्तावों पर अमल किया गया तो मेरे विचार से संविधानवाद की ओर हमारी गति को ये और तेज़ कर देंगे, कांग्रेस संगठनों को नुक़सान पहुँचाकर प्रान्तीय मन्त्रिमण्डलों के प्रभाव, अधिकार और सत्ता को बढ़ायेंगे और कांग्रेस को कृत्रिम रुप से आम जनता से तथा महासमिति को भी आम कांग्रेसजनों से अलग कर देंगे। इसके अतिरिक्त उनसे कांग्रेस की क्रान्तिकारी प्रवृत्ति की जड़ें खोखली होंगी। फलतः देश के हितों का ध्यान रखते हुए इन प्रस्तावों को तत्काल अमल बहाल की स्थिति में डाल दिया जाना चाहिए और अन्ततः या तो इनमें उपयुक्त परिवर्तन कर देना चाहिए या इन्हें वापस ले लेना चाहिए।

इस सम्बन्ध में मैं 1922 की गया कांग्रेस के समय और उसके बाद की कुछ घटनाओं की ओर आपका ध्यान आकृष्ट करने को विवश हूँ। यह न भूलिए कि उन दिनों स्वराज पार्टी ने क्या–कुछ किया। यह भी याद रखिए कि जब महासमिति ने गया कांग्रेस के प्रस्ताव को संशोधित किया तब गुजरात प्रान्तीय कांग्रेस कमेटी ने उसकी अवज्ञा करने का निश्चय किया था।

और अन्त में, कृपया यह भी न भूलिए कि महात्मा गाँधी ने–अगर मुझे ठीक याद है तो–'यग इंडिया' में लिखा था कि अल्पसंख्यक पक्ष को विद्रोह करने का अधिकार है। हम तो अभी –बहुसंख्यक पक्ष के निर्णय के विरुद्ध सचमुच विद्रोह करने की सीमा तक गये भी नहीं हैं। हमने जो

कुछ किया है वह यही कि हमारे विरोध के बावजूद बहुसंख्यक पक्ष द्वारा पास किये गये कतिपय प्रस्तावों की आलोचना करने की स्वतन्त्रता ली है।

मुझे यह देखकर सचमुच बड़ा आश्चर्य होता है कि जिस चीज़ को हम अपना सहज अधिकार मानते हैं उसे आपने इतना तूल दे दिया है। आशा है, आप मेरी कैफ़ियत को सन्तोषजनक मानेंगे। लेकिन अगर आप ऐसा नहीं मानते और मेरे ख़िलाफ़ अनुशासनात्मक कार्रवाई करने का ही फ़ैसला करते हैं तो जिस ध्येय को मैं न्यायसम्मत मानता हूँ उसकी ख़ातिर मैं उस कार्रवाई को सहर्ष झेलूँगा। अन्त में मेरा निवेदन है कि यदि किसी भी कांग्रेसी को 9 जुलाई की घटनाओं के सिलसिले में दंडित किया जाता है तो आप मेरे ख़िलाफ़ भी कार्रवाई करें। अगर 9 तारीख़ को अखिल भारतीय दिवस के रूप में मनाना अपराध है तो मैं स्वीकार करता हूँ कि मैं मुख्य अपराधी हूँ।

सादरपूर्वक सुभाषचन्द्र बोस के इस पत्र को कांग्रेस समिति ने अपनी मनमानी व्याख्या करना माना तथा यह महसूस किया गया कि यदि कुछ नहीं किया गया तो अराजकता की स्थिति हो जायेगी और कांग्रेस टुकड़े–टुकड़े हो जायेगी। इसी से कांग्रेस कार्य–समिति ने एक प्रस्ताव लाकर सुभाषचन्द्र बोस को तीन साल के लिए बंगाल कांग्रेस के लिए अयोग्य घोषित कर दिया।

कांग्रेस कार्य–समिति ने अपने 11 अगस्त, 1939 के प्रस्ताव में लिखा–

राष्ट्रीय कांग्रेस के भूतपूर्व अध्यक्ष श्री सुभाषचन्द्र बोस ने अ. आ. कां. क. की पिछली बैठक में पारित 'प्रान्तों में सत्याग्रह' और कांग्रेस मन्त्रिमण्डल तथा प्रा. का. कमेटियाँ, इन दो प्रस्तावों के सम्बन्ध में जो कार्रवाई की है, उसपर कार्य–समिति ने बहुत सावधानी के साथ विचार किया है। कार्य–समिति ने श्री सुभाष बाबू के उसे लम्बे पत्र पर भी विचार किया है जो संलग्न है। कार्य–समिति बहुत दुःख और अनिच्छा के साथ इस निष्कर्ष पर पहुँची है कि कांग्रेस अध्यक्ष ने जो मुख्य मुद्दा उठाया है और जो उनके घोषणा–पत्र में–यह भी संलग्न है–स्पष्ट रूप से प्रस्तुत किया गया है उसे सुभाष बाबू बिल्कुल समझ नहीं पाये। भूतपूर्व अध्यक्ष के रूप में उन्हें यह भी महसूस करना चाहिए था कि कांग्रेस–अध्यक्ष की ओर से अपरिहार्य निर्देश प्राप्त करने के बाद राष्ट्र के सेवक के नाते उनका यह स्पष्ट कर्तव्य था कि वे अध्यक्ष से मतभेद होने के बावजूद

उन निर्देशों पर श्रद्धापूर्वक अमल करते। अध्यक्ष के निर्णय से असन्तुष्ट अपील कर सकते थे। लेकिन जब तक अध्यक्ष के निर्देश कायम थे तब तक वफ़ादारी के साथ उनका पालन करने को वे बाध्य थे। किसी भी संस्था के उचित संचालन के लिए यह पहली शर्त है तथा राष्ट्रीय कांग्रेस जैसी उस विशाल संस्था के लिए तो और भी, जो संसार के सबसे ज़्यादा संगठित और शक्तिशाली साम्राज्यवादी संगठन के विरुद्ध जीवन–मरण के संघर्ष में लगी हुई है। सुभाष बाबू के पत्र से उनका तो यह विचार लगता है कि प्रत्येक सदस्य को कांग्रेस–संविधान की मनमानी व्याख्या करने का हक़ है। इस विचार को मान लेने से तो कांग्रेस में अराजकता फैल जायेगी और थोड़े ही समय में उसके टुकड़े–टुकड़े हो जायेंगे।

कार्य–समिति अत्यन्त दुःख के साथ इस निष्कर्ष पर पहुँची है कि यदि वह सुभाष बाबू के जान–बूझकर और खुल्लमखुल्ला किये गये अनुशासन–भंग के कार्य की उपेक्षा करती है तो वह अपने कर्तव्य से च्युत होती है। इसलिए कार्य–समिति यह निश्चय करती है कि अनुशासन–भंग करने के गम्भीर अपराध में सुभाष बाबू अगस्त, 1939 से तींन वर्ष के लिए बंगाल प्रान्तीय कांग्रेस के अध्यक्ष–पद के लिए अयोग्य होंगे। कार्य–समिति को विश्वास है कि सुभाष बाबू अपनी भूल को पहचानेंगे और उनके विरुद्ध यह जो अनुशासनात्मक कार्रवाई की गयी है, उसे सच्चे हृदय से स्वीकार करेंगे।

अन्य अनेक कांग्रेसियों की, जिनमें कई ज़िम्मेदार पदाधिकारी भी शामिल हैं, अनुशासनहीनता की ओर भी कार्य–समिति का ध्यान गया है। लेकिन क्योंकि उन्होंने सुभाष बाबू की प्रेरणा पर ऐसा कार्य किया है, अतः कार्य–समिति ने उनके विरुद्ध कोई कार्रवाई नहीं की है। तथापि यदि प्रान्तीय समितियाँ अनुशासन के ठीक–ठीक पालन के लिए और विशेष रूप से उन लोगों के विरुद्ध, जिन्होंने अनुशासन भंग किया और अपने किये पर पश्चाताप नहीं किया है, अनुशासनात्मक कार्रवाई करना आवश्यक समझें, तो वे ऐसा कर सकती हैं।

कार्य–समिति अध्यक्ष को यह अधिकार भी देती है कि वे ऐसे सदस्यों के विरुद्ध अनुशासनात्मक कार्रवाई करें जो अपनी वाणी अथवा आचरण के द्वारा अनुशासनहीनता के लिए पश्चात्ताप करने के बजाय अनुशासन भंग करने का दुराग्रह जारी रखते हैं।

सुभाष बोस पर कार्रवाई करने के बाद डॉ. राजेन्द्र प्रसाद के नाम गालियों की बौछारों से भरे पत्र आने लगे...। कुछ पत्र गाँधी जी के नाम भी आये। तब उन्होंने इस सम्बन्ध में स्थिति को स्पष्ट करने के लिए अपना वक्तव्य समाचार–पत्र में जारी किया। 23 अगस्त, 1939 को सेवाग्राम वर्धा में महात्मा गाँधी ने इस वक्तव्य को दिया। महात्मा गाँधी ने अपने प्रस्ताव में कहा–

कार्य–समिति ने सुभाष बाबू के बारे में जो प्रस्ताव पास किया है उसको लेकर मेरे पास बराबर ऐसे ख़त आ रहे हैं जिनमें से अधिकांश गाली–गलौज से भरे होते हैं। राजेन्द्र बाबू के नाम लिखा एक पत्र भी मैंने देखा है, जिसमें इतनी गन्दी भाषा का प्रयोग किया गया है कि उससे बढ़कर गन्दी भाषा का इस्तेमाल शायद ही हो सकता है। युद्ध–सम्बन्धी प्रस्ताव की भी कुछ आलोचनाएँ मैंने देखी हैं।

इन दोनों प्रस्तावों के बारे में जनता के सामने अपनी स्थिति साफ़ कर देना मैं अपना फ़र्ज़ समझता हूँ। मुझे स्वीकार करना चाहिए कि सुभाष बाबू वाले प्रस्ताव का मसौदा मैंने ही तैयार किया था। मैं यह कह सकता हूँ कि कार्य–समिति के सदस्य ऐसी कार्रवाई करने की ज़िम्मेदारी को अगर टाल सकते तो ज़रूर टालते। वे जानते थे कि उनकी इस कार्रवाई पर विरोध का तूफ़ान उठ खड़ा होगा। इसलिए ऐसा प्रस्ताव पास करने की बनिस्बत, जिसमें व्यक्तियों का ख़याल न रखा गया हो, कोई हल्का–सा प्रस्ताव पास करने में, उन्हें कहीं ज़्यादा आसानी होती। यदि वे कोई कार्रवाई न करते तो कांग्रेसजनों में अनुशासन बनाये रखने के अपने प्राथमिक कर्तव्य से च्युत हो जाते। फिर, सुभाष बाबू ने तो ख़ुद ही इस कार्रवाई को आमन्त्रित किया था। उन्होंने बहादुरी के साथ यह कहा था कि अगर कोई कार्रवाई करनी ही हो, तो कार्य–समिति के प्रस्ताव का विरोध करने वाले प्रमुख व्यक्ति के नाते वह मेरे ही ख़िलाफ़ की जाये। मेरी राय में तो कार्य–समिति ने जो कार्रवाई की है वह यथासम्भव नरम–से–नरम है। इसके पीछे बदला लेने की कोई इच्छा नहीं थी। सुभाष बाबू की स्थिति का विचार करने पर बदला लेने का तो निश्चय ही कोई सवाल नहीं उठता। वे जानते थे कि कार्य–समिति उन्हें कोई हानि नहीं पहुँचा सकती। उनका ख़याल था कि उनकी लोकप्रियता इतनी बढ़ गयी है कि कार्य–समिति की किसी कार्रवाई का उन पर कोई असर नहीं पड़

सकता। सुभाष बाबू ने यदि कांग्रेस–संगठन के नहीं तो कार्य–समिति के विरुद्ध मोर्चा लिया है। इसलिए कार्य–समिति के सदस्यों को अपना फ़र्ज़ अदा करना था और इस बात का निर्णय कांग्रेसजनों तथा जनता पर छोड़ देना था कि वे सही हैं या सुभाष बाबू। यह कहा गया है कि ऐसी परिस्थिति में जो मैं करता वही सुभाष बाबू ने किया है। मुझे तो अपनी सारी ज़िन्दगी में ऐसा एक भी उदाहरण याद नहीं पड़ता जिसमें मैंने सुभाष बाबू ने जो किया है वैसा किया हो, अर्थात् जिस संस्था के प्रति मैं वफ़ादार होऊँ, उसकी अवज्ञा की हो। अलबत्ता, विद्रोह की बात मैं समझ सकता हूँ, लेकिन तभी जब उस संस्था से अपना सम्बन्ध तोड़ लूँ। 1920 के अहिंसापूर्ण असहयोग का अर्थ और रहस्य यही था।

लेकिन ये पंक्तियाँ मैं मुख्यतः कार्य–समिति की कार्रवाई का औचित्य सिद्ध करने के लिए नहीं बल्कि सुभाष बाबू और उनके समर्थकों से यह प्रार्थना करने के लिए लिख रहा हूँ कि कार्य–समिति के प्रस्ताव को वे सद्भावना के साथ ग्रहण करें और जब तक वह मौजूद है तब तक उसे मानें। कांग्रेस महासमिति से इस निश्चय के विरुद्ध अपील करने का उन्हें पूरा हक़ है। वहाँ अगर कामयाब न हों, तो कांग्रेस के सालाना अधिवेशन में वे मामले को उठा सकते हैं। यह सब वे बिना किसी कटुता और कार्य–समिति के सदस्यों पर ऐसी बुरी से–बुरी किस्म की बदनीयती का इलजाम लगाये बिना कर सकते हैं। वे ऐसा मानकर सन्तोष क्यों नहीं करते कि निर्णय करने में सदस्यों से भूल हो गयी होगी? मैं समझता हूँ कि कांग्रेस महासमिति के सदस्यों का बहुमत अगर कार्य–समिति के कार्य से लिखित रूप में असहमति प्रकट करता है तो कार्य–समिति ख़ुशी से इस्तीफ़ा दे देगी। मतभेद उपस्थित होने पर एक–दूसरे की नीयत पर हमला करके कांग्रेसजन उस ढाँचे को नष्ट करते हैं जो आधी सदी के अविरल परिश्रम से तैयार किया गया है। वस्तुतः देखा जाये तो अगर किसी बुरे उद्देश्य का सन्देह हो, तो भी जब तक असन्दिग्ध रूप से वह साबित न कर दिया जाये, तब तक उसका आरोप न लगाना ही अच्छा है। कल्याण कर लोकमत तैयार करने के लिए यह ज़रूरी है कि लोकमत के नेता विविध घटनाओं और निर्णयों का फ़ैसला उनके गुण–दोषों की दृष्टि की दृष्टि से ही किया करें।

परन्तु जब सुभाष बाबू के पटना पहुँचने पर उनके विरोध में काले झण्डे के साथ जो अशोभनीय व्यवहार हुआ उसकी निन्दा करते हुए

महात्मा गाँधी ने लिखा–

सुभाष बाबू के पटना जाने पर उनके ख़िलाफ़ काले झण्डों का जो प्रदर्शन हुआ। उसका हाल सबसे पहले मुझे बाँकीपुर के बंगाली संध के मन्त्री के एक शिष्टतापूर्ण पत्र से मिला था। इसके बाद मैंने अख़बारों में भी यह ख़बर पढ़ी। ठीक–ठीक क्या हुआ था, यह निश्चित रूप से मालूम करने के लिए मैंने श्री प्रियरंजन दास को सही–सही और आद्योपान्त विवरण भेजने के लिए तार दिया। धनबाद से उनका जवाब मिला कि चूँकि वे वहाँ उपस्थित नहीं थे इसलिए इस सम्बन्ध में कुछ नहीं जानते। अख़बारों में यह ज़रूर निकला है कि वहाँ पत्थर और जूतं फेंके गये, जिससे स्वामी सहजानन्द और दूसरों को चोटें आयीं।

हो सकता है कि इसमें थोड़ी अतिशयोक्ति भी हो, मगर इसमें सन्देह की गुंजाइश बहुत कम मालूम पड़ती है।

इस दुःखद घटना पर राजेन्द्र बाबू ने जो ज़ोरदार वक्तव्य दिया, वह मैंने पढ़ा है। वह इतना तथ्यपूर्ण और हृदय को झकझोरने वाला है कि उसमें कुछ और जोड़ने या सुधारने की कोई ज़रूरत नहीं। उस सुन्दर वक्तव्य के हर एक शब्द का मैं अनुमोदन करता हूँ। इस लेख के अन्त में उसे उद्धृत किया गया है।

प्रदर्शन करने वालों ने अनुचित असहिष्णुता का परिचय दिया है। कार्य–समिति की कार्रवाई के विरुद्ध आन्दोलन करने और उसके विरुद्ध लोकमत तैयार करने का सुभाष बाबू को पूरा हक़ है। उनके विरुद्ध अनुशासनात्मक कार्रवाई की गयी है उससे वे उतने संयम को छोड़कर जिनका पालन कांग्रेस संविधान की बुनियादी धारा से बन्धे प्रत्येक कांग्रेसी का फर्ज़ है, बाक़ी किसी भी संयम के उत्तरदायित्व से मुक्त हो गये हैं। उस कारवाई के बाद उनके विरुद्ध कोई सार्वजनिक प्रदर्शन नहीं किया जाना चाहिए। और जो लोग कार्य समिति की कार्रवाई को पसन्द नहीं करते, उन्हें सुभाष बाबू के पक्ष में होने वाले किसी भी प्रदर्शन में भाग लेने का अधिकार है। जब तक इस साधारण नियम का पालन नहीं होता, तब तक हम जनतन्त्र का सम्मान हरगिज नहीं कर सकेंगे। मेरी राय में तो काले झण्डों का प्रदर्शन करने वाले लोगों ने स्वतन्त्रता के ध्येय को हानि पहुँचाई है। अतः आशा है कि पटना का यही प्रदर्शन कांग्रेस जनों द्वारा की जाने वाली ऐसी कार्रवाई में अन्तिम सिद्ध होगा। यह पूछा जा सकता

है कि जो लोग कार्यसमिति की कार्रवाई का समर्थन करते हैं और सुभाष बाबू के प्रचार को नापसन्द करते हैं, वे अपनी नापसन्दगी कैसे ज़ाहिर करें? निसन्देह सुभाष बाबू के सम्मान में होने वाली सभाओं में गड़बड़ी मचाकर या काले झण्डे दिखाकर तो नहीं ही। दूसरी सभाएँ करके वे अपनी नापसन्दगी ज़ाहिर कर सकते हैं, लेकिन वे सभाएँ सुभाष बाबू के समर्थन में की गयी सभाओं के साथ–साथ न होकर उससे पहले या बाद में होनी चाहिए। पक्ष–विपक्ष में होनेवाली ये सभाएँ लोकमत को शिक्षित करने का साधन समझा जाना चाहिए। ऐसी शिक्षा के लिए शान्त वातावरण की आवश्यकता है। शिक्षात्मक और बोधप्रद प्रचार में काले झण्डों, हल्ले–गुल्ले और पत्थर–जूते फेंकने का कोई स्थान नहीं है।

इस अशोभनीय प्रदर्शन के सन्दर्भ में ही मेरे पास जो एक और शिकायत आयी है, मुझे उसका भी ज़िक्र करना चाहिए। उसमें बताया गया है कि जो कांग्रेस जन सुभाष बाबू के स्वागत में भाग लेंगे उनके ख़िलाफ़ कुछ कांग्रेस–समितियों ने कार्रवाई करने की धमकी दी है। मैं आशा करता हूँ कि उक्त शिकायत वस्तुतः निराधार है। ऐसी कार्रवाई तो हमारी असहिष्णुता बल्कि वैर–भावना तक का परिचायक होगी। जो कांग्रेसजन कार्य–समिति की कार्रवाई को पसन्द नहीं करते वे सुभाष बाबू के स्वागत में अवश्य भाग लेंगे। अनुशासनात्मक कार्रवाई की धमकियों से उनका मुँह बन्द करना असम्भव है। अगर ज़रा–ज़रा–सी बात पर ऐसी कार्रवाई की जाये, तो उसका कोई महत्त्व नहीं रह जाता। अगर यह सच है–और वास्तव में यह सच है–कि ऐसी सत्ता के बगैर किसी संस्था का काम नहीं चल सकता, यह भी उतना ही सच है कि जो संस्था ऐसी सत्ता का अन्धाधुन्ध उपयोग करे, उसे कायम रहने का कोई हक़ नहीं है। वह कायम रह ही नहीं सकता, क्योंकि उसका मतलब तो स्पष्ट ही यह होगा कि उसने जनता का समर्थन खो दिया है।

6 सितम्बर, 1939 को कांग्रेस कार्यकारिणी की वर्धा में इस बात पर निर्णय करने के लिए बैठक बुलाई गयी कि युद्ध के बारे में कांग्रेस को क्या रुख अपनाना चाहिए। सुभाष बोस को भी उस बैठक में विशेष रूप से आमन्त्रित किया गया था जबकि वे उस समय कार्यसमिति में नहीं थे। सुभाषचन्द्र बोस ने अपना नज़रिया रखा कि अभी युद्ध के समय अच्छा समय है, हमें फौरन देश की आज़ादी के लिए संघर्ष छेड़ देना चाहिए...।

महात्मा गाँधी ने गम्भीरता से इनकी बात को सुना और सुभाष बोस को यह भी लगा कि उनकी बातों का महात्मा जी पर प्रभाव भी पड़ा।

महात्मा गाँधी और सुभाष चन्द्र बोस में पत्र–व्यवहार होता रहा। सुभाष बोस भी, अपने मन की बातें उन्हें लिखते रहे... पर महात्मा गाँधी को यह लग गया था कि अब उनके और सुभाष के रास्ते अलग–अलग हो रहे हैं, पर वे उनके लौटने का इन्तज़ार भी करना चाहते थे। उन्होंने 23 नवम्बर, 1939 को सुभाष बोस को लिखा–

प्रिय सुभाष,

मुझे आज ही क्षण–भर का अवकाश मिला है कि मैं पत्र लिखकर तुम्हें यह बता सकूँ कि मुझे तुम्हारा पत्र तथा तार मिल गये थे। जैसा कि तुम जानते हो, मैं कार्य–समिति की बैठक में तभी भाग लेता हूँ जब मेरी आवश्यकता होती है तथा केवल उन्हीं विषयों के सम्बन्ध में अपनी राय व्यक्त करता हूँ जिन पर मुझसे सलाह ली जाती है। लेकिन पत्र पाने के बाद मैंने वह कार्य–समिति के सदस्यों को पढ़कर सुनाया और उनसे कहा कि यदि उन्हें बंगाल प्रान्तीय कांग्रेस कमेटी पर विश्वास नहीं रहा और उसके लिए उनके पास पर्याप्त कारण मौजूद हैं तो मैं तुम्हारी इस बात से सहमत हूँ कि वे उसे भंग कर दें। इस दिशा में उठाया गया कोई अधूरा क़दम असफल रहेगा और इससे लोग केवल चिढ़ेंगे ही।

लेकिन मुझे स्वीकार करना होगा कि तुम्हारा पत्र मुझे चुनौती–जैसा लगा है। प्रकट है कि तुम्हें कार्य–समिति में विश्वास नहीं है। कार्य–समिति ने तुम पर जो प्रतिबन्ध लगाया है, वह तुम्हें प्रतिशोध की कार्रवाई प्रतीत होता है। तुम्हें पता ही है कि सर्वसम्मति से लगाये गये उस प्रतिबन्ध में मैं भी शरीक था। कार्य–समिति और तुम्हारे बीच फ़ैसला कौन करे? तुमने प्रतिबन्ध को कभी स्वीकार ही नहीं किया।

जहाँ तक कार्य–समिति द्वारा कार्रवाई किये जाने का सवाल है, मैं तुमसे सहमत नहीं हूँ। तुम्हारे और मेरे रास्ते अलग हैं। फिलहाल तो तुम भटक गये हो और मैंने तुम्हें खो दिया है। यदि मैं सही हूँ और मेरा प्रेम सच्चा है तो मैं तुम्हें किसी दिन अपने समूह में वापस लौटा हुआ पाऊँगा।

सदा तुम्हारा बापू

1939 की समाप्ति होते–होते बंगाल में कांग्रेस की गुत्थी उलझती

गयी...। सुभाषचन्द्र बोस के भ्राता श्री शरत बोस पर मौलाना आज़ाद ने अनुशासनात्मक कार्रवाई की उसे लेकर बंगाल में कांग्रेसी हलकों में खलबली मच गयी। ऐसा वर्णन सुभाषचन्द्र बोस ने इस घटना के वर्णन में किया है कि 'श्री शरतचन्द्र बोस के बारे में मौलाना अबुल कलाम आज़ाद का हुकमनामा...समझ से परे है। मेरा ख़्याल है कि मैं यह साबित कर सकता हूँ कि श्री शरतचन्द्र बोस के विरुद्ध मौलाना के आरोपों का कोई आधार नहीं है। मौलाना भी अपनी कमज़ोर स्थिति से अनजान नहीं हैं। तभी तो वे निजी और सार्वजनिक जीवन में एक ही घिसे–पिटे तर्क का सहारा लेते हैं, अर्थात् अनुशासन भंग करने का।

इस बात को मौलाना समझ लें कि महा–मुग़ल की भूमिका अदा करने के प्रयास का कोई लाभ नहीं होने वाला, वे स्वयं हास्यास्पद बन जायेंगे। वे यह भ्रम पाल रहे हैं कि वे बालीगंज सर्कलुर रोड स्थित अपने कमरे से समय–समय पर अपने अनुशासनिक गर्जन से बंगाल पर शासन कर सकते हैं।

सुभाष बोस ने आगे अपने वर्णन में लिखा–'कार्य–समिति ने अपने सारे अधिकार महात्मा गाँधी को सौंप दिये और इसके अधिकांश सदस्य जेल चले गये। इसलिए मौलाना के पास कोई अधिकार नहीं है, लेकिन वे महान फ्रांसीसी सम्राट की तरह सोचने पर अड़े हुए हैं–'मैं ही राज्य हूँ।' अगर आज कांग्रेस के नाम पर बोलने का अधिकार किसी को है तो वे हैं–महात्मा गाँधी, मौलाना आज़ाद नहीं।'

बंगाल में कांग्रेस के इतने उठा–पटक के बाद सुभाषचन्द्र बोस ने गुरुदेव से सम्पर्क किया। गुरुदेव टैगोर ने भी चिन्तित होकर महात्मा गाँधी को तार भेजा कि बंगाल में परिस्थिति बहुत गम्भीर हो गयी है। कांग्रेस कार्य समिति से अनुरोध करता हूँ कि सुभाष पर लगा प्रतिबन्ध तुरन्त हटा ले और राष्ट्रीय एकता के सर्वोच्च हित की दृष्टि से उन्हें हार्दिक सहयोग देने के लिए आमन्त्रित करे।

उत्तर में महात्मा गाँधी की ओर से तार गया कि कार्य–समिति ने आपके तार पर विचार किया। उसको जितना कुछ ज्ञात है उसे देखते हुए वह प्रतिबन्ध हटाने में असमर्थ है। मेरी निजी राय यह है कि प्रतिबन्ध हटवाने के लिए सुभाष बाबू को अनुशासन मानने की सलाह दें। आशा है आप स्वस्थ एवं प्रसन्न होंगे।

महात्मा गाँधी ने इस सम्बन्ध में सी. एफ. एन्ड्रयूज को भी एक पत्र लिखा कि सुभाष मेरे लिए पुत्र के समान है। पत्र का विवरण यों है–

15 जनवरी, 1940

प्रिय चार्ली,

अगर ठीक समझो तो गुरुदेव को बता दो कि बंगाल के बारे में उनके तार और उनकी चिन्ता का ख़याल मेरे मन में बराबर बना हुआ है। मुझे लगता है कि सुभाष परिवार के बिगड़े बच्चे की तरह व्यवहार कर रहा है। उसके साथ हमारा मतभेद तभी दूर हो सकता है जब उसकी आँखें खोल दी जायें। फिर, उसकी राजनीति और हमारी राजनीति में बहुत बड़े अन्तर दिखाई देते हैं। ये अन्तर पाटे जाने लायक नहीं जान पड़ते। मुझे स्पष्ट दिखता है कि यह मामला इतना उलझा हुआ है कि इसे सँभालना गुरुदेव के बस की बात नहीं है। वे इतना विश्वास रखें कि कार्य–समिति के किसी सदस्य के मन में व्यक्तिगत रूप से सुभाष के ख़िलाफ़ कोई दुर्भावना नहीं है। मेरे लिए तो वह पुत्र के समान है। आशा है, तुम स्वस्थ प्रसन्न होंगे।

सप्रेम,

मोहन

सुभाषचन्द्र बोस और शरतचन्द्र बोस के ऊपर अनुशासनिक कार्रवाई को वापस लेने की अपील पर महात्मा गाँधी ने तार के द्वारा जवाब दिया।

दोनों भाइयों के प्रति अपने सम्मान और मैत्री के बावजूद हस्तक्षेप करने में असर्मथता और अनिच्छा भी प्रकट करने के लिए खेद मानता हूँ कि अनुशासनहीनता के लिए उनकी क्षमा याचना के बगैर प्रतिबन्ध नहीं हटाया जा सकता है।

सुभाषचन्द्र बोस ने भी इस पर टिप्पणी करते हुए कहा–मैंने यह सीख पायी है कि व्यक्तिगत सम्बन्ध, जहाँ तक मानवीय रूप से सम्भव हो, राजनीतिक मतभेदों के ऊपर रखा जाना चाहिए। अतः महात्मा गाँधी के लिए अपना गहरा व्यक्तिगत सम्मान और स्नेह अपने हृदय में सँजोये रख सका हूँ बावजूद इसके कि गाँधी पन्थियों के हाथों कष्ट पाया हूँ और पा रहा हूँ।

महात्मा गाँधी से एक व्यक्ति ने प्रश्न किया कि क्या सुभाष बाबू का यह कथन सत्य नहीं है कि हाई कमान, जिसमें आप भी शामिल हैं, सुधारवादी तथा उदारवादी हैं?

उ. : निस्सन्देह वे ठीक कहते हैं। दादा भाई एक बड़े सुधारवादी थे। गोखले एक बहुत बड़े उदारवादी थे और इसी प्रकार बम्बई के बेताज बादशाह श्री फीरोज़शाह मेहता भी ऐसे ही थे। श्री सुरेन्द्रनाथ बनर्जी भी ऐसे ही थे। वे अपने समय में राष्ट्र–हित के सबसे बड़े संरक्षक थे। हम उनके उत्तराधिकारी हैं। यदि वे न होते तो हम भी नहीं होते। जो बात सुभाष बाबू आगे बढ़ने की अधीरता में भूलते हैं वह यह है कि मेरे जैसे सुधारवादी और उदारवादी व्यक्ति भी राष्ट्र प्रेम में किसी से पीछे नहीं है। किन्तु मैंने उनसे कह दिया है कि अभी उनमें युवावस्था का ज्वार है और उनमें युवकों–जैसी तीव्रता होनी ही चाहिए। उनको मैंने या किसी अन्य व्यक्ति ने दबाकर नहीं रखा है। और वे दबने वाले हैं भी नहीं। यदि वे रुकते भी हैं तो केवल अपनी समझदारी के कारण ही रुकते हैं। और इसमें वे उतने ही सुधारवादी और उदारवादी हैं जितना कि मैं। अन्तर केवल इतना है कि मैं अपनी बड़ी–आयु के कारण इस तथ्य को पहचानता हूँ और वे युवा होने के कारण अपने उस गुण को देखने में असमर्थ हैं। आप यह सन्तोष रखें कि हम दोनों के दृष्टिकोणों में अन्तर होते हुए भी और उन पर कांग्रेस द्वारा लगाये प्रतिवन्ध के बावजूद जब वे अहिंसात्मक युद्ध का नेतृत्व करेंगे तो मैं उनका अनुसरण करूँगा और यदि मैं उनसे आगे बढ़ जाऊँ तो वे मेरे पीछे चलेंगे। किन्तु मैं तो यही आशा रखूँगा कि हम अपने समान ध्येय तक एक और लड़ाई लड़े बिना ही पहुँच जायेंगे।

महात्मा गाँधी से दूसरा प्रश्न पूछा गया कि आप कहते हैं कि करोड़ों भारतीय निःशस्त्र हैं और वे अस्त्र चलाना नहीं जानते। भारत के स्वतन्त्र होने पर समूचे राष्ट्र को अनिवार्य भरती द्वारा शस्त्र चलाना सिखाने में आपको क्या आपत्ति है? कहाँ है?

उ. : निस्सन्देह सिद्धान्त रूप में तो अनिवार्य भरती द्वारा सैनिक प्रशिक्षण देने में कोई आपत्ति नहीं है, लेकिन मेरा विश्वास है कि इस देश के लोग अनिवार्य भरती के बावजूद आसानी से शस्त्र चलाना सीखना पसन्द नहीं करेंगे। जो भी हो, करोड़ों लोगों को या थोड़े–से लोगों को भी शस्त्र सज्जित करना मेरे विचार–क्षेत्र से बाहर की बात है। यह मेरे लिए अरुचिकर है। यदि मेरा बस चले तो मैं प्रवीण और अप्रवीण श्रमिकों को उत्पादन के लिए अनिवार्य रूप से भरती करूँगा। मेरा विचार है कि अहिंसक समाज–रचना का यह सबसे आसान और प्रभावशाली उपाय होगा।

कलकत्ता में हालवेल स्मारक को हटाने के आन्दोलन के सिलसिले में सुभाषचन्द्र बोस 2 जुलाई, 1940 को गिरफ़्तार हो गये तो एक युवक द्वारा महात्मा गाँधी से पत्र द्वारा यह प्रश्न पूछा कि कांग्रेस कार्य–समिति द्वारा इस पर कोई टिप्पणी क्यों नहीं की गयी?

महात्मा गाँधी ने उत्तर देते हुए लिखा–यह सच है कि सुभाष बाबू कांग्रेस के भूतपूर्व राष्ट्रपति हैं और लगातार दो बार इस पद पर चुने गये। उन्होंने देश के लिए महान त्याग–बलिदान किया है। वे एक जन्मजात नेता हैं। लेकिन उनके इन्हीं गुणों के कारण उनकी गिरफ़्तारी के ख़िलाफ़ विरोध प्रकट किया जाये ऐसा नहीं हो सकता। अगर गिरफ़्तारी की भर्त्सना उसके गुण–दोष के आधार पर की जा सकती तो कार्य–समिति उसकी ओर ध्यान देने को बाध्य होती। सुभाष बाबू ने क़ानून की अवहेलना कांग्रेस की अनुमति से नहीं की थी। उन्होंने तो खुल्लमखुल्ला और बड़े साहस के साथ कार्य–समिति की भी अवहेलना की है। यदि उन्होंने इस समय सरकार के ख़िलाफ़ संघर्ष छेड़ने के लिए कोई गौण प्रश्न उठाने की अनुमति माँगी होती तो मेरा ख़याल है, कार्य–समिति ने इनकार कर दिया होता। इस से अधिक महत्त्व के सैकड़ों सवाल ढूँढ़े जा सकते हैं। लेकिन अभी देश का ध्यान केवल एक सवाल पर केन्द्रित है। उचित समय आने पर उस सवाल पर सीधी कार्रवाई करने की तैयारियाँ की जा रही हैं। इसलिए अगर कार्य–समिति ने कोई कार्रवाई की होती तो वह उसके प्रति अपनी नापसन्दगी ज़ाहिर करने की ही होती। समिति वैसा करने को तैयार नहीं है। सुभाष बाबू–जैसे महान व्यक्ति की गिरफ़्तारी कोई मामूली बात नहीं है। लेकिन सुभाष बाबू ने अपनी लड़ाई की योजना काफ़ी सोच –समझकर और हिम्मत के साथ सामने रखी है। वे मानते हैं कि उनका तरीक़ा सबसे अच्छा है। वे ईमानदारी के साथ मानते हैं कि कार्य–समिति का रास्ता गलत है, और उसकी 'दीर्घसूत्रता' से कोई लाभ नहीं होने वाला है। उन्होंने मुझसे बड़ी आत्मीयता से कहा कि 'जो–कुछ कार्य–समिति नहीं कर पायी, वे वह सब करके दिखा देंगे।' वे विलम्ब से ऊब चुके थे। मैंने उनसे कहा कि 'अगर आपकी योजना के फलस्वरूप मेरे जीवन–काल में स्वराज्य मिल गया तो आपको बधाई का सबसे पहला तार मेरी ओर से ही मिलेगा। आप जब अपना संघर्ष चला रहे होंगे उस दौरान अगर मैं आपके तरीक़े का कायल हो गया तो मैं पूरे दिल से अपने नेता के रूप में

आपका स्वागत करूँगा और आपकी सेना में भरती हो जाऊँगा।' लेकिन मैंने उन्हें आगाह कर दिया था कि उनका रास्ता गलत है।

लेकिन मेरी राय की क्या वकत? जब तक वे किसी ख़ास कार्य–पद्धति को सही मानते हैं तब तक उसका अनुसरण करने का उन्हें अधिकार है, बल्कि यह उनका कर्तव्य है। उसे कांग्रेस पसन्द करे या नापसन्द, इससे कोई फ़र्क नहीं पड़ता। मैंने उनसे कहा कि अगर आप कांग्रेस से बिल्कुल त्यागपत्र दे दें तो यह ज़्यादा ठीक होगा, मेरी सलाह उन्हें नहीं जँची। तथापि अगर उनका प्रयत्न फलीभूत होता है और भारत को आज़ादी मिल जाती है तो उनका विद्रोह उचित सिद्ध होगा, और कांग्रेस उनके विद्रोह की निन्दा न करेगी। इतना ही नहीं, बल्कि ज्ञाता के रूप में उनका स्वागत भी करेगी।

सत्याग्रह में स्वेच्छा से जेल जाने का अपना अलग श्रेय होता है। देश के किसी प्रचलित क़ानून को भंग करने पर की गयी गिरफ़्तारी के ख़िलाफ़ आवाज़ नहीं उठाई जा सकती। इसके विपरीत, दस्तूर तो गिरफ़्तार सत्याग्रही को बधाई देने और अन्य कांग्रेसजनों को उसका अनुकरण करने को आमन्त्रित करने का रहा है। स्पष्ट है कि सुभाष बाबू के मामले में समिति वैसा नहीं कर सकती थी। प्रसंगवश यह कह दूँ कि समिति ने अन्य बहुत–से प्रमुख–प्रतिष्ठित कांग्रेसजनों की गिरफ़्तारी और क़ैद की ओर भी ध्यान नहीं दिया है। इसका मतलब यह नहीं कि समिति ने उनके सम्बन्ध में कुछ महसूस नहीं किया है। लेकिन जीवन–संघर्ष में बहुत–से अन्यायों को मूक रहकर भी ग्रहण करना पड़ता है। यदि उसके पीछे विचार होता है तो उससे शक्ति उत्पन्न होती है; यदि वह तितिक्षा सही विवेक से युक्त होती है तो दुर्निवार भी बन जा सकती है।

सुभाषचन्द्र बोस जब प्रेसीडेंसी जेल कलकता में थे तो महात्मा गाँधी के सचिव महादेव भाई उनसे मिलने गये थे तो उनके हाथ उन्होंने गाँधी जी के लिए एक सन्देश भेजा था कि अगर आप आन्दोलन शुरू करेंगे तो मैं अपनी सेवा आपको सौंप दूँगा। इसी बात की चर्चा करते हुए और मौलाना आजाद के विरोध में सुभाष बोस ने महात्मा गाँधी को एक पत्र लिखा–

प्रिय महात्मा जी, 23 दिसम्बर, 1940

महादेव भाई जब मुझसे प्रेसीडेंसी जेल में मिले थे तब मैंने उनकी मार्फत आपको एक सन्देश भेजा था। मैंने उनसे आपको यह बताने का अनुरोध किया था कि यदि आप कोई आन्दोलन आरम्भ करेंगे तो हमारी

सेवाएँ, वे जिस योग्य भी हैं, पूरी तरह आपको समर्पित होंगी। मैंने उनसे आपसे यह अनुरोध करने को भी कहा था कि आप बंगाल में विवाद को समाप्त करने के लिए पहलकदमी करें, ताकि बंगाल प्रान्त अपनी पूरी ताक़त से आन्दोलन में शामिल हो सके। मैंने सोचा था, चूँकि आप अधिनायक नियुक्त किये गये हैं, अतः आप आसानी से कांग्रेस की ओर से इस मसले को हाथ में ले सकते हैं।

उस समय मेरी हार्दिक आशा यह थी कि आप एक जन–आन्दोलन आरम्भ करेंगे, जैसा कि आपने 1921, 1930 और 1932 में किया था, हालाँकि महादेव भाई ने मुझे बताया था कि आप व्यक्तिगत सविनय अवज्ञा की बात सोच रहे हैं। आज यह स्पष्ट है कि आप द्वारा आरम्भ किया गया आन्दोलन स्वतन्त्रता की हमारी राष्ट्रीय माँग के मुद्दे पर नहीं है। न ही यह आन्दोलन एक जन–आन्दोलन है। यदि सरकार युद्ध–विरोधी भाषणों की छूट दे दे तो मुझे लगता है कि आन्दोलन समाप्त हो जायेगा। इसके बावजूद हम इस तरह के आन्दोलन के साथ, हालाँकि इसका उद्देश्य और स्वरूप सीमित है, उस हद तक सहयोग करना चाहेंगे जहाँ तक अपनी राजनीतिक स्थिति के साथ संगति रखते हुए हम वैसा कर सकते हैं। हम जानना चाहेंगे कि क्या आप हमारा सहयोग, वह जिस योग्य भी हो, स्वीकार करेंगे–और यदि हाँ, तो आप हमारे सहयोग के इस प्रस्ताव के सिलसिले में हमसे क्या करने की इच्छा रखेंगे? हमारा यह प्रस्तावित सहयोग इस अर्थ में बिना शर्त है कि कांग्रेस हाईकमान के विरुद्ध हमारी कुछ भी शिकायतें क्यों न हों, वे हमारे रास्ते में बाधक नहीं होंगी। अगर कभी हाईकमान हमारे साथ अनुचित और अन्यायपूर्ण व्यवहार करेगा तो हमें उसी के अनुसार जवाब देना होगा। हमें इस समय मौलाना अबुल कलाम आज़ाद के मनमाने और उद्धत कार्य के विरुद्ध लड़ना पड़ सकता है। लेकिन इसके कारण हम देश के सामने इस समय जो ज़्यादा बड़े सवाल है उनकी तरफ से आँखें बन्द नहीं रखेंगे, और उन पर आप हमारा पूरा–पूरा सहयोग प्राप्त कर सकते हैं, जिस हद तक कि वह हमारी राजनीतिक स्थिति के साथ संगत है।

बंगाल की स्थिति के बारे में मैंने महादेव भाई को बताया था कि यदि आप एकता चाहते हैं तो आपके वैसा कहने भर की देर है, वह हो जायेगी। उसके लिए बस इतना ही ज़रूरी है कि आपके और मेरे भाई

शरत बाबू के बीच बातचीत हो जाये। तब से स्थिति और ख़राब हो गयी है। जब से आपने इस मामले में ख़ामोश और उदासीन रहना ठीक समझा है, मौलाना उस पागलपन के रास्ते पर अन्धाधुन्ध बढ़े चले जा रहे हैं जिसे वह अनुशासनात्मक कार्रवाई का नाम देते हैं। मैं उसकी परवाह नहीं करता, क्योंकि अगर उनकी इच्छा है और वे चाहते हैं तो हम उन्हें वैसा ही जवाब देने को तैयार हैं। वे हमारी सार्वजनिक स्थिति पर तनिक भी असर नहीं डाल सकते। वे इस प्रान्त की जनता के सामने अपने को हास्यास्पद ही बना रहे हैं और इस तरह कांग्रेस के नाम को धूल में मिला रहे हैं। चूँकि मौलाना के कार्य को आपका मौन समर्थन प्राप्त लगता है, अतः मैं इस मामले में आपसे हस्तक्षेप करने को नहीं कह रहा हूँ। मैं केवल इतना चाहता हूँ कि हम पर थोपे गये इस दुर्भाग्यपूर्ण उपदृश्य के बावजूद हमें बड़े सवालों पर परस्पर सहयोग करना चाहिए। जहाँ तक हमारा सवाल है, हम सहयोग करने को उत्सुक हैं। पूरी ईमानदारी के साथ मैं आपको अपना सहयोग देने का प्रस्ताव कर रहा हूँ।

मैं यह पत्र अपने एक सम्बन्धी के हाथ भेज रहा हूँ जो नागपुर जा रहे हैं। मैंने उनको जवाब के लिए रुकने को कहा है।

आपका स्वास्थ्य कैसा है? अख़बारों में फिर चिन्ताजनक ख़बरें आ रही हैं। मेरा स्वास्थ्य सुधर रहा है, लेकिन धीरे–धीरे।

महात्मा गाँधी ने इस पत्र के उत्तर में बहुत आत्मीयतापूर्ण पत्र सुभाष बोस को लिखा–

29 दिसम्बर, 1940

प्रिय सुभाष,

चाहे तुम बीमार हो या स्वस्थ, लेकिन अदम्य हो। किन्तु आक्रोश–प्रदर्शन से पहले स्वस्थ तो हो जाओ।

(इस विषय पर) मैंने मौलाना साहब के साथ सलाह–मशविरा नहीं किया है, किन्तु अख़बारों में निर्णय पढ़कर मैं उसका समर्थन किये बिना नहीं रह सका। मुझे आश्चर्य होता है कि तुम अनुशासन और अनुशासनहीनता में भेद करने के लिए तैयार नहीं हो।

फिर भी मैं तुम्हारी इस बात से सहमत हूँ कि जहाँ तक लोकप्रियता का सवाल है, तुम दोनों ही मौलाना साहब से बढ़कर हो। किन्तु मनुष्य को लोकप्रियता के बजाय अन्तरात्मा को ऊँचा पद देना पड़ता है। मैं जानता

हूँ कि बंगाल में तुम दोनों के बिना सुचारु रूप से कार्य करना कठिन है और यह भी जानता हूँ कि तुम दोनों कांग्रेस के बिना भी अपना काम चला सकते हो। लेकिन कांग्रेस को भारी असुविधा के बावजूद किसी–न–किसी प्रकार अपना काम चलाना है।

सुरेश ने मुझे लिखा था कि शरत यहाँ आ रहे हैं और मैं इन्तज़ार करता रहा हूँ। वे जब चाहें आ सकते हैं और तुम भी आ सकते हो। तुम्हें मालूम ही है कि यहाँ तुम्हारी भली प्रकार से देखभाल होगी।

रही बात तुम्हारे ब्लॉक द्वारा सविनय अवज्ञा में शामिल होने की, तो मेरा ख़्याल है कि तुम्हारे और मेरे विचारों में मौलिक रूप से जो भेद है उसे देखते ऐसा सम्भव नहीं है। जब तक हम दोनों में से कोई एक–दूसरे के विचारों का कायल नहीं हो जाता, तब तक हमें अपने–अपने तरीक़े से काम करना होगा, फिर चाहे दोनों का उद्देश्य एक ही क्यों न प्रतीत, केवल प्रतीत, होता हो।

फिलहाल हम एक–दूसरे से स्नेह रखें और एक ही परिवार के सदस्य बने रहें, जो हम वास्तव में हैं भी।

तम्हारा, बापू

महात्मा गाँधी को सुभाष बोस ने जितने पत्र लिखे उसमें उन्हें आन्दोलन प्रारम्भ करने के लिए कहा और यह भी लिखा है कि उनकी अगुवाई में वे जैसा चाहेंगे उसी तरह पूर्ण समर्पण करते हुए आन्दोलन में एक समर्पित सिपाही की तरह काम करेंगे। परन्तु सुभाषचन्द्र बोस का यह पत्र 23.12.40 के उसी समय का है जब वे महात्मा गाँधी को आन्दोलन करने को कह रहे थे आप आगे बढ़ें मैं आपके साथ हूँ पर उन्होंने मुकुन्द बाबू और सरदार शार्दुल सिंह को 21.11.40 में जो पत्र लिखा है एकदम इससे उलट है। सुभाष बोस ने पत्र में लिखा–

प्रिय मुकुन्द बाबू

मुझे सरदार शार्दुल सिंह का पत्र मिला और आशा है कि उन्हें भी मेरा पत्र मिला होगा। मुझे अधिक ख़ुशी होती अगर गाँधी जी को भेजे तार में उन्होंने मेरा नाम नहीं दिया होता। (सुभाषचन्द्र बोस ने शार्दुल सिंह सरदार को लिखा था कि हमें महात्मा गाँधी के उपवास का समर्थन नहीं करना चाहिए। फिर यह भी लिखा कि इस मामले में सार्वजनिक तौर पर मेरे लिए कुछ कहना उचित नहीं होगा। और न इस सिलसिले

में मेरा नाम घसीटा जाना चाहिए। महात्मा गाँधी ने अक्सर कहा है कि ब्रिटिश सरकार को उलझन में नहीं डालना चाहते। क्या यह उपवास उस सरकार को उलझन में नहीं डालेगा? शार्दुल सिंह ने इस आशय का तार महात्मा गाँधी को कर दिया सुभाषचन्द्र बोस के नाम के साथ, इसी कारण से सुभाष बोस ने मुकुन्द बाबू को यह लिखा) किसी के बारे में गलतफ़हमी हो सकती है अगर वह पूरी तरह अपनी बात नहीं समझा पाये...।

पर बड़ी हिचकिचाहट के बाद मैं आपको कुछ सलाह दे रहा हूँ। यह केवल आपके लिए है और इसे गोपनीय समझा जाना चाहिए और किसी को बताने के लिए नहीं है। हम वर्धा के आदेश का पालन नहीं करते इसलिए इसका कोई महत्त्व नहीं है कि गाँधी जी क्या करते हैं, आप पर आन्दोलन में पड़ने और गिरफ़्तारी देने का कोई दायित्व नहीं है। आप पहले की तरह ही रहिए। अतीत में हमने ही मेहनत की और कष्ट झेला जबकि दूसरों ने लाभ उठाया लेकिन यह सब कितने दिन चलेगा?

सुभाष बोस

मुकुन्द बाबू को ऐसा पत्र लिखने के बाद सुभाष बाबू ने पुनः 10.1. 1941 को महात्मा गाँधी को यह पत्र लिखा जो मुकुन्द बाबू के पत्र से मेल नहीं खा रहा। दोनों के पत्रों को तो देखने से यही लगता है या तो उस समय सुभाष बाबू किसी निर्णय को लेने की स्थिति में नहीं थे या उनके मन में आगे की योजना का नक्शा तैयार था या वे किसी और रास्ते पर चलने की तैयारी कर रहे थे। उन्होंने अपने घर 38/2, एलगिन रोड, कलकत्ता से महात्मा गाँधी को यह पत्र लिखा–

प्रिय महात्मा जी,

मुझे 29 दिसम्बर का आपका पत्र पाकर ख़ुशी हुई। विषयवस्तु से उतनी नहीं, जितनी उसमें उल्लिखित आपके विचारों के स्पष्टीकरण से। इस पक्ष से, हृदय से और ईमानदारी से सहयोग देने की केवल मेरी व्यक्तिगत इच्छा नहीं है बल्कि मेरा साथ देने वाले अनेक लोगों की यह इच्छा है। ऐसा करने के लिए अपने राजनीतिक सिद्धान्तों और मान्यताओं का परित्याग करना न तो आवश्यक है और न ही वांछनीय। जैसा कि आप जानते हैं पिछले संघर्षों में बहुतों ने पक्के गाँधीपन्थियों के साथ कंधे से कन्धा मिलाकर काम किया जबकि अनेक महत्त्वपूर्ण सवालों पर उनसे

मतभेद था। ऐसा फिर क्यों नहीं हो सकता है? मैं आपसे अपने फ़ैसले पर पुनर्विचार करने की प्रार्थना करता हूँ।

आपके पत्र में एक वाक्य ऐसा है जिसका महत्त्व मुझे पक्का विश्वास नहीं है कि मैं सही ढंग से समझ सका हूँ। आपने कहा है, 'जब तक हम में से कोई एक–दूसरे के दृष्टिकोण से सहमत नहीं होता, हमारे रास्ते अलग ही रहेंगे, चाहे हमारा गन्तव्य स्थान समान दिखायी दे, लेकिन केवल दिखायी ही दे।' क्या इसका तात्पर्य यह है कि हमारे राजनीतिक लक्ष्य अलग–अलग हैं? ऐसा कैसे हो सकता है? कृपया मुझे बताएँ, ठीक–ठीक क्या मतलब है आपका?

अनेक ऐसे लोग हैं जो पत्र–व्यवहार के इस विषय पर हमारे विचार जानने को उत्सुक हैं और उनमें से कुछ हमारे बीच सहमति की अपेक्षा करते हैं। यहाँ क्या मुझे इस पत्र–व्यवहार को उन्हें दिखाने की और आवश्यक हुआ तो इसे प्रकाशित करने की अनुमति है? अब तक मैंने केवल दो–तीन मित्रों को ही दिखाया है।

मुझे आशा है आप स्वस्थ हैं। कुल मिलाकर मैं बेहतर हूँ, लेकिन कुछ शिकायतें जाने का नाम नहीं लेतीं।

सादर प्रणाम,

सस्नेह आपका,

सुभाष

29 दिसम्बर को महात्मा गाँधी ने सुभाषचन्द्र बोस को चिट्ठी लिखी ही थी कि अचानक जनवरी 1940 में यह ख़बर फैली कि सुभाषचन्द्र अपने कलकत्ता वाले मकान एल्गिन रोड से 17 जनवरी, 1941 से ग़ायब हैं। महात्मा गाँधी ने श्री शरत बोस को तार दिया कि सुभाष के बारे में ख़बर चौकाने वाली है। कृपया सच्चाई तार से सूचित करें। चिन्तित हूँ, उम्मीद है सब ठीक होगा।

'हिन्दू' के अनुसार इसके उत्तर में शरतचन्द्र बोस ने यह जवाब दिया कि सुभाष के बारे में जनता की तरह हमें भी कोई जानकारी नहीं है। वे कहाँ हैं और उनके क्या हाल हैं तथा वे किस समय घर छोड़कर गये थे, इसका कुछ पता नहीं। पिछले तीन दिनों से बहुत कोशिश के बावजूद कोई सफलता नहीं मिली। परिस्थितियों से लगता है कि उन्होंने संन्यास ग्रहण कर लिया है।

सुभाषचन्द्र बोस 16–17 जनवरी, 1941 को गुप्त रूप से कलकत्ता में अपने एल्गिन रोड स्थित घर से बच निकले और उनके भतीजे शिशिर ने मोटर कार चलाकर उन्हें झारखण्ड के गोमो रेलवे स्टेशन तक पहुँचा दिया। वहीं से सुभाष बोस निकल पड़े तथा 31 जनवरी, 1941 को काबुल पहुँच गये। वहाँ डेढ़ महीने रहने के बाद इतालवी दूतावास ने उन के नाम को बदल कर आरलेंडों मैंज्जाटा के रूप में मास्को होकर बर्लिन तक की यात्रा का बन्दोवस्त कर दिया।

2 अप्रैल, 1941 को सुभाष बोस बर्लिन पहुँच गये और वहीं से अपनी पत्नी को पत्र लिखा कि मैं बर्लिन में हूँ।

लगभग एक वर्ष बाद 5 मई, 1942 को बोस भारत की स्वतन्त्रता के पक्ष में घोषणा करने के लिए मुसोलिनी को राजी करने में सफल हुए लेकिन जर्मनी ने इसमें देरी करने के कई बहाने बनाये। सुभाष बोस अपने शुरुआती दौरों में रोम गये थे, तभी जर्मनी ने 22 जून, 1941 को सोवियत संघ पर हमला बोल दिया।

घटनाओं के इस तरह मोड़ लेने से वे हतप्रभ हो गये। उनकी सारी योजनाएँ गड़बड़ा गयीं। सुभाषचन्द्र बोस ने जर्मन विदेश मन्त्री को लिखा–'महामहिम! सोवियत रूस के साथ युद्ध छिड़ना भारत में आक्रमण के रूप में पेश किया गया है और सोवियत ब्रिटिश–अमरीकी प्रचार तन्त्र भारत के लोगों को बता रहा है कि जर्मनी विश्व पर खासकर से पूर्वी देशों पर प्रभुत्व जमाने के लिए उतारू है। धीरे–धीरे जिस प्रकार यह प्रचार कारगर हो रहा है, उसे देखकर मैं घबड़ा गया हूँ।'

सुभाष बोस ने आगे लिखा कि 'भारत में स्थिति को सम्भालने का वक़्त अभी भी है लेकिन अगर भारत की आज़ादी के मामले में घोषणा जारी करने में और देर हुई तो मुझे डर है हमारे लिए भारत के लोगों को धुरी राष्ट्र के पक्ष में लाना बेहद मुश्किल हो जायेगा।'

सुभाष बोस ने पुनः आगे लिखा कि मैं आपकी समस्या की जटिलता पूरी तरह समझता हूँ और मैं निश्चित रूप से आप महामहिम से भारत के लिए कुछ ऐसा करने की अपेक्षा नहीं रखता हूँ जो आपके राष्ट्रीय हित के विरुद्ध हो। लेकिन भारत इस समय अपने इतिहास के एक चौराहे पर खड़ा है इसीलिए महामहिम मेरी आपसे विनती है कि हमें दुविधा में न रखें बल्कि शीघ्र निर्णय लें, चाहे वह निर्णय जो भी हो।

पर निराशा की इस घड़ी में सिंगापुर के पतन से उनमें आशा का उत्साह हुआ और उन्होंने एक छोटी–सी सेना भी बनाई तथा पहली बार 15 फ़रवरी, 1942 को उन्होंने सिंगापुर के पतन के समय अपने ओरलेंडों मैंज्जाटा के रूप से बाहर आकर रेडियो पर अपना सन्देश दिया–'मैं सुभाषचन्द्र बोस आपसे आज़ाद हिन्द रेडियो पर बोल रहा हूँ–सिंगापुर के पतन का मतलब है–ब्रिटिश साम्राज्य का विध्वंस, अन्यायी शासन का अन्त... और भारतीय इतिहास में नये युग का प्रारम्भ।'

जापानी सैनिकों द्वारा ब्रिटेन से रंगून जीते जाने के बाद उनका जोश बढ़ गया। उन्होंने अपील किया–'मित्रो, सिंगापुर के पतन के बाद अब जापान के रंगून पर कब्जा करने से बर्मा के निवासियों की आज़ादी की आशा जग गयी है। अब वे खुली हवा में साँस ले सकेंगे।'

उन्होंने पुनः भारतवासियों से अपील की कि विनाश के कगार पर खड़े ब्रिटेन के साथ समझौता करना दुनिया की नज़र में एक हास्यास्पद वचन बद्धता है। मैं धुरी राष्ट्रों को भली भाँति जानता हूँ। भारतीयों को जापान की युद्ध में मिली शानदार सफलता पर ख़ुशी होनी चाहिए।

लगभग डेढ़ साल बाद नेताजी सुभाषचन्द्र बोस को उस व्यक्ति से मिलने का सुअवसर मिला जिससे मिलने के लिए वे पिछले डेढ़ साल से प्रयत्नशील थे जिन पर उन्हें विश्वास था कि यही है वह व्यक्ति जो अंग्रेज़ी साम्राज्यवाद के चंगुल से भारत को छुड़ा सकता है। जी हाँ, वह व्यक्ति था 'हिटलर।' 29 मई, 1942 को बर्लिन में राइक चांसलरी की बैठक में सुभाष बोस की मुलाक़ात हिटलर से हुई। सुभाष बोस ने फ्यूहरर (हिटलर) का एक अनुभवी क्रान्तिकारी के रूप में अभिवादन किया और कहा यह दिन उनके जीवन के लिए ऐतिहासिक महत्त्व का है। उन्होंने धन्यवाद दिया कि उन्हें यहाँ आज़ाद हिन्द फ़ौज के गठन में सहायता मिली।

अन्त में सुभाषचन्द्र बोस ने हिटलर से अनुरोध किया कि वे एक पुराने और अनुभवी क्रान्तिकारी के रूप में कुछ सलाह दें। यद्यपि भारत जर्मनी से बहुत दूर स्थित है और वहाँ की स्थिति यूरोप से भिन्न है फिर भी कुछ मूलभूत सिद्धान्त अवश्य होंगे जिनके आधार पर सभी क्रान्तियाँ चलाई जाती हैं।

हिटलर ने संक्षिप्त विवरण में कहा कि भारत और जर्मनी का एक ही दुश्मन है–'इंग्लैण्ड...।'

आगे सुभाष ने लिखा है कि रूसियों के बारे में पण्डित नेहरू के कुछ मैत्रीपूर्ण विचार फ्यूहरर (हिटलर) को ख़तरनाक दिखते हैं। ऐसा भी हिटलर ने उनसे कहा।

सुभाषचन्द्र बोस ने हिटलर से प्रश्न किया कि मुझे भारत की स्वतन्त्रता पाने के लिए कौन–सा रास्ता चुनना चाहिए? मैं अजीब–सी उलझन में हूँ मुझे भारत की स्वतन्त्रता पाने के लिए कौन–सा रास्ता चुनना चाहिए? मेरे देश के नेता 'अहिंसा–अहिंसा' चिल्लाते हैं... मेरी समझ में नहीं आता कि क्या ब्रिटिश सरकार उनकी माँगों को पूरा करेगी?'

हिटलर कुछ देर मौन रहने के बाद बोला–मैं आपके विचारों से पूरी तरह सहमत हूँ। बिना हथियार उठाये स्वतन्त्रता की आशा करना व्यर्थ है। मैं तो यह समझता हूँ कि एक सशस्त्र सेना की कुछ हज़ार टुकड़ी हज़ारों–लाखों अस्त्रविहीन क्रान्तिकारियों को क़ाबू में कर सकती है। मेरे विचार से तब तक आप अपने उद्देश्य में सफल नहीं हो सकते जब तक आप विदेशी शक्तियों का सहारा लेकर बाहर की ओर से अपनी सीमा पर धावा नहीं बोलते।

सुभाष ने विनम्रतापूर्वक कहा–'इन्हीं विचारों से सहमति रखते हुए मैं आपसे सहयोग की अपेक्षा रखता हूँ।'

हिटलर ने चिन्तित मुद्रा में कहा–'मैं आपकी मदद को तैयार हूँ परन्तु भारतीय सेना का दसवाँ ब्रिगेड लीबिया में हमारे विरुद्ध युद्ध कर रहा है।'

'मैं शीघ्र ही भारतीय सेना के नाम अपना सन्देश प्रसारित करूँगा। मैं उनके समक्ष स्थिति की वास्तविकता रखते हुए जर्मनी के विरुद्ध युद्ध न करने की अपील करूँगा। आप विश्वास रखिए वे मेरी बात अवश्य मान जायेंगे।' सुभाष बोस ने हिटलर को आश्वस्त किया।

सुभाषचन्द्र बोस ने लिखा है कि 'हिटलर रूसियों के बारे में पण्डित नेहरू के कुछ मैत्रीपूर्ण विचार को खतरनाक मानते हैं क्योंकि हिटलर का कहना है कि भारत में सभी लोगों को रूस को खतरे के रूप में देखना चाहिए।'

हिटलर ने सुभाषचन्द्र बोस से यह भी कहा कि जर्मनी को भारत में सीधे प्रभाव डालने में सक्षम होने में एक या दो वर्ष लग जायेंगे। दूसरी ओर जापान यह काम कुछ ही महीने में कर सकता है। एक तरह से

हिटलर ने सुभाष बोस को टालने की कोशिश करते हुए जापान के साथ लगे रहने की नसीहत देने की कोशिश की।

सुभाषचन्द्र बोस ने पुनः भारत के लिए जर्मनी के नैतिक और राजनयिक समर्थन का अनुरोध किया ताकि भारत को केवल जापान पर ही निर्भर होने की न ज़रूरत हो।

इस अनुरोध के जवाब में हिटलर ने अजीब–सा उत्तर दिया–ब्रिटिश प्रभाव को हटाना, रूस के प्रभाव से बचना, भारत की पूर्वी सीमा के बारे में जापान से किसी–न–किसी प्रकार का समझौता करने का प्रयास, और अन्त में भारत को एकजुट करने के उद्देश्य से आन्तरिक संगठन और भारत का पुनर्निर्माण। यह कार्य विलम्बकारी होगा, जिसमें जर्मन एकजुटता की वापसी के सादृश्य के अनुसार शायद एक सौ या दो सौ वर्ष लगेंगे...।

दो सौ वर्ष सुनकर सुभाषचन्द्र बोस पर क्या बीती, उन्होंने इसका क्या मतलब लगाया इसकी चर्चा तो नहीं की है शायद इसके बारे में सोचने का समय नहीं था उनके पास। उन्हें तो बस एक ही चीज़ नज़र आ रही थी जर्मनी की मदद से अंग्रेज़ी राज का खात्मा। इतना सुनने के बाद भी सुभाष बोस ने बर्लिन में सरकार के समक्ष तीन प्रस्ताव रखे–

1. उन्हें जर्मन सरकार बर्लिन रेडियो से ब्रिटिश सरकार विरोधी भाषण देने की स्वतन्त्रता दे, जिससे भारत तक उनका सन्देश पहुँच सके।

2. भारत के युद्ध बन्दियों को सरकार जर्मनी में आज़ाद हिन्द फ़ौज में भाग लेने की अनुमति दे।

3. जर्मनी, जापान और इटली तीनों समय आने पर भारत की स्वाधीनता के समर्थन में घोषणा कर दें। उपर्युक्त तीनों प्रस्तावों में प्रथम दो पर इटली और जर्मनी ने अपनी सहमति दी।

जिस हिटलर से सुभाषचन्द्र बोस मित्रता कर रहे थे, सहयोग माँग रहे थे, उसका आदर कर रहे थे उसी हिटलर के अमानवीय कृत्यों की, जिसे उसने अपने ही देशवासियों के साथ किया था, पुरजोर शब्दों में महात्मा गाँधी भर्त्सना कर रहे थे, और अहिंसा की ताक़त की उपयोगिता बता रहे थे। 1938 के अन्तिम महीने में ही महात्मा गाँधी ने लिखा–मेरी सारी सहानुभूति यहूदियों के साथ है। ये लोग ईसाईयत के अग्रदूत रहे हैं। जर्मनी द्वारा यहूदियों पर अत्याचार इतिहास में अपना जोड़ नहीं रखता। यदि मानवता के नाम पर तथा मानवता के हित में कोई न्यायोचित युद्ध

हो सकता, तो एक सम्पूर्ण जाति पर निरंकुश अत्याचार रोकने के लिए जर्मनी के विरुद्ध लड़ाई पूरी तरह न्यायोचित होती। परन्तु मैं किसी तरह के युद्ध में विश्वास नहीं करता। मुझे यकीन है कि यदि यहूदियों में कोई हिम्मत और सूझबूझ वाला पैदा हो जाये और अहिंसात्मक कार्रवाई में उनका नेतृत्व करे तो निराशा का अन्धेरा पल भर में आशा के प्रकाश में बदल सकता है। इससे जर्मन–यहूदी इतर जर्मनों पर एक चिरस्थाई विजय प्राप्त करेंगे, इस अर्थ में कि वे इनके हृदयों में मानव प्रतिष्ठा का मूल्य स्थापित कर सकेंगे।

महात्मा गाँधी ने हिटलर के नाम एक पत्र भी लिखा जिसमें उन्होंने हिंसा और साम्राज्यवादी रास्ते को छोड़ने तथा मानवतावादी रास्ते को अपनाने की सलाह दी।

महात्मा गाँधी हिटलर के विरुद्ध यहूदियों से अहिंसात्मक लड़ाई करने की भी अपील कर रहे थे, वहीं उनके पुत्र समान सुभाष हिटलर से अपना वह तरीक़ा सिखाने का अनुरोध कर रहे थे जिस पर चलकर अंग्रेज़ी राज से पीछा छुड़ा सकें।

महात्मा गाँधी के इस वक्तव्य पर नात्सियों द्वारा अपने समाचार–पत्रों के माध्यम से उन पर भीषण वाण बरसाये गये। यहाँ तक कि भारत के विरुद्ध उचित कार्रवाई की धमकियाँ भी दी गयीं। परन्तु महात्मा गाँधी ने अडिग होकर कहा–यदि अपने देश को, या अपने आपको या भारत–जर्मन सम्बन्धों को नुक़सान पहुँचने के डर से मैं वह सलाह देने में संकोच करूँ जिसे मैं अपने हृदय के अन्तस्तल से सौ फीसदी ठीक समझता हूँ तो मुझे अपने आपको कायरों की पंक्ति में रखना चाहिए...।'

महात्मा गाँधी के 1942 के 'करो या मरो' के इस नारे के बाद सुभाषचन्द्र बोस ने लिखा है कि महात्मा गाँधी की अगुआई में कांग्रेस ने एक प्रस्ताव पारित किया। जिसके मुख्य बिन्दु यह हैं कि–

1. कांग्रेस किसी ऐसे प्रस्ताव पर विचार नहीं कर सकती जो भारत को पूर्ण स्वतन्त्रता नहीं देता।

2. भारत किसी विदेशी ताक़त के हस्तक्षेप से या आक्रमण से आज़ादी प्राप्त नहीं कर सकता।

3. अगर कोई विदेशी ताक़त भारत पर हमला करती है तो इसका विरोध किया जाना चाहिए, लेकिन अहिंसक तरीक़े से...।

4. कांग्रेस मलाया, सिंगापुर और बर्मा के अनुभव से बचना चाहती है और भारत पर जापान या किसी विदेशी ताक़त के किसी आक्रमण या हमले के प्रतिरोध की तैयारी करना चाहती है।

कांग्रेस के प्रस्ताव और सविनय अवज्ञा आन्दोलन के प्रति सुभाषचन्द्र बोस ने अपनी नीति की घोषणा की।

महात्मा गाँधी को भारत से ब्रिटिश की वापसी के लिए उनकी माँग का ज़ोरदार समर्थन और गाँधी की आलोचना करने वालों की निन्दा। सुभाष बोस ने महात्मा गाँधी को समर्थन देते हुए यह घोषणा तो कर दी कि गाँधी की आलोचना करने वालों की निन्दा की जायेगी पर उन्होंने अपनी नीतियों की घोषणा करते हुए कहा कि उनकी एक नीति यह भी है भारतीय जनता को बताना कि अगर सत्याग्रह से देश की स्वाधीनता नहीं प्राप्त होती है तो उन्हें अन्तिम संघर्ष में हथियार उठाने के लिए तैयार रहना चाहिए।

सेवाग्राम में 24 जुलाई को एक व्यक्ति ने महात्मा गाँधी से एक प्रश्न किया कि 'जब रेडियो पर लोग सभाष बाबू को यह कहते सुनते हैं कि आपमें और उनमें कोई मतभेद नहीं हैं और जब आप किसी भी क़ीमत पर देश की आज़ादी के लिए लड़ने को कमर कस चुके हैं तो उन्हें ख़ुशी ही होती है। महात्मा गाँधी हमेशा अपने सिद्धान्तों के प्रति सजग रहते थे, इसी से उन्होंने तुरन्त ही मुस्कुराते हुए कहा—पर किसी भी क़ीमत पर; नहीं।

महात्मा गाँधी से एक प्रश्न यह भी पूछा गया कि यदि सुभाष बाबू जर्मनी और जापान के साथ एक सन्धि कर लें—जिसके अनुसार हिन्दुस्तान को स्वतन्त्र घोषित कर दिया जाये और अंग्रेज़ों को हिन्दुस्तान से निकालने के लिए धुरी राष्ट्रों की फ़ौजें यहाँ आयें?

महात्मा गाँधी ने इस प्रश्न का उत्तर देते हुए कहा कि निश्चय ही आपकी कल्पित परिस्थितियों और इसमें उतना ही फ़र्क़ है जितना उत्तरी और दक्षिणी ध्रुवों के बीच है। मेरी माँग का सम्बन्ध उससे है जिसने कब्ज़ा कर रखा है। सुभाष बाबू कब्ज़ा करने वाले को खदेड़ने के लिए जर्मन फ़ौजें लायेंगे। जर्मनी पर हिन्दुस्तान को गुलामी से छुड़ाने का कोई दायित्व नहीं है। अतएव सुभाष बाबू की कार्रवाई से हिन्दुस्तान की हालत कड़ाही से निकलकर चूल्हे में गिरने जैसी हो सकती है। आशा है, लोग इस भेद को स्पष्ट समझ सकेंगे।

सुभाष बोस के इस वक्तव्य पर प्रशंसा करने पर कि अब महात्मा गाँधी

किसी भी क़ीमत पर देश की आज़ादी चाहते हैं महात्मा गाँधी मुस्कुराते हुए बोले—लेकिन मेरा ख़याल है कि आप यह जानते हैं कि यह बात गलत है। वे मेरी जो प्रशंसा कर रहे हैं, उसे मैं स्वीकार नहीं कर सकता। किसी भी क़ीमत पर आज़ादी का जो अर्थ वे करते हैं, मेरा अर्थ उससे बिल्कुल भिन्न है। मेरे कोश में किसी भी क़ीमत जैसे शब्दों के लिए कोई स्थान नहीं है। उदाहरण के लिए, मैं इसका यह मतलब हरगिज नहीं करता कि अपनी आज़ादी हासिल करने के लिए, हम विदेशियों को देश में लाएँ और उनकी मदद लें। मुझे इसमें कोई शक नहीं कि इसका मतलब एक तरह की ग़ुलामी के बदले दूसरे तरह की ग़ुलामी को अपनाना है, जो शायद पहले से भी बदतर हो।

सुभाषचन्द्र बोस ने प्रसन्नतापूर्वक कांग्रेस द्वारा पारित इस मसौदे के बारे में लिखा कि महात्मा जी ने इस बात का भी उल्लेख किया है कि ब्रिटिश भारत की रक्षा करने में असमर्थ है...। भारत की सेना भारतीय जनता की प्रतिनिधि नहीं है, भारतवासी किसी भी प्रकार से इसे अपना मानने को तैयार नहीं। भारत से जापान का कोई झगड़ा नहीं है। वह ब्रिटिश साम्राज्य के ख़िलाफ़ युद्ध कर रहा है। यदि भारत स्वतन्त्र हो जाता है तो शायद उसका सबसे पहला काम जापान से बातचीत करना होगा। कांग्रेस का विचार है कि यदि अंग्रेज़ भारत से हट जाए और यदि जापान या और कोई भी आक्रमणकारी भारत पर आक्रमण करता है, तो भारत उससे अपनी रक्षा कर सकेगा।

पर सुभाषचन्द्र बोस जहाँ इसे गाँधी में परिवर्तन मानकर ख़ुश हो रहे थे वहीं ब्रिटिश ब्राडकास्टिंग कारपोरेशन और दुनिया भर में इसके सहयोगी केन्द्रों ने गाँधी के ख़िलाफ़ भयानक प्रचार शुरू कर दिया। इन एजेंसियों के अनुसार गाँधी का अपराध यह माना जा रहा था कि उन्होंने यह कहा कि स्वतन्त्र भारत जापान से वार्ता कर सकता है।

सुभाषचन्द्र बोस ने लिखा कि गाँधी को धुरी राष्ट्रों के गुप्त एजेन्ट जैसा पेश करने का बी.बी.सी का धूर्ततापूर्ण प्रयास बुरी तरह असफल हो जायेगा। भारत के अन्दर इसका ज़रा भी असर नहीं होगा जबकि भारत के बाहर, जो कोई भी गाँधी के बारे में कुछ भी जानता है, वह इसे ज़रा भी महत्त्व नहीं देगा।

पर साथ ही साथ सुभाषचन्द्र बोस के मन में एक उलझन तो थी

इसी से उन्होंने कहा–'लेकिन हम गाँधी में हुए परिवर्तन और अपने प्रचार की सफलता पर कितना भी ख़ुश हो लें–लेकिन हमें असम्भव की अपेक्षा नहीं करनी चाहिए। गाँधी से खुले तौर पर धुरी–शक्ति–समर्थक नीति की वकालत की अपेक्षा करना बहुत दूर की कौड़ी होगी। वे अपनी अहिंसक मशीन के चक्कों में फँस गये हैं, जो उन्हें ऐसी नीति अपनाने से रोकती हैं।'

सुभाष बोस ने स्वयं लिखा–ब्रिटिश समाचार एजेंसियों ने मार्च 1942 को दुनिया भर में यह ख़बर फैला दी कि टोकियो में एक महत्त्वपूर्ण सम्मेलन में भाग लेने जाते वक़्त उनकी (सुभाष बोस) मृत्यु हो गयी।

पूरे भारत में भी यह समाचार फैल गया। महात्मा गाँधी ने सुभाषचन्द्र बोस की माँ को एक तार भेजा–सम्पूर्ण राष्ट्र अपने और आपके वीर पुत्र की मृत्यु पर आपके साथ शोक मग्न है। मैं आपके दुख में पूरी तरह शरीक हूँ। ईश्वर आपको इस अप्रत्याशित क्षति को सहन करने का साहस दे।

लेकिन दूसरे ही दिन सूचना मिली कि ख़बर गलत है। महात्मा गाँधी ने तुरन्त उनकी माँ प्रभावती बोस को तार किया–भगवान को लाख–लाख धन्यवाद कि जिस समाचार को बिल्कुल प्रामाणिक कहा जा रहा था वह गलत साबित हुआ। आपको और राष्ट्र को हमारी बधाई।

सुभाष बोस की मृत्यु की ख़बर से महात्मा गाँधी को विचलित देख लुई फिशर के मन में एक सवाल उठा कि सुभाषचन्द्र बोस जो कि एक फासिस्ट के सहयोगी हैं और हिंसक पथ के पथिक हैं उनकी मृत्यु पर गाँधी जी का शोक करना उचित है?

लुई फिशर ने स्वयं लिखा है–सुभाषचन्द्र बोस के बारे में जो भागकर धुरी देशों में चले गये हैं, कुछ देर महात्मा गाँधी से बात करनी चाही। लुई फिशर ने गाँधी जी से कहा कि जब यह सुना कि आपने एक हवाई दुर्घटना में बोस की मृत्यु हो जाने का समाचार पाकर, जो बाद में गलत सिद्ध हुआ, बोस की माता को संवेदना भेजी है तो मुझे काफ़ी धक्का लगा। महात्मा गाँधी ने उनसे पूछा क्या आपको इस बात से धक्का लगा कि मैंने एक ऐसी ख़बर पर प्रतिक्रिया व्यक्त की जो बाद में गलत सिद्ध हुई?

लुई फिशर उनके प्रश्न पूरा होने के पहले ही बड़ी शीघ्रता से बोल पड़े–नहीं बल्कि इस बात से कि आपने एक ऐसे आदमी की मृत्यु पर शोक प्रकट किया, जो फासिस्ट जर्मनी जाकर उसके साथ मिल गया।

गाँधी ने उनकी बात का जवाब देते हुए कहा—मैंने वैसा इसलिए किया कि बोस को मैं देशभक्तों का सिरमौर मानता हूँ। वे गुमराह हो सकते हैं। मेरे ख़याल से वे गुमराह हो भी गये हैं। मैंने अक्सर बोस का विरोध भी किया है, मेरे विचार उनके विचारों से अक्सर भिन्न रहे..., फिर महात्मा गाँधी ने लुई फिशर से ही यह प्रश्न किया कि मान लीजिए कि वे भारत के लिए सहायता माँगने अमेरिका या रूस जाते तो यह क्या कुछ बेहतर होता?

लुई फिशर ने तुरन्त जवाब दिया—जी हाँ, अवश्य होता। आप मदद के लिए किसके पास जाते हैं, इससे फ़र्क़ तो पड़ता ही है।

गाँधी ने प्रत्युत्तर में कहा—मैं भारत को आज़ाद करने के लिए किसी की मदद नहीं चाहता। मैं चाहता हूँ कि भारत अपना बचाव स्वयं करे।

लुई फिशर ने फिर सुभाष बोस के बारे में कहा—बोस एक युवा पुरुष हैं और उनमें नाटकीय कार्य करने की प्रवृत्ति है और यदि वे जर्मनी के प्रलोभन में फँस गये और ब्रिटिश से आज़ादी जर्मनी दिला भी दे तो वे भारत को फासिस्ट बना दे तो आप जिस अवस्था में ब्रिटिश शासन में हैं उससे भी बुरी अवस्था में होंगे।

गाँधी ने अपने उत्तर से लुई फिशर को निरुत्तर करते हुए कहा—ब्रिटिश शासन में भी फासीवाद के प्रबल तत्त्व मौजूद हैं और इन तत्त्वों को हम भारत में हर दिन देखते और महसूस करते हैं। यदि वे दुनिया को बेहतर बनाना चाहते हैं तो उन्हें भारत में सत्ता त्यागकर अपनी शुद्धि करनी चाहिए। हमें जर्मनी, इटली और जापान से प्रजातन्त्र के लिए लड़ने को कहा जाता है लेकिन जब ख़ुद हमारे पास प्रजातन्त्र नहीं है तब भला हम उसके लिए वहाँ कैसे लड़ सकते हैं?

इधर 8 अगस्त, 1942 को कांग्रेस समिति ने अपना अधिवेशन समाप्त किया और 9 अगस्त रविवार को तड़के ही सरकार ने अपना प्रहार किया। जब बम्बई का अंग्रेज पुलिस कमिश्नर महात्मा गाँधी को गिरफ़्तार करने पहुँचा तो उन्होंने अपनी प्रार्थना समाप्त कर लेने के लिए आधे घंटे की मोहलत माँगी। महात्मा गाँधी का अन्तिम सन्देश था—"या तो हम आज़ादी लेंगे या मर मिटेंगे।"

और उधर सुभाषचन्द्र बोस ने जर्मन विदेश मन्त्री को पत्र लिखा कि महामहिम! —मैं जर्मन सरकार और ख़ासकर महामहिम आपके प्रति

आतिथ्य सहायता और सम्मान के लिए हृदय से कृतज्ञ हूँ। मैं आश्वस्त हूँ कि महामहिम आप पूरब की यात्रा के लिए मुझे आवश्यक सुविधाएँ देने में सदाशयता व्यक्त करेंगे ताकि राष्ट्रीय क्रान्ति के नेता के रूप में मैं अपने देश के प्रति कर्तव्य निभा सकूँ।

और सुभाषचन्द्र बोस ने बर्लिन से चलते वक़्त एक दो पंक्ति का पत्र अपने बड़े भाई को बँगला में लिखा कि 'मैं ख़तरे के रास्ते पर जा रहा हूँ, पर मैंने एक बात आप लोगों को नहीं बतायी थी कि यहाँ मेरी पत्नी एमिली और एक बेटी भी है।'

सुभाषचन्द्र बोस पनडुबवी पर सवार होकर जर्मनी से जापान के लिए चल दिये। जापान के रासबिहारी बोस तथा अन्य भारतीयों ने उनका पुरजोर स्वागत किया। परन्तु अपने स्वागत के दौरान ही सुभाषचन्द्र बोस ने यह समझ लिया कि यहाँ भारतीय स्वाधीनता संघ और आज़ाद हिन्द के बीच गहरी खाई है, जिसे उन्होंने बड़ी कुशलता के साथ समाप्त किया। आज़ाद हिन्द फ़ौज में सभी जातियों, धर्मों और विचारों के लोग थे सभी देशभक्त थे तथा झाँसी की रानी रेजिमेंट में महिलाएँ भी एक हज़ार की संख्या में भर्ती की गयी थीं। उन्होंने आजाद हिन्द फ़ौज को चार बिग्रेड में बाँटा–'गाँधी ब्रिगेड,' 'नेहरू ब्रिगेड,' 'आज़ाद ब्रिगेड' और 'सुभाष ब्रिगेड'। इससे यह पता चलता है कि सुभाष मतभेदों के बावजूद महात्मा गाँधी जवाहरलाल नेहरू को कितना मान देते थे।

सुभाषचन्द्र बोस को रासबिहारी बोस ने नेताजी कहकर सम्बोधित किया। एक ही साथ सुभाषचन्द्र बोस नेताजी और आज़ाद हिन्द फ़ौज के कमाण्डर इन चीफ़ दोनों बन गये। और इसके बाद से वे हमेशा कमाण्डर की वर्दी में रहने लगे। भला कमांडर की वर्दी में रहने वाले सुभाषचन्द्र बोस और खादी की लँगोट में रहने वाले महात्मा गाँधी में कैसे रहती साम्यता?

सुभाषचन्द्र बोस ने जापानी फील्ड मार्शल तेटाची से भारत में अंग्रेज़ों के ख़िलाफ़ जापानियों से मिलकर युद्ध करने की अपील की। परन्तु तेटाची का मानना था कि जापानी दल ब्रिटिश भारत पर हमला करे और अन्त में यह तय हुआ कि जापानी सेना के साथ सिर्फ़ एक ब्रिगेड युद्ध में भाग लेगी।

इम्फाल में भयंकर रक्तपात हुआ। जापानियों के साथ आज़ाद हिन्द फ़ौज और अंग्रेज़ी सेना के बीच ख़ून की नदी बही। और यह एक विडम्बना ही कही जायेगी कि गाँधी बिग्रेड ने ही इम्फाल में आज़ाद हिन्द फ़ौज

का ध्वज फहराया। जून 1944 में 600 आज़ाद हिन्द फ़ौज के सेनानियों ने 300 ब्रिटिश सिपाहियों से जमकर टक्कर ली।

अचानक सब कुछ बदलने लगा। एक ख़बर आयी कि अमेरिकी सेना जापान पर हमला करने आ रही है। जापानी सेना ने आज़ाद हिन्द फ़ौज को बीच में ही छोड़ दिया। इतना ही नहीं, जापानियों ने आज़ाद हिन्द के फ़ौजियों को खाद्य सामग्री तक नहीं पहुँचाया। सुभाषचन्द्र बोस सैनिकों को वीरता का पुरस्कार देने, शहीद सैनिकों को सम्मान देने और परिवार वालों को आर्थिक मदद देने का भरोसा देकर आज़ाद हिन्द फ़ौजियों का मनोबल बढ़ा रहे थे। 31 दिसम्बर, 1944 को ब्रिटिश सेना ने बर्मा की और कूच किया। बर्मा की रक्षा करने में आज़ाद हिन्द फ़ौज तो लगी रही पर जापानी भाग गये...जापानी सैनिकों ने बर्मा से भागते वक़्त वर्मा में भीषण रक्तपात किया और उस राष्ट्र को बर्बाद करने के लिए ताण्डव किया...अंग्रेज़ी राज की हुकूमत में जो बर्मा एशिया में सबसे सुखी देश माना जाता था वह विनाश के कगार पर खड़ा हो गया। बर्मा की भीषण बरबादी जापानियों के हाथों हुई देखकर नेताजी का मन तो अवश्य रोया होगा। बर्मा की जगह भारत को रखकर देखने के बाद उनका भावुक मन कितना दुःखी हुआ होगा, पर अब पीछे हटने का सवाल नहीं था। बर्मा में जापानी धोखा देकर चले गये थे। अकेले आज़ाद हिन्द फ़ौज के सिपाही क्या करते? जब कुछ सिपाहियों के आत्मसमर्पण की सूचना मिली तो सुभाषचन्द्र बोस बहुत क्रोधित हुए उन्होंने घोषणा की... 'जो सैनिक समर्पण करेगा उसे गोली मार दी जायेगी। कोई आत्मसमर्पण नहीं करेगा। हम केवल मरने या दुश्मन को मारने आये हैं... समर्पण करने नहीं...।'

सेना के सिपाही भोजन व असलाह बारूद के बिना लड़ते रहे किन्तु ऐसा कब तक हो पाता? फिर नाजी जर्मनी की हार की ख़बर आयी तो सिपाही हतोत्साहित हो गये। सिपाहियों की हालत बदतर हो गयी थी और अंग्रेज़ी सेना सभी मोर्चे पर जीतती चली जा रही थी।

जापान के हथियार डालते ही अंग्रेज़ी हुकूमत ने आज़ाद हिन्द फ़ौज के सिपाहियों और कमाण्डरों को बन्दी बना लिया। सुभाषचन्द्र बोस ने जापानियों से कहा कि वे उन्हें रूस भेज दें पर उन्होंने मना कर दिया। पर यहाँ पर कैप्टन तेटाची ने सुभाष बोस की मदद की और उन्होंने अपने प्रभाव से सुभाष बोस को रूस ले जाने के लिए एक निजी विमान का प्रबन्ध

कर दिया। सुभाष बोस के साथ उनके सहायक हबीब–उर–रहमान थे।

और अचानक 23 अगस्त, 1945 को जापान की टोक्यो न्यूज़ एजेंसी ने भारत के लिए अत्यन्त हृदय विदारक ख़बर प्रसारित की–'आज़ाद हिन्द फ़ौज के प्रमुख सुभाषचन्द्र बोस अपने सहायक हबीब–उर–रहमान के साथ बैंकाक से टोकियो की विमान–यात्रा कर रहे थे। अचानक विमान में आग लग गयी और वह फोरमांसा के निकट ताइहोम पहाड़ी पर दुघर्टना ग्रस्त हो गया। इस दुघर्टना में अत्यधिक जल जाने के कारण नेताजी सुभाषचन्द्र बोस ने अस्पताल में दम तोड़ दिया।'

इस समाचार से सभी भौचक रह गये। इस त्रासदी को स्वीकार करना किसी के लिए भी सहज नहीं था... महात्मा गाँधी का मन इसे स्वीकार करने के लिए तैयार नहीं हो पा रहा था। पिछली बार की तरह ही उन्हें भी लग रहा था कि सुभाषचन्द्र बोस अचानक प्रकट हो जायेंगे।

महात्मा गाँधी को सुभाषचन्द्र बोस की मृत्यु की ख़बर राजकुमारी अमृत कौर ने दी। गाँधी जी ने अमृत कौर को लिखा, "कितना दुखद समाचार तुमने सुनाया!!!' पर सुभाष बोस अच्छे उद्देश्य के लिए मरे। वे निस्सन्देह एक देशभक्त थे, भले ही वे गुमराह थे।

पर उन्हें इस समाचार पर पूरा ऐतबार नहीं था। इसी से सुभाषचन्द्र बोस के भतीजे अमियनाथ बोस ने जब उनसे पूछा कि चाचा सुभाष बोस का वे श्राद्ध करें या न करें तो महात्मा गाँधी ने उन्हें लिखा–मैंने तो इस ख़बर को सन्देह की निगाह से देखा है। अगर तुम्हें भी सन्देह हो तो ऐसी घोषणा कर दो और संस्कार मत करो।

महात्मा गाँधी ने 14 सितम्बर, 1945 को पुनः लार्ड वेवल को एक पत्र लिखा जिसमें सुभाषचन्द्र बोस की भतीजी वेला बोस के पति हरिदास मित्र के मृत्युदण्ड को क्षमा करने के लिए अपील किया। महात्मा गाँधी ने लार्ड वेवल को कहा कि इस नवयौवना के पति जिसने क्षमादान की याचिका दी है और उसे आप नामंजूर करेंगे तो यह भारी राजनीतिक भूल होगी। अमिय बोस को शत्रु एजेण्ट अध्यादेश के मातहत शत्रुओं को पनडुब्बियों से बंगाल में उतरने वाले शत्रु को सहायता या शरण देने के आरोप में फाँसी की सज़ा सुनाई गयी थी। महात्मा गाँधी के हस्तक्षेप और अपील के बाद उस फाँसी को उम्रक़ैद में बदल दिया गया।

आज़ाद हिन्द फ़ौज के हज़ारों सैनिकों को युद्धबन्दी बना लिया गया

था। अंग्रेज़ी हुकूमत उन पर मुक़दमे चलाकर कड़े से कड़े अभियोग लगाने की कोशिश कर रही थी।

आज़ाद हिन्द फ़ौज के सैनिकों के प्रति महात्मा गाँधी के मन में बहुत अधिक प्रेम और स्नेह था। वे उससे सम्बन्धित मुक़दमे की एक–एक छोटी से छोटी बातों पर अत्यन्त जागरूक रहते थे और उसकी पैरवी के लिए उन्होंने ई.एम. एवन को पत्र लिखा–

'प्रिय सर एवन,

यह पत्र मैं बड़े संकोच और इस आशंका के बावजूद लिख रहा हूँ कि कहीं मैं मर्यादा का उल्लंघन तो नहीं कर रहा हूँ।

श्री सुभाष बोस द्वारा या उनके अधीन बनाये गये सैनिक दल के सदस्यों के मुक़दमे की प्रगति के प्रति मैं जागरूक रहा हूँ। यद्यपि शस्त्र–बल से की जाने वाली किसी भी प्रतिरक्षा से मेरा कहीं कोई मेल नहीं हो सकता, तथापि सशस्त्र लोगों द्वारा बहुधा प्रदर्शित वीरता और देशभक्ति की मैं अनदेखी नहीं कर सकता और यहाँ मामला शूरता और देशभक्ति के प्रदर्शन का ही प्रतीत होता है। और क्या सरकार भारतीयों की सम्पूर्ण नहीं तो प्रायः सर्वसम्मत मत की उपेक्षा करने की स्थिति में है? भारत इन लोगों को, जिन पर मुक़दमा चल रहा है, पूजता है। इसमें सन्देह नहीं कि सरकार के पास जर्बदस्त ताक़त है। लेकिन अगर इस शक्ति का उपयोग सर्वव्यापी भारतीय विरोध के बावजूद किया जाता है तो यह उसका दुरुपयोग ही होगा। क्या किया जाना चाहिए, यह बताने का अधिकार मुझे नहीं है। मैं तो इतना ही कह सकता हूँ कि जो किया जा रहा है वह तरीक़ा ठीक नहीं है।'

सिर्फ़ आज़ाद हिन्द फ़ौज के सैनिकों को ही नहीं, सुभाष बोस के परिवार को भी महात्मा गाँधी ने भावनात्मक तौर पर पूरा समर्थन दिया। सिर्फ़ सुभाष बोस की भतीजी बेला बोस के पति को जीवन क्षमा दान कराने तक ही नहीं बल्कि छोटी–छोटी बातों में महात्मा गाँधी ने अपनी आन्तरिक रुचि दिखाई। उन्होंने सुभाषचन्द्र बोस के घर की बच्ची ललिता बोस तक से भावनात्मक सम्बन्ध बनाये और उसे सुभाषचन्द्र बोस के चित्र भेजने के लिए प्रोत्साहित किया।

2 जनवरी, 1946 को महात्मा गाँधी ने मिदनापुर के राजनीतिक कार्यकर्ताओं के बीच रचनात्मक कार्यक्रम के बारे में कहा कि कांग्रेस कार्य

समिति ने रचनात्मक कार्यक्रम का महत्त्व समझा है। यहाँ तक कि सुभाष बाबू भी मेरी बात से सहमत होंगे। महात्मा गाँधी के मन में ऐसा था कि सुभाष बोस अभी जीवित होंगे तभी उन्होंने कहा कि मैं नहीं मानता कि सुभाष बाबू की मृत्यु हो गयी है। मुझे लगता है कि वे कहीं छिपे हुए हैं और उपयुक्त घड़ी में प्रकट होंगे। मैं उनके साहस और देश प्रेम की प्रशंसा करता हूँ। लेकिन साधनों के सम्बन्ध में उनसे मेरा मतभेद है। मुझे पूरा विश्वास है कि सच्ची स्वतन्त्रता, आम आदमी की आज़ादी कभी सशस्त्र विद्रोह से प्राप्त नहीं हो सकती।

महात्मा गाँधी ने हमेशा सुभाषचन्द्र बोस के साहस और देश प्रेम की सराहना की पर साधन शुद्धि की बात पर हमेशा अपने सिद्धान्तों के साथ खड़े रहे। साधन की शुचिता से महात्मा गाँधी अपनी पूरी ज़िन्दगी कभी भी किसी के साथ समझौता करने के लिए तैयार नहीं हुए चाहे सामने कस्तूरबा हो या उनका पुत्र हरिलाल या पुत्र सदृश सुभाषचन्द्र बोस।

सुभाषचन्द्र बोस के नहीं रहने की ख़बर के बाद गौहाटी में महात्मा गाँधी से बोस के जयहिन्द के नारे के बारे में किसी ने एक प्रश्न किया–'इसे नारे की जय करनी चाहिए या नहीं?'

महात्मा गाँधी ने कहा–'जय हिन्द' नारा सुभाष बाबू ने सशस्त्र–युद्ध में एक युद्ध–घोष के रूप में किया था, इसका मतलब यह नहीं कि अहिंसक कार्रवाई में उसका त्याग किया जाना चाहिए। इस आधार पर तो हमें 'वन्देमातरम्' का भी त्याग करना होगा, क्योंकि 'वन्देमातरम्' का नारा लगाते हुए लोगों के हिंसापूर्ण कार्रवाई करने के उदाहरण भी देखने को मिले हैं। यदि कोई चीज़ तत्त्वतः बुरी है तो उसका त्याग करना मनुष्य का निश्चित कर्तव्य हो जाता है। मेरी राय में 'वन्देमातरम्' और 'जय हिन्द' का एक ही अर्थ है। एक में हम भारत–माता को नमन करते हैं और इस तरह उसकी विजय की कामना करते हैं, दूसरे में केवल उसकी विजय की कामना अभिव्यक्त की गयी है।

सुभाषचन्द्र बोस ने महात्मा गाँधी के ऊपर एक किताब की रचना की थी जिस किताब का नाम था 'फादर ऑफ आल नेशन्स।' इस पुस्तक में उन्होंने महात्मा गाँधी को भारत का राष्ट्रपिता कहा था। इसी पुस्तक के बारे में यूनाइटेड प्रेस ऑफ इंडिया के पत्रकार ने उनसे गौहाटी में यह प्रश्न किया कि–

–क्या सुभाषचन्द्र बोस के लिए आपके हृदय में उतना ही आदर और प्यार है जितना नेताजी के मन में आपके लिए है? और नेताजी ने अपनी कथित पुस्तक 'फादर ऑफ आल नेशन्स' में आपके बारे में जो लिखा है उससे क्या आप, जैसा कि असम के कुछ लोगों का विश्वास है, अवगत हैं?

गाँधी जी ने उत्तर देते हुए कहा–

सुभाष बाबू ने मेरे बारे में जो कुछ कहा है, वह मैंने नहीं पढ़ा है। लेकिन आपने जो कुछ बताया, उस पर मुझे कोई हैरानी नहीं होती। सुभाष बाबू के साथ मेरे सम्बन्ध सदा अत्यन्त पवित्र और उत्तम रहे हैं। हम दोनों के दृष्टिकोणों में साधनों के सवाल पर जो भेद है वह तो सबको मालूम ही है। इसीलिए उसके बारे में कुछ भी कहना बेकार है।

10 जनवरी, 1946 को गौहाटी पहुँचने पर महात्मा गाँधी का स्वागत कुछ लड़कियों ने जय हिन्द का नारा लगाकर किया कुछ लोगों ने पुनः प्रश्न किया–'वन्देमातरम' के स्थान पर जय हिन्द का नारा नहीं लगाना चाहिए?

उसके उत्तर में महात्मा गाँधी बोले,–सुभाष बोस के मुख से निकले ये शब्द बहुत कर्णप्रिय हैं। लेकिन उसके कारण 'वन्देमातरम्' को भुला नहीं देना चाहिए। उसका उच्चारण तो कांग्रेस की स्थापना–काल से ही किया जा रहा है। पहले आपको 'वन्देमातरम्' और फिर 'जय हिन्द' कहना चाहिए। मैं आपके इस अभिवादन का प्रत्युत्तर पूरे मन से दूँगा, लेकिन इसे 'वन्देमातरम्' के बिना नहीं होना चाहिए। अगर आप बलिदान की ऐसी परम्परा से जुड़कर 'वन्देमातरम्' का त्याग कर सकते हैं तो मुझे आशंका है कि आप 'जय हिन्द' का भी त्याग कर देंगे।

गाँधी जी ने अपना यह विश्वास दुहराया कि सुभाष बाबू की मृत्यु नहीं हुई है, बल्कि वे कहीं छिपे हुए हैं। उन्होंने कहा कि अगर मैं उनसे सम्पर्क कर सकूँ तो मुझे यकीन है कि 'वन्देमातरम्' के बारे में वे भी मेरे विचार का अनुमोदन करेंगे।

मद्रास में आज़ाद हिन्द फ़ौज के सेवा मुक्त सैनिकों का एक दल था। गाँधी जी ने अपने निवास की ओर जाते हुए कुछ देर उनसे बातें कीं, वे लोग अपने–अपने घरों को लौट रहे थे। इन लोगों ने टोकियो की सैनिक अकादमी में प्रशिक्षण प्राप्त किया था। उन्होंने गाँधी जी से पूछा–हमने नेताजी के मार्गदर्शन में काम किया था। अब हम किसके नेतृत्व में चलें?

तभी आज़ाद हिन्द फ़ौज के कैप्टन शाहनवाज़ ने नेताजी सुभाषचन्द्र बोस के इस वक्तव्य पर उन लोगों को ध्यान देने के लिए कहा जिसमें उन्होंने कहा था–'कि भारत से बाहर रहते हुए जहाँ हमने अपने देश की आज़ादी के लिए हथियारों से युद्ध किया है वहीं अब हम भारत की सेवा अहिंसा के जरिए करेंगे।'

इससे यह तो पता चलता है कि सुभाषचन्द्र बोस का मन अन्ततः देशहित के लिए अहिंसा को ही एकमात्र उपयुक्त साधन मानता था पर देश की आज़ादी के लिए और अतिशीघ्रतापूर्ण आज़ादी के लिए वे हिंसा को भी साधन बनाने में गलत नहीं मानते थे। बर्मा में जापानियों के द्वारा भीषण मारकाट और रक्तपात देखकर सुभाषचन्द्र बोस का मन व्यथित तो हुआ। उन्हें लगा यदि ऐसी ही हिंसा भारत के अन्दर भी हुई तो क्या होगा...? काँप गया होगा उनका मन... इसी से उन्होंने अपने सैनिकों और सहयोगियों के सामने एक लक्ष्मण रेखा खींच दी, भारत के बाहर देश की आज़ादी के लिए हिंसा और भारत के अन्दर देश की सेवा सिर्फ़ अहिंसा के ज़रिये। कैप्टन शाहनवाज़ की बात इस बात की पुष्टि करती है कि सुभाषचन्द्र बोस भारत के अन्दर अहिंसापूर्ण आन्दोलन ही चाहते थे।

महात्मा गाँधी ने कैप्टन शाहनवाज़ की बात पर ध्यान देने के लिए कहते हुए आज़ाद हिन्द फ़ौजियों के सदस्यों से कहा–'आप लोग कांग्रेस के नेतृत्व का अनुकरण ही कर सकते हैं। पर आपको यह भी याद रखना चाहिए कि किसी की मेहरबानी पर निर्भर रहना एक सैनिक की शान के ख़िलाफ़ है। स्वतन्त्रता–सैनिक होने के नाते आपको अपनी रोटी ईमानदारी से मेहनत करके कमानी चाहिए और दूसरों से मदद माँगने की बात सोचनी भी नहीं चाहिए, भले ही इसके परिणामस्वरूप आपको कठिनाई और मुसीबत ही क्यों न उठानी पड़े।'

जब महात्मा गाँधी आज़ाद हिन्द फ़ौज के सैनिकों से मिले और उनकी देशभक्ति, देश के बाहर आपस में उनके बीच हिन्दू–मुस्लिम एकता और सबसे बड़ी बात कि उनका अहिंसा के प्रति झुकाव और उनके कैप्टन शाहनवाज़ की बात कि सुभाष बोस का यह कथन है कि देश लौटकर अहिंसा का दामन थामना... इन सारी बातों से महात्मा गाँधी बहुत ख़ुश हुए। उन्होंने स्वयं लिखा है कि–

'आज़ाद हिन्द फ़ौज का जादू हम पर छा गया है। नेताजी का

नाम सारे देश में गूँज रहा है। वे अनन्य देशभक्त हैं (वर्तमान काल का उपयोग मैं जान–बूझकर कर रहा हूँ)। उनकी बहादुरी उनके सारे कामों में चमक रही है। उनका उद्देश्य महान था, पर वह असफल रहे। असफल कौन नहीं रहा? हमारा काम तो यह देखना है कि हमारा उद्देश्य महान हो और सही हो। सफलता यानी कामयाबी हासिल कर लेना हर किसी की किस्मत में नहीं लिखा होता। इससे ज़्यादा तारीफ़ मैं नहीं कर सकता, क्योंकि मैं जानता था कि उनका काम विफल होने ही वाला है, और अगर वह अपनी आज़ाद हिन्द फ़ौज को विजयी बनाकर हिन्दुस्तान में ले आये होते, तो भी मैंने यही कहा होता, क्योंकि इस तरह आम जनता में जागृति नहीं फैल पाती। नेताजी और उनकी फ़ौज हमें जो सबक सिखाती है, वह तो त्याग का, जात–पाँत के भेद से रहित एकता का और अनुशासन का सबक है। अगर उनके प्रति हमारी भक्ति समझदारी की और विवेकपूर्ण होगी तो हम उनके इन तीनों गुणों को पूरी तरह अपनायेंगे, लेकिन हिंसा का उतनी ही सख्ती से सर्वथा त्याग कर देंगे।

मैं यह नहीं चाहूँगा कि आज़ाद हिन्द फ़ौज का आदमी यह सोचे या कहे कि वह या उसके साथी हिन्दुस्तान की जनता को हथियारों के ज़रिये ग़ुलामी से छुटकारा दिलवा सकते हैं। लेकिन अगर वह नेताजी का, और उनसे भी ज़्यादा देश का वफादार है, तो वह जनता को–स्त्री, पुरुष और बच्चों को–बहादुर बनने, त्याग करने, और एक हो जाने की शिक्षा देने में अपनी पूरी ताक़त लगा देगा। तभी हम दुनिया के आगे सीना तानकर खड़े हो सकेंगे। लेकिन अगर वह केवल हथियारबन्द सैनिक ही बना रहा, तो वह जनता पर राज करेगा और तब उसके स्वयं सेवक होने की कोई ज़्यादा क़ीमत नहीं रह जायेगी। इसलिए मैं कैप्टेन शाहनवाज़ के इस बयान का स्वागत करता हूँ कि नेताजी का योग्य अनुयायी बनने के लिए, हिन्दुस्तान की धरती पर आने के बाद, वह कांग्रेस की सेना में एक विनीत, अहिंसक सिपाही बनकर काम करेंगे।'

महात्मा गाँधी ने अहिंसा को ही मानव मात्र का साध्य बताते हुए कहा–हाँ, वातावरण में घृणा फैली है और अधीर देशभक्त सम्भव हो तो आज़ादी प्राप्त करने के उद्देश्य को हिंसा के ज़रिये आगे बढ़ाने के लिए ख़ुशी–ख़ुशी उसका लाभ उठाना पसन्द करेंगे। मैं यह कहना चाहता हूँ कि यह बात हर समय और हर जगह गलत होगी। मगर जिस देश में

आज़ादी के लिए लड़ने वालों ने दुनिया के आगे यह घोषित किया है कि उनकी नीति सत्य और अहिंसा की नीति है, वहाँ तो ऐसा करना और भी गलत और अशोभनीय होगा। उनका कहना है कि घृणा को प्यार में नहीं बदला जा सकता। जो लोग हिंसा में विश्वास रखते हैं, वे सहज ही यों कहकर इसका उपयोग करेंगे : 'अपने दुश्मन को मार डालो, उसे और उसकी सम्पत्ति को ज़रूरत के मुताबिक़ खुले तौर पर या छिपकर, जैसे भी मुमकिन हो, नुक़सान पहुँचाओ।' इसका नतीजा यह होगा कि घृणा और गहरी होती जायेगी, घृणा घृणा को जन्म देगी और दोनों तरफ़ से प्रतिशोध की ज्वाला भड़क उठेगी। हाल ही में हुए महायुद्ध ने, जिसकी आग अभी पूरी तरह ठण्डी नहीं हुई है, घृणा के प्रयोग की निरर्थकता को बिल्कुल स्पष्ट कर दिया है। और अभी यह देखना बाक़ी ही है कि कथित विजेता सचमुच में विजयी हुए हैं या कहीं अपने दुश्मनों को गिराने की चाह और कोशिश में ख़ुद ही तो नहीं गिर गये हैं। किसी भी हालत में यह नुकसान का सौदा है। इस देश के कुछ कर्मठ विचारक काम के तरीक़े में कुछ सुधार सुझाते हुए कहते हैं : 'हम अपने दुश्मन को तो कभी नहीं मारेंगे, मगर उसकी सम्पत्ति को ज़रूर बरबाद करेंगे।' जब मैं यह कहता हूँ कि यह 'उसकी सम्पत्ति' है, तो मैं शायद उनके साथ अन्याय करता हूँ; क्योंकि यह ध्यान देने की बात है कि कथित शत्रु साथ में अपनी कोई सम्पत्ति नहीं लाया है और जो थोड़ी–बहुत लाया भी है, तो उसकी हमसे क़ीमत वसूल करता है। इसलिए जिसे हम बरबाद करते हैं, दरअसल वह तो हमारी ही सम्पत्ति है। उसका ज़्यादातर हिस्सा, चाहे वह आदमियों की सूरत में हो या चीज़ों की, वह यहीं पैदा करता है। उसका केवल इन पर कब्ज़ा है। हमें इस सम्पत्ति की बरबादी की भारी क़ीमत चुकानी पड़ती है। उसका बोझ बेगुनाहों पर पड़ता है। दण्डात्मक कर और उससे जुड़ी हुई ज़्यादतियों का यही मतलब होता है। इसलिए वह अहिंसा, जिसमें केवल किसी को न मारना ही शामिल हो, मुझे हिंसात्मक तरीक़े से बेहतर नज़र नहीं आती। उसका मतलब है, धीरे–धीरे सताना। और जब इस प्रकार की यातना प्रभावहीन हो जाये, तो हम फौरन मारने पर उतारू हो जायेंगे और परमाणु बम का इस्तेमाल करने लगेंगे, जो कि आज हिंसा की चरम सीमा का द्योतक है। इसलिए 1920 में मैंने घृणा को ठीक दिशा में मोड़ने के लिए अहिंसा का और उसके अनिवार्य सहचर सत्य का प्रयोग सुझाया

था। घृणा करने वाला घृणा के लिए घृणा नहीं करता, बल्कि इसलिए करता है कि वह घृणित व्यक्ति या व्यक्तियों को अपने देश से निकाल कर बाहर कर देना चाहता है। इसलिए वह अहिंसक तरीके की जगह हिंसक तरीक़े से भी अपना उद्देश्य प्राप्त कर लेगा। पिछले 25 वर्षों से इच्छा या अनिच्छा से, कांग्रेस अपनी खोयी हुई आज़ादी को हासिल करने के लिए जनता के सामने हिंसा के मुक़ाबले अहिंसा का पक्ष लेती रही है। हमने जो तरक्की की है, उससे हमने यह देख लिया है कि अहिंसा के ज़रिये हम जितनी जल्दी और जितना ज़्यादा जनता के दिल को जगा सके हैं, उतना पहले कभी नहीं कर सके थे। फिर भी अगर सच कहें तो—और सच तो कहना ही चाहिए—हमारी अहिंसक कार्रवाई अपूर्ण ही रही है। बहुतों ने दिल में हिंसा को छिपाये रखकर केवल जबान से अहिंसा का उपदेश दिया। किन्तु सीधी—सादी जनता ने हमारे दिलों में छिपे हुए भावों का मतलब समझ लिया और उसकी सहज प्रतिक्रिया वैसी नहीं हुई, जैसी होनी चाहिए थी। पाखण्ड ने सद्‌गुण की प्रशंसा तो की, किन्तु वह सद्‌गुण की जगह हरगिज नहीं ले सकता था। इसीलिए मैं अहिंसा पर, और ज़्यादा अहिंसा पर ज़ोर देता रहता हूँ। मैं अज्ञानवश ऐसा नहीं करता, बल्कि उसके पीछे मेरे साठ साल का अनुभव है। यह नाज़ुक वक़्त है। आज मूक जनता भूखों मर रही है। देश की मौजूदा ज़रूरतों में अहिंसा का प्रयोग किस तरह किया जाये, लोगों को इस पर विचार करना चाहिए।

महात्मा गाँधी को विश्वास था सुभाषचन्द्र की वीरता और देशभक्ति पर, परन्तु उन्हें उतना ही अविश्वास था सुभाषचन्द्र बोस का हिंसा और फासिस्टों के सहयोग से स्वतन्त्रता प्राप्ति में। उन्होंने सुभाषचन्द्र बोस से भी कहा था, 'यदि तुम भारत को अपने तरीक़े से स्वतन्त्रता दिला देते हो तो सबसे पहला व्यक्ति मैं आऊँगा तुम्हारे स्वागत के लिए... भले ही साधन की शुचिता में मेरा विरोध है तुमसे, पर मुझे विश्वास है कि इसमें सफलता नहीं मिलने वाली।'

महात्मा गाँधी झंझावात के इस दौर में अहिंसा का दामन वैसे ही पकड़े रहे जैसे भक्त अपने भगवान का दामन पकड़े रखता है। उन्होंने एक बार फिर देशवासियों से यह अपील की कि वे अहिंसा का दामन किसी हाल में न छोड़ें। महात्मा गाँधी ने अपने देशवासियों से पुनः अपील की—'एकमात्र सत्य और अहिंसा के ज़रिये स्वतन्त्रता प्राप्त करने की प्रतिज्ञा करने के

बाद यदि वे लूटपाट, पथराव' आगजनी और गाली–गलौज करके अपने निरर्थक आक्रोश का प्रदर्शन करेंगे तो वे संसार के सामने अपने सिद्धान्तों को झूठा सिद्ध करेंगे और उसकी नज़रों से गिर जायेंगे।

मैं फिर दोहराता हूँ कि यदि 40 करोड़ भारतवासी एकमत से और पूरे दिल से संकल्प करें कि वे केवल सत्य और अहिंसा के तरीक़े से स्वराज्य प्राप्त करेंगे, तो समझ लीजिए कि वह उनका ही है। लेकिन यदि लोगों में इस आस्था में कमी है, तो फिर अच्छी तरह विचार करने के बाद वे चाहें तो अहिंसा का त्याग कर सकते हैं। मेरे–जैसे लोग उनकी बुद्धिमानी में सन्देह ज़रूर कर सकते हैं, लेकिन तब उन पर मिथ्याचार और कायरता का आरोप कोई नहीं लगा सकेगा। मुझे खेद है कि आज लोग इस आरोप से बच नहीं सकते। गाँधी जी ने लोगों को कैप्टेन शाहनवाज़ की इस घोषणा की याद दिलाई जिसमें नेताजी बोस ने उन लोगों से कहा था कि भारत लौटने के बाद उनसे अपेक्षा की जायेगी कि वे अपने देश की सेवा शस्त्रों के ज़रिये नहीं, बल्कि अहिंसा के ज़रिये करेंगे।

यह मान भी लिया जाये कि भारत में पर्याप्त शस्त्रास्त्र और गोलाबारूद का निर्माण होने लगे और ऐसे पर्याप्त लोग तैयार कर लिये जायें जिन्हें युद्ध–कला का ज्ञान हो, तब वैसी स्थिति में स्वराज्य–प्राप्ति में उन लोगों की क्या भूमिका होगी जो शस्त्रास्त्र धारण नहीं कर सकते? मैं ऐसा स्वराज्य चाहता हूँ जिसे पाने के लिए औरतों और बच्चों तक का उतना ही योगदान होगा जितना कि शारीरिक दृष्टि से ज़्यादा–से–ज़्यादा शक्तिशाली लोगों का होगा। ऐसा केवल अहिंसा के अन्तर्गत ही हो सकता है। इसलिए मैं चाहे अकेला ही रह जाऊँ तब भी मैं भारत की स्वतन्त्रता प्राप्त करने के साधन के रूप में एकमात्र अहिंसा को ही अपनाऊँगा।

महात्मा गाँधी की एक और आदत थी जिससे सुभाषचन्द्र बोस को परेशानी थी और उसका वे विरोध भी करते थे। वह बात थी गोपनीयता का पालन नहीं करने का...। गाँधी जी हमेशा अपने कार्यक्रमों को अंग्रेज़ी हुकूमत के सामने ताश के पत्ते की तरह खोल कर रख देते थे जिसके बारे में नरीमन ने भी कहा था यह कैसी रणनीति है जिसमें दुश्मन के सामने अपनी सारी नीतियों का ब्लूप्रिंट रख देना होता है। पर महात्मा गाँधी तो ऐसे ही थे। जब एक सैनिक ने कहा कि 'मैं अंग्रेज़ी हुकूमत में ऊपर से कार्य करता रहूँ और अन्दर–अन्दर देश की स्वाधीनता के लिए काम करूँ...तो?'

महात्मा गाँधी ने उसकी बात को काटते हुए कहा—नहीं, ऐसा करना ठीक नहीं है जैसा कि आप जानते हैं, मैं विशुद्ध—अहिंसात्मक कार्रवाई और प्रकट उपायों का हिंमायती हूँ। गोपनीयता से मुझे घृणा है। ...देश की अहिंसा और बलिदान की शक्ति को अधिक—से—अधिक जाग्रत और संगठित करने के उद्देश्य से अखिल भारतीय कांग्रेस कमेटी में 7 अगस्त को अपने भाषण में मैंने अहिंसक कार्रवाई का एक कार्यक्रम निर्धारित किया था। अपने भाषण में मैंने बताया था कि समाचार पत्रों को क्या करना चाहिए, विद्यार्थियों को क्या करना चाहिए, देशी नरेशों को क्या करना चाहिए, सरकारी नौकरों को क्या करना चाहिए और अन्त में भारतीय सैनिकों को क्या करना चाहिए। यदि सबने मेरी सुझाई गयी अपनी—अपनी भूमिकाएँ ठीक से निभाई होतीं तो उसका ऐसा प्रभाव होता जिसे देखकर दुनिया दंग रह जाती। उन कार्यक्रम पर अब भी अमल किया जा सकता है। सिपाहियों को यह घोषणा कर देनी चाहिए कि वे सिपाही का कर्तव्य अपने पेट की ख़ातिर नहीं, बल्कि भारत को आज़ाद करने और उसे आज़ाद बनाये रखने के लिए करेंगे। मैं नहीं चाहता कि जिस सरकार से वे वेतन लेते हैं उसके साथ वे विश्वासघात करें, क्योंकि आज अगर वे वर्तमान सरकार के साथ विश्वासघात करते हैं तो कल उसी तरह राष्ट्रीय सरकार के साथ भी कर सकते हैं। लेकिन अगर कोई सिपाही अपने वरिष्ठ अधिकारियों से जाकर कहे कि मैं आपका आदमी तभी तक हूँ जब तक आप मेरे देश की आज़ादी के हिमायती हैं और अपने ही भाइयों की आज़ादी का गला घोंटने के लिए मैं कभी भी हथियार नहीं उठाऊँगा, तो यह विश्वासघात नहीं कहलायेगा। अगर ऐसी घोषणा करने पर ऐसे सैनिकों के दल को भंग कर दिया जाता है या उन्हें बर्खास्त कर दिया जाता है बल्कि यदि उनका कोर्टमार्शल भी किया जाता है तो भी उन्हें परवाह नहीं करनी चाहिए।

एक सैनिक महात्मा गाँधी से मिलने आया तो बहुत ख़ुश था। उसने ख़ुशी में झूमते हुए कहा—'एक समय था कि हमें कोई असैनिक अख़बार भी पढ़ने नहीं दिया जाता था। लेकिन आज जब हमें आपसे मिलना होता है तो हम अपने अफ़सरों से जाकर कहते हैं कि हम अपने सबसे बड़े नेता से मिलने जा रहे हैं, तब भी कोई हमें रोकने का साहस नहीं करता।'

महात्मा गाँधी ने इस स्थिति को लाने का श्रेय सुभाषचन्द्र बोस को भी दिया। उन्होंने कहा मैं जानता हूँ कि आज पूरी सेना में एक नया

जोश, नयी जागृति आयी हुई है। इस सुखद परिवर्तन में नेताजी का श्रेय कुछ कम नहीं है। मैं उनके तरीक़े को नापसन्द करता हूँ, लेकिन उन्होंने भारतीय सिपाहियों को एक नयी दृष्टि और नया आदर्श देकर भारत की बहुत बड़ी सेवा की है।

आठ महीने तक महात्मा गाँधी इसी आशा में रहे कि सुभाषचन्द्र बोस शायद जीवित हों...। जापान रेडियो, ब्रिटिश हुकूमत सभी नेताजी की मृत्यु की घोषणा कर चुके थे। महात्मा गाँधी को तब भी लग रहा था वे किसी दिन प्रकट हो सकते हैं। पर जब उस दुर्घटनाग्रस्त विमान में सुभाषचन्द्र बोस के सहयोगी हबीबुर्रहमान उनसे मिले और उन्होंने गाँधी जी को सुभाषचन्द्र बोस की जली हुई काली घड़ी दिखाई और उनकी मृत्यु अपनी आँखों के सामने होने की पुष्टि की तब महात्मा गाँधी ने 30 मार्च को हरिजन में एक लेख लिखा जिसमें बहुत दुख के साथ इस दुखदायी घटना को स्वयं भी स्वीकार किया तथा देशवासियों को भी स्वीकार करने के लिए कहा।

क्या नेताजी ज़िन्दा हैं? के नाम से महात्मा गाँधी ने एक लेख लिखा—

एक समय था जब अख़बारों में ख़बर आयी थी कि नेताजी का स्वर्गवास हो गया। मैंने उसे मान लिया था। बाद में कहा गया कि वह ख़बर ग़लत थी। तबसे मुझे लगा कि जब तक उनका स्वप्न सिद्ध नहीं होता है तब तक वह मर नहीं सकते। इसके अलावा उनके बारे में मैंने मान रखा था कि अपने दुश्मनों को और अपने कार्य के लिए जगत को भी धोखा देने की उनमें भारी शक्ति थी। उन्हें ज़िन्दा मानने के सिर्फ़ यही कारण मेरे पास थे। मुझमें भविष्य जानने की कोई कला नहीं। सिवाय सत्य के आग्रह के मुझमें कोई और शक्ति नहीं, अहिंसा भी उसी आग्रह से निकलती है। स्वतन्त्र जानने वाला ईश्वर ही है—या कहो, सत्य ही ईश्वर है। इसलिए यह नहीं कहा जा सकता कि मुझमें स्वतन्त्र सत्य है। ऐसी हालत में जबकि मेरे पास नेताजी की हस्ती के बारे में प्रेरणा के सिवाय और कोई प्रमाण नहीं है, मेरी मान्यता पर किसी को अपनी मान्यता निर्भर नहीं करनी चाहिए।

मेरी मान्यता के विरुद्ध सख़्त प्रमाण हैं। ब्रिटिश सरकार की तरफ़ से तो नेताजी की मौत का समर्थन किया जाता है। कप्तान हबीबुर्रहमान नेताजी की मौत के समय उनके साथ थे। वह उनकी जलकर काली हुई

घड़ी अपने साथ लाये हैं। नेताजी के साथी श्री अय्यर भी मुझसे मिल चुके हैं। वह कहते थे कि अगर मेरी प्रेरणा का कोई दूसरा आधार न हो, तो मुझे उनके ज़िन्दा होने की अपनी मान्यता को छोड़ देना चाहिए। इन प्रमाणों पर मेरी सबसे प्रार्थना है कि वे मेरे आग्रह को भूल जायें, और आज जो सबूत हमारे सामने हैं उन पर विश्वास करके मान लें कि नेताजी हमको छोड़कर चले गये हैं। यह भी समझ लें कि परमेश्वर के आगे इन्सान की कोई भी हिकमत काम नहीं आती। वही एक सत्य है और सिवाय सत्य के कुछ चल ही नहीं सकता। इस लेख में महात्मा गाँधी की संवेदना सुभाष बोस के प्रति प्रतिलक्षित होती स्पष्ट रूप से दृष्टिगोचर होती है।

गाँधी तो गाँधी हैं वे ख़ुद अपने को सनकी, दीवाना भी कहते थे और सच में वे थे। सत्य और अहिंसा के लिए उनकी दीवानगी ही तो थी कि उन्होंने सुभाषचन्द्र बोस की मृत्यु के बाद भी आज़ाद हिन्द फौज के सैनिकों के सामने भी हिंसा के रास्ते को भटकाव का रास्ता बताते हुए कहा कि–

मैंने हमेशा कहा है आज़ाद हिन्द फ़ौज पर हम सबको गर्व होना चाहिए। पर मैं इन पर अधिक कहने से बचता रहा हूँ। पर इसका मतलब यह नहीं कि मैं इनकी इज़्ज़त कम करता हूँ अथवा उनसे स्नेह नहीं करता। उनकी कुर्बानियों का बोध मुझे हमेशा रहता है और नेताजी सुभाषचन्द्र बोस ने जो कुछ किया भारत की आज़ादी के लिए किया।

कल से मेरे मस्तिष्क में जो अनेक विचार उठते रहे हैं, उन्हें आपके सामने भी रख दूँ। आज़ाद हिन्द फ़ौज के रिहा हुए सैनिकों को भारत ने उचित हार्दिक सम्मान दिया है। उनका स्वागत राष्ट्र के वीर पुरुषों के रूप में किया गया है। जन–भावना के उठते हुए ज्वार में हर आदमी अपना सन्तुलन खो बैठा लगता है। लेकिन मैं आपके समक्ष निःसंकोच यह स्वीकार करता हूँ कि इस विवेकशून्य वीर–पूजा में मैं शामिल नहीं हूँ। आज़ाद हिन्द फ़ौज और नेताजी बोस की योग्यता, त्याग और देशभक्ति की मैं प्रशसा करता हूँ। लेकिन जो तरीक़ा उन लोगों ने अपनाया, मैं उससे सहमत नहीं हो सकता और कांग्रेस ने आज़ादी हासिल करने के लिए जो तरीक़ा पच्चीस सालों से अपना रखा है वह उसके अनुरूप नहीं है। कल मैं स्थितप्रज्ञ यानी स्थिर बुद्धिवाले व्यक्ति अर्थात् सत्याग्रही के विषय में बोला था। अगर हम उस आदर्श को स्वीकार करते हैं तो फिर हमें किसी को अपना शत्रु नहीं मानना चाहिए। हमें सारी शत्रुता और दुर्भावना का

त्याग कर देना चाहिए। यह आदर्श कुछ इने–गिने साधु–सन्तों के लिए ही नहीं है, यह तो सब के लिए है। मैंने अपने को भंगी कहा है। और मैं सिर्फ़ नाम के लिए भंगी नहीं हूँ, बल्कि जब फ़ीनिक्स में था तभी से वास्तव में भंगी बन गया हूँ। वहीं मैंने अपने को समाज के सबसे छोटे लोगों के साथ एकाकार कर देने की अन्तःप्रेरणा पर झाड़ू और बाल्टी सँभाल ली। तो उन श्रमिकों के एक तुच्छ सहकर्मी के नाते मैं यह कह सकता हूँ कि अगर कोई चाहे और प्रयत्न करे तो एक सीधा–सादा ग्रामवासी भी उस स्थित प्रज्ञावस्था को प्राप्त कर सकता है, जिसका वर्णन प्रार्थना में गाये गये 'गीता' के उन श्लोकों में किया गया है। कभी–कभी हम सब अपना विवेक खो बैठते हैं भले ही हम इस बात को स्वीकार न करें या हमें शायद इसका भान भी नहीं होता। स्थितप्रज्ञ व्यक्ति कभी धैर्य नहीं खोता, किसी बच्चे के साथ पेश आते समय भी नहीं। वह न कभी क्रोध करता है, न किसी से अपशब्द कहता है। 'गीता' में धर्म की जैसी शिक्षा दी गयी है वह इसी जीवन में उतारने की चीज़ है। यह अगले जन्म के लिए पुण्य कमाने का साधन नहीं है। ऐसा नहीं है कि इस जन्म में आप चाहे जो करें, उससे इसका सरोकार नहीं है। यह तो धर्म को नकारना होगा।

आज़ाद हिन्द फ़ौज के नज़रबन्द लोगों को देखने जाना मेरा एक विशुद्ध कर्तव्य था। उनसे मिलने का अवसर पाकर मुझे बहुत सन्तोष मिला। और वे मुझसे जिस उत्कट प्रेम से मिले उसकी स्मृति को मैं मन में सदा सँजोकर रखूँगा। उन्होंने जिस तरह मेरा स्वागत किया उससे मैं यही समझा हूँ कि उन्होंने मुझे देश का एक निष्ठावान सेवक माना है।

नेताजी मेरे लिए पुत्र के समान थे। उनसे मेरा परिचय स्वर्गीय देशबन्धु दास के अधीन एक होनहार देश–सेवक के रूप में हुआ था। आज़ाद हिन्द फ़ौज को उनका अन्तिम सन्देश यह था कि विदेशी धरती पर तो वे लोग हथियारों से लड़े हैं, लेकिन भारत लौटकर उन्हें कांग्रेस के मार्गदर्शन और नेतृत्व में अहिंसा के सेनानियों के रूप में देश की सेवा करनी होगी। आज़ाद हिन्द फ़ौज के पास भारत को देने के लिए जो सन्देश है वह यह नहीं है कि भारत झगड़ों को निबटाने के लिए शस्त्रों का सहारा ले (क्योंकि यह तरीक़ा तो आजमाया जा चुका है और विफल साबित हुआ है), बल्कि उसका सन्देश यह है कि देश अहिंसा, एकता, सद्भावना और संगठन के गुणों का विकास और अभ्यास करे।

यद्यपि आज़ाद हिन्द फ़ौज अपने तात्कालिक उद्देश्य को प्राप्त करने में असफल रही, लेकिन उसे अनेक प्रकार के श्रेय प्राप्त हैं, जिन पर वह गर्व कर सकती है। इनमें से सबसे बड़ी बात है भारत के सभी धर्मों और जातियों के लोगों को एक झण्डे के नीचे एकत्र करना और उनमें संगठन और एकता की भावना भरना तथा सभी साम्प्रदायिक और संकुचित भावना का पूर्ण बहिष्कार। यह ऐसा उदाहरण है जिसका हम सबको अनुकरण करना चाहिए। अगर उन्होंने यह सब युद्ध के सम्मोहन और जोश में किया तो वह कोई बड़ी बात नहीं थी। वह ख़ूबी तो शान्ति–काल में भी कायम रहनी चाहिए। यह कहीं अधिक ऊँचा और कठिन कार्य है। हमें अपना कर्तव्य पूरा करते हुए दूसरों को मारे बिना मर मिटना है। उसके लिए हमें अपने अन्दर 'गीता' में वर्णित स्थितप्रज्ञ के गुणों को विकसित करना होगा।

तलवार की शक्ति से कहीं अधिक प्रबल सत्याग्रह की शक्ति है। यह बात मैंने आज़ाद हिन्द फ़ौज वालों से भी कही और उन्होंने मुझे प्रसन्नतापूर्वक बताया कि उन्होंने इस बात को महसूस किया है और अब वे कांग्रेस के झण्डे के नीचे अहिंसा के सच्चे सिपाहियों की तरह भारत की सेवा करने का प्रयत्न करेंगे।

गाँधी जी को यह अपील इसलिए करनी पड़ी थी कि कुछ युवाओं में जोश ने एक हिंसात्मक रूप अख़्तियार कर लिया था। 23 जनवरी को सुभाषचन्द्र बोस के जन्मदिवस पर बम्बई में हिंसा भड़क उठी थी, कुछ अतिउत्साही युवाओं ने भारतीय कम्युनिस्ट पार्टी के प्रधान कार्यालय पर हमला कर दिया था। हालाँकि अधिकारियों ने सुभाष बोस दिवस के जुलूस के स्वीकृत मार्ग में परिवर्तन कर दिया था लेकिन जुलूस के आयोजकों ने परिवर्तित मार्ग पर चलने से इनकार कर दिया। परिणामस्वरूप 11 लोगों की जानें गयीं और कई सौ लोग घायल हो गये। महात्मा गाँधी स्पष्ट देख रहे थे इस तरह की वीर पूजा, जिसमें हिंसा की प्रशंसा छुपी रहती है, से कितनी निर्दोष जानें जा सकती हैं।

इस घटना के बाद ही आज़ाद हिन्द फ़ौज के कर्नल निरंजन सिंह गिल ने महात्मा गाँधी से मिलने के बाद कहा कि अन्त में उन लोगों को यह विश्वास हो गया है कि भारत अहिंसा के अलावा और किसी साधन से न स्वराज्य प्राप्त कर सकता है और न उसे कायम रख सकता है।

महात्मा गाँधी की आँखों में अहिंसा की जीत का उल्लास आँखों और चेहरों पर स्पष्ट रूप से झलक रहा था।

आज़ाद हिन्द फ़ौज के सरदार रामसिंह ने जब महात्मा गाँधी से आज़ाद हिन्द फ़ौज के लिए सन्देश माँगा तो उन्होंने 16 अप्रैल, 1946 को कहा–

मेरा यह सन्देश आज़ाद हिन्द फ़ौज के लिए ही नहीं, बल्कि भारतीय सेना के सभी लोगों के लिए है। यद्यपि नेताजी के नेतृत्व में आज़ाद हिन्द फ़ौज ने खुला विद्रोह किया, लेकिन विद्रोह की यह भावना उन्हीं तक सीमित नहीं थी। यह भारतीय सेना के लोगों में भी घर कर गयी थी। उनमें से कुछ लोगों ने पूना में मुझसे मिलकर मेरी सलाह माँगी थी। मैंने उनसे कहा था कि आपको सरकार को इस आशय की सूचना दे देने की पूरी छूट है कि हालाँकि हम वेतन सरकार से लेते हैं, लेकिन हमारी वफ़ादारी इंग्लैण्ड के राजा के प्रति नहीं, बल्कि भारत के प्रति है। अब तक हम सैनिक आदेशों का पालन करते आये हैं और आदेश मिलने पर अपने देशवासियों पर भी गोलियाँ बरसाने को तैयार रहे हैं, लेकिन अब चूँकि हम स्वतन्त्रता की भावना से अभिभूत हो गये हैं, इसलिए विदेशी सरकार के अधीन ऐसा और नहीं करेंगे।

आज़ाद हिन्द फौज वालों के सामने दो रास्ते हैं। वे सशस्त्र सैनिकों के रूप में स्वतन्त्र भारत की सेवा कर सकते हैं या अगर उन्हें विश्वास हो कि अहिंसा अपेक्षाकृत अधिक श्रेष्ठ सक्षम मार्ग है तो उन्हें अहिंसा के सेनानी बनकर अनुभवी रचनात्मक कार्यकर्ता बनना चाहिए। ऐसा करके वे दुनिया के सामने एक उज्ज़्वल आदर्श प्रस्तुत करेंगे।

सैनिकों में से एक ने उनसे प्रश्न किया कि जिसने पूरी ज़िन्दगी लड़ाई में ही बिताई हो वह अहिंसा को सफलतापूर्वक कैसे अपना सकता है?

महात्मा गाँधी ने शीघ्रतापूर्वक कहा–'बादशाह खान पठान हैं। उनके इलाके में आपसी झगड़े निपटाने के लिए भी तलवार और बन्दूक़ ज़रूरी मानी जाती है, लेकिन इन्होंने अहिंसा का सिद्धान्त पूरी तरह आत्मसात कर लिया है। आज वे अहिंसा के सिपाही बन गये हैं। ताल्सताय ने भी सेना में काम किया था फिर भी वे यूरोप में अहिंसा के महापण्डित बन गये। अहिंसा में जो शक्ति है उसे हम आज तक समझ नहीं पाये हैं।'

सैनिकों का अन्तिम प्रश्न था–अगर सुभाष बाबू विजय प्राप्त करके आपके पास लौटे होते तो आप क्या करते? महात्मा गाँधी का जवाब

था–मैंने उनसे कहा होता कि वे आपके हथियार छुड़वा दें और उन्हें मेरे सामने जमा करवा दें।

उसी समय कर्नल हबीबुर्रहमान, जो विमान के दुर्घटनाग्रस्त होते समय सुभाषचन्द्र बोस के साथ थे, ने अपनी आँखों में आँसू भरकर महात्मा गाँधी के सामने सुभाषचन्द्र बोस के अन्तिम क्षणों का वर्णन किया–कि विमान में वे जब नेताजी के साथ बैठे हुए थे कि अचानक कान फाड़ने वाली एक कर्कश ध्वनि सुनाई दी। दोनों स्तब्ध रह गये और सोचा कि किसी दुश्मन के लड़ाकू विमान ने हमला तो नहीं कर दिया। पर पता चला कि विमान का प्रोपेलर टूट गया है। विमान के पोर्ट इंजन ने काम करना बन्द कर दिया और विमान तेज़ी से नीचे की ओर गिर रहा था। हबीब ने नेताजी की ओर देखा। उनके माथे पर शिकन तक नहीं थी पर वे स्वयं घबरा गये थे। अचानक विमान ज़मीन से टकराया और सामने मृत्यु को देख उनकी आँखों के सामने अँधेरा छा गया। जब कुछ देर के बाद चेतना वापस आयी तो उन्हें महसूस हुआ कि वे सामान के नीचे दबे हुए हैं और बगल में आग लगी हुई थी। सुभाषचन्द्र बोस के सिर पर चोट लगी हुई थी परन्तु फिर भी वे अपने पैरों पर खड़े होने का प्रयास कर रहे थे। वे कर्नल की तरफ़ जाने का प्रयास कर रहे थे परन्तु उन्हें सफलता नहीं मिली। जब विमान ज़मीन पर गिरा तो सुभाषचन्द्र बोस के कपड़ों पर पेट्रोल गिर गया और आग ने तुरन्त उनके कपड़ों को पकड़ लिया। सुभाषचन्द्र बोस अपने बुशकोट को खोलने की कोशिश करने लगे। कर्नल हबीब भी तेजी से मुड़े और नेताजी के बेल्ट खोलने की कोशिश की। इसमें उनके हाथ भी जल गये। बेल्ट खोलते समय अचानक उनकी नज़र नेताजी के चेहरे पर गयी जहाँ आग लगी हुई थी और कुछ क्षणों में ही नेताजी गिर पड़े। इस दृश्य को देखकर हबीब भी अचेत होकर गिर पड़े। नेताजी को लग गया कि वे नहीं बचेंगे तब उन्होंने हबीब से कहा–'भारत लौटकर आप सब कांग्रेस के अनुशासन को स्वीकार करें और उसकी नीति के अनुसार आचरण करें।' जब कर्नल हबीबुर्रहमान ने, जो विमान के दुर्घटनाग्रस्त होते समय सुभाषचन्द्र बोस के साथ ही थे, अपनी आँखों में आँसू भरकर गाँधी जी के सामने सुभाषचन्द्र बोस के अन्तिम क्षणों का वर्णन किया तो महात्मा गाँधी भी भावुक हो गये। उन्होंने हबीब से कहा–'आप तो सच्चे सिपाही हैं। इसलिए आपको इस तरह आँसू नहीं बहाना चाहिए।'

गाँधी जी ने आज़ाद हिन्द फ़ौज के अफ़सरों को उनकी बहादुरी पर बधाई देते हुए कहा कि 'नेताजी सुभाषचन्द्र बोस और आज़ाद हिन्द फ़ौज ने, जो साहस दिखाया है, उससे मैं अत्यन्त प्रभावित हुआ हूँ। एक लम्बे अर्से से मैं आशा सँजोए था कि नेताजी जीवित हैं और एक–न–एक दिन हमारे बीच आयेंगे, लेकिन कर्नल हबीबुर्रहमान ने जो कुछ कहा है उसके बाद लगता है कि नेताजी अब जीवित नहीं हैं।' उन्होंने आगे कहा–'लेकिन अपने सन्देश और दुनिया के समक्ष रखे आदर्शों के रूप में वे हमारे बीच आज भी विद्यमान हैं।'

महात्मा गाँधी ने आज़ाद हिन्द फ़ौज के सैनिकों का मनोबल बढ़ाते हुए कहा–'मुझे बताया गया है कि आप बड़े धर्मसंकट में पड़े हुए हैं और दूसरे भाइयों ने मेरे सामने आपका धर्मसंकट रखा है। कांग्रेस का ध्येय बेशक अहिंसक और शान्तिमय उपायों से स्वराज प्राप्त करने का है, लेकिन आज कांग्रेस के बाहर ही नहीं बल्कि अन्दर भी ऐसे बहुत–से लोग हैं जो यह शंका करने लगे हैं कि क्या कांग्रेस की उस नीति की प्रासंगिकता अब समाप्त नहीं हो गयी है और ख़ासकर आज के बदले और बदलते सन्दर्भ में हमारे आगे के कार्यों की दृष्टि से वह क्या प्रभावहीन नहीं हो गयी है?'

आप लोगों ने सुभाष बाबू के अधीन कुशल योद्धाओं की तरह युद्ध किया है और लड़ाई के मैदान में यह दिखा दिया है कि आप किस धातु के बने हुए हैं। लेकिन सफलता–विफलता तो हमारे नहीं, ईश्वर के ही हाथों में है। आपसे अन्तिम विदा लेते हुए नेताजी ने आपसे कहा था कि भारत लौटकर आप सब कांग्रेस के अनुशासन को स्वीकार करें और उसकी नीति के अनुसार आचरण करें। जैसाकि मुझे बताया गया है, आपका लक्ष्य सिर्फ़ भारत को आज़ाद कराना था, जापानियों की सहायता करना कभी नहीं था। आप अपने प्रत्यक्ष लक्ष्य को प्राप्त नहीं कर पाये अर्थात अंग्रेज़ों को पराजित नहीं कर सके। लेकिन आपको इस बात का सन्तोष तो है कि सारा देश जाग गया है और यहाँ तक कि सेना के लोगों में भी एक नयी राजनीतिक जागरूकता का उदय हुआ है और वे स्वतन्त्रता की दृष्टि से विचार करने लगे हैं। आपने अपने दल के हिन्दुओं, मुसलमानों, पारसियों, ईसाइयों, आंग्ल–भारतीयों और सिखों के बीच जो पूर्ण एकता स्थापित की वह कोई छोटी–मोटी उपलब्धि नहीं है। लेकिन आपने भारत के बाहर स्वतन्त्रता के वातावरण में जो कुछ प्राप्त किया उसे अब भारतीय वातावरण

में भी कायम और जीवित रखना है। वह आपकी सच्ची कसौटी होगी।

अगर आपने अहिंसा की भावना को हृदयंगम किया है तो आप यहाँ भी हृदय से स्वतन्त्र ही रहेंगे। उदाहरण के लिए, जिन लोगों के हृदय में स्वतन्त्रता की भावना जाग गयी हो उन्हें संसार की कोई भी सरकार उनकी इच्छा के विरुद्ध सलाम करने पर मजबूर नहीं कर सकती। अगर वह उन्हें मार डालने की भी धमकी देगी तो वे अपनी गर्दन आगे कर देंगे, लेकिन सिर नहीं झुकायेंगे। सम्भावना यही है कि ऐसी नृशंस हत्या के विरुद्ध सिपाही की आत्मा विद्रोह कर उठेगी। लेकिन इस तरह चाहे वे जियें या मरें, वे स्वतन्त्र के स्वतन्त्र ही रहेंगे, ग़ुलाम कभी नहीं बनेंगे। अगर आप सब हृदय से ऐसे ही स्वतन्त्र बन जायें तो सारा भारत स्वतन्त्र हो जायेगा। हो सकता है, सरकार आपको क़ैद कर ले। आप उसका स्वागत भी कर सकते हैं या अगर यह आपको मंजूर न हो तो आप उनसे यह भी कह सकते हैं कि तुम तो हमारी लाशों को ही जेलों में ले जा सकते हो। अहिंसक सिपाही के सामने दोनों विकल्प हैं और दोनों उच्चतम कोटि की वीरता की अपेक्षा रखते हैं। हमारा काम है उन 40 करोड़ भारतीयों में नवजीवन का संचार करने का कठिन काम। हमें उनके दिलों से भय को दूर भगाना है। जिस दिन वे भय त्याग देंगे, भारत की बेड़ियाँ टूटकर गिर जायेंगी और वह स्वतन्त्र हो जायेगा।

वर्षों पहले मैंने ननकाना साहब में कहा था कि "सिखों ने अपनी सैनिक वीरता का प्रमाण दिया है। लेकिन गुरु गोविन्दसिंह का आदर्श तभी फलीभूत होगा जब वे कृपाण के बदले आत्मा की तलवार या अहिंसा को धारण करेंगे।" जब तक मनुष्य अपने हाथ में तलवार रखना चाहता है तब तक यही समझना चाहिए कि उसे पूर्ण निर्भयता प्राप्त नहीं हुई है। जब आप अहिंसा–रूपी कृपाण से सज्जित हो जायेंगे तो संसार की कोई शक्ति आपको दबा नहीं पायेगी। वह कृपाण विजेता और पराजित दोनों को ऊपर उठाती है। नेताजी ने आपके दिलों में एक नयी जागृति पैदा की है जिसे अहिंसा के ज़रिये ही जीवित रखा जा सकता है।

भारत अत्यन्त ग़रीब देश है और अपनी आजीविका के लिए हम सभी को काम करना होगा। सबके लिए काफ़ी ज़मीन उपलब्ध है। अगर आप ज़मीन चाहते हैं तो वह आपको मिलेगी। आपको उसे साफ़ करके आबाद करना होगा और आदर्श कृषि–क्षेत्र बनाना होगा। युगों से जिस आलस्य

ने हमारे यहाँ की आम जनता को दबोच रखा है, आपको उस पर विजय पाना है। यह काम आप उद्यम और कठिन परिश्रम का उदाहरण पेश करके ही कर सकते हैं। आपको झाडू और बाल्टी भी सँभालना चाहिए और इसमें पूरी कुशलता और श्रमशीलता का परिचय देना चाहिए। पाखाने की सफ़ाई को आपको गन्दा या अधम कार्य नहीं समझना चाहिए। इस काम में पारंगत होना विक्टोरिया क्रास पाने से ज़्यादा बहादुरी का काम है।

आज़ाद हिन्द फ़ौज के कैप्टन निम्बालकर जिन पर देशद्रोह का मुक़दमा भी चला था लेकिन बाद में उन्हें रिहा कर दिया, बातचीत में महात्मा गाँधी उनसे बोले—मेरा सुभाष बोस के साथ तीव्र मतभेद था फिर भी उनकी देशभक्ति, उनके साहस और उनकी सूझबूझ की मैं सदा सराहना करता आया हूँ।

इस पर कैप्टन निम्बालकर ने महात्मा गाँधी से कहा आपके लिए उनके दिल में जो गहरा प्यार और इज़्ज़त थी, उसका आपको शायद अन्दाज़ा भी नहीं हो। निम्बालकर सुभाष बोस के साथ रहे थे और उन्होंने, उन्हें देखा और समझा था कि उनके मन में अपने राष्ट्रपिता के प्रति कितना सम्मान था। तभी तो जब उन्होंने जापान में 26 जनवरी को आज़ाद हिन्द फ़ौज की सलामी लेते हुए राष्ट्रीय तिरंगे को फहराया तो सामने महात्मा गाँधी की बड़ी—सी तस्वीर रखी और कहा—'आप राष्ट्रपिता हो पूरे देश के पिता... और उन्होंने एक पुस्तक भी लिखी—फादर ऑफ द आल नेशन्स।'

महात्मा गाँधी ने अपने जवाब में उनसे कहा कि सुभाष बाबू ने अपने फौजियों से कहा था कि हिन्दुस्तान के भीतर हमेशा अहिंसा का रास्ता ही अख्तियार करना चाहिए यह बात हमें फ़ौजियों के सरदारों ने ही बतायी है। और वह तो तभी होगा जब आज़ाद हिन्द फ़ौज के आदमी जो हिन्दुस्तान में आये हैं अहिंसा का रास्ता अख्तियार करके नेताजी के आदेश को अपने जीवन में सफल करके दिखा दें। ऐसे हिंसा के वायुमण्डल में अहिंसा को मानने वाले का काम ज़रुर मुश्किल हो जाता है लेकिन सच्ची अहिंसा का काम हमेशा मुश्किल रहने वाला है, क्योंकि अहिंसा में ज़्यादा बहादुरी की गरज है।

सुभाषचन्द्र बोस जीवित हैं या शहीद हो चुके हैं, इस द्वन्द्व में महात्मा गाँधी को झूलते देख—लुई फिशर ने उनसे सुभाषचन्द्र बोस के बारे में प्रश्न करते हुए पूछा कि आप बोस की प्रशंसा क्यों करते हैं आपका विश्वास है

कि वे जीवित हैं—महात्मा गाँधी ने उन्हें पहले भी बताया था कि देशभक्तों के सिरमौर हैं लेकिन साथ ही यह भी कहा कि वे उनके उन क़िस्सों को प्रोत्साहन नहीं देते जिनसे वे सहमत नहीं थे। उनके जीवित रहने के सम्बन्ध में महात्मा गाँधी बोले अब मुझे यह विश्वास नहीं है कि वे जीवित हैं। एक बार मेरे दिल ने मुझे अन्यथा विश्वास करने को कहा था क्योंकि वे प्रसिद्ध रॉबिन हुड की किंवदन्ती जैसे मशहूर हो गये थे।

लुई फिशर को फिर लगा कि महात्मा गाँधी बोस की प्रशंसा कर रहे हैं इसी से उन्होंने उनकी बात समाप्त होते ही अपना यह प्रश्न रखा कि मेरा मुद्दा यह है कि बोस जर्मनी और जापान गये। दोनों ही फासिस्ट देश हैं अगर वे फासिस्टों के पक्षधर थे तो आपकी उनके साथ कोई सहानुभूति नहीं हो सकती। अगर वे देशभक्त थे और यह विश्वास करते थे कि भारत की रक्षा विशेष रूप से 1944 में जर्मनी या जापान द्वारा की जायेगी तो वे मूर्ख थे और राजनीतिज्ञों के लिए मूर्ख बनने की कोई गुंजाइश नहीं होती।

महात्मा गाँधी उनके प्रश्नों पर विराम लगाते हुए बोले—राजनीतिज्ञों के बारे में आपकी अच्छी राय है। पर उनमें से अधिकतर मूर्ख हैं।... मुझे तो बहुत विषमताओं के विरुद्ध काम करना पड़ता है। और हिंसा...? लोगों में हिंसा की एक सक्रिय प्रवृत्ति मौजूद है जिसका कि विरोध करना होगा और वह मैं अपने तरीक़े से कर रहा हूँ।

और महात्मा गाँधी अपने तरीक़े से हिंसा के विरुद्ध लड़ाई कर रहे थे पर वे सुभाषचन्द्र बोस की देशभक्ति की प्रशंसा किये बिना भी नहीं रह पा रहे थे क्योंकि वह सत्य था, पूर्ण सत्य और एक सत्य का पुजारी कैसे इस सत्य पर आँखें मूँद सकता था भले ही उसके साथ साधन शुचिता के प्रश्न पर मतभेद रहे हों।

कुछ लोग महात्मा गाँधी से आज़ाद हिन्द फ़ौज के सैनिकों की चर्चा कर रहे थे। महात्मा गाँधी ने उसमें नेताजी की बात जोड़ते हुए अपनी ओर से बातें प्रारम्भ कीं—आज़ाद हिन्द फ़ौज का ज़िक्र करते हुए नेताजी का ज़िक्र किये बिना मुझसे रहा नहीं जाता। मेरी राय में नेताजी का शरीर भले मर गया हो, मगर हिन्दुस्तान की सेवा करने वालों में वे अमर हैं। जब सुभाष बाबू इंग्लैण्ड से पहली बार लौटे, तभी मुझे उनसे मिलने का मौक़ा मिला था। वे वहीं से तय करके आये थे कि जो लाभप्रद पेशा उनके सामने है, उसका वे त्याग कर देंगे। उन्होंने अपनी स्वार्थपूर्ण महत्वाकांक्षा पूरी करने

की बजाय निःस्वार्थ सेवा करना पसन्द किया और देशबन्धु को अपना नेता बनाया। इसलिए सुभाष बाबू मेरे निकट सम्पर्क में आ सके। यद्यपि वे एक अहिंसक असहयोगी बन गये थे, फिर भी शुद्ध अहिंसा के स्वरूप के बारे में वे मुझसे कभी सहमत नहीं हुए। उनकी ज़िन्दगी ख़तरनाक व साहसपूर्ण कृत्यों से भरी हुई थी। उनका साहस बेजोड़ था। उन्होंने हिन्दुस्तान के सारे प्रान्तों और सभी धर्मों के लोगों की एक फ़ौज तैयार की और अपना शानदार उदाहरण प्रस्तुत करके उन लोगों में स्वैच्छिक अनुशासन और आज्ञाकारिता की भावना भरी। उनकी प्रतिभा के बल पर जुटाई गयी उस छोटी–सी सेना के लिए मौजूदा जमाने के सबसे ताक़तवर साम्राज्य से लड़ना मामूली बात नहीं थी। आज़ाद हिन्द फ़ौज के अफ़सरों ने मुझे बताया कि नेताजी ने उन्हें सलाह दी थी कि वे हिन्दुस्तान के भीतर की लड़ाई गाँधी जी की सलाह से चलायें; क्योंकि उस लड़ाई की कल्पना गाँधी जी की है और हिन्दुस्तान के बाहर की लड़ाई की मेरी।

इसी बीच हिन्दुस्तान के टुकड़े करने का ऐलान हो गया दुखी मन से ही सही पर इस दर्दनाक अंजाम को स्वीकार कर लिया गया। लोगों में दुख और निराशा होना लाजिमी था फिर भी बन्टे हुए दोनों खण्डों भारत और पाकिस्तान के लोगों में उत्साह भी था परन्तु साथ ही एक हलचल भी थी, संशय भी था कि आगे क्या होगा। इससे अछूते आज़ाद हिन्द फ़ौज के सैनिक भी नहीं थे। इसी से आज़ाद हिन्द के कुछ सदस्यों ने महात्मा गाँधी के पास एक पुर्जा भेजा कि अब हम लोगों को क्या करना चाहिए और हमारा क्या होगा?

महात्मा गाँधी ने जवाब देते हुए कहा कि फ़ौज के कई अफ़सरों से मेरे निकट के सम्बन्ध रहे हैं, और जैसा कि नेताजी... का सम्बन्ध है... वे तो हमारे पुत्र सदृश ही थे। परन्तु आप फ़ौजियों के लिए मेरा जवाब यही है कि आप लोग न तो मौजूदा फ़ौज में लिये जाने की उम्मीद करें और न हिन्दुस्तान के दो हिस्सों में से किसी में अपना अलग फ़ौजी दस्ता बनायें। मैं समझता हूँ कि कम–से–कम कुछ समय के लिए यह चीज़ अव्यावहारिक है। आपके लिए सबसे अच्छी बात यह होगी कि आप हिन्दुस्तान के सेवकों की एक पृथक् सुसंगठित संस्था के रूप में काम करें। सबसे अच्छा तो यह होगा कि ज़मीन के किसी एक टुकड़े पर बस जायें, अपनी तलवारों को हलों में बदल दें, ज़मीन पर एक साथ काम करें और भूखों मरते करोड़ों

देशवासियों के लिए ज़्यादा अनाज पैदा करें। अगर आपको यह सुझाव पसन्द न हो, तो आप नागरिक जीवन बिताते हुए देश की सेवा करें। 'जो एक बार सिपाही बना, वह हमेशा सिपाही रहेगा,' यह सिद्धान्त आज़ाद हिन्दुस्तान के लिए ख़तरनाक होगा। दक्षिण अफ्रीका में मैं 20 बरस तक रहा। वहाँ का हर एक बोअर ज़रूरत के वक़्त अव्वल दरजे का सैनिक था मगर बाक़ी के दिनों में वह एक शानदार किसान बन जाता था। यही हाल जनरल बोथा का था और फील्ड मार्शल स्मट्स भी ऐसे ही हैं। वे एक बड़े वकील हैं, उनके पास बड़ी अच्छी खेती की ज़मीन है और इस बात को तो हर एक जानता है कि वे एक नामी सिपाही हैं। नेताजी ख़ुद क्या थे? क्या वे फील्ड मार्शल स्मट्स से किसी कदर कम थे? फ़ौजी काम कभी उनका धन्धा नहीं था। आज जब हिन्दुस्तान में साम्प्रदायिकता ज़ोर पर है और भाई–भाई के ख़ून का प्यासा हो रहा है, आज़ाद हिन्द फ़ौज के सदस्य एकता का वही महान उदाहरण पेश करें, जैसा कि वे नेताजी के नेतृत्व में करते थे। नेताजी ने अपने आदमियों में अपने लिए इतना प्यार पैदा कर दिया था कि मैंने देखा है कि आज़ाद हिन्द फ़ौज के अफ़सर जब कभी उनकी याद करते हैं तो उनकी आँखों में आँसू आये बिना नहीं रहते। आप लोग नेताजी के प्रति अपने प्यार को अपने कामों में बदल दें। नेताजी के प्रति अपने प्यार और आदर के बावजूद यदि हममें आपसी मतभेद हैं, तो इससे फ़र्क़ नहीं पड़ता। ऐसे मतभेद तो अच्छे दोस्तों में भी देखे जाते हैं।

कश्मीर हमले के समय जब भारत एक दर्दनाक दौर से गुज़र रहा था और उसी समय आज़ाद हिन्द फ़ौजियों के बारे में यह सुनकर कि वे हमलावर हैं महात्मा गाँधी गहरी वेदना और दुख में पड़ गये। जब महात्मा गाँधी को यह ख़बर मिली कि आज़ाद हिन्द फ़ौज के दो अफ़सरों की भी कश्मीर हमले में भूमिका थी और वे पहले से ही हमलावरों से मिले हुए थे। महात्मा गाँधी ने उन सैनिकों तक अपनी आवाज़ इन शब्दों के साथ पहुँचाने की कोशिश की। इन दोनों में एक मेजर खुर्शीद अनवर थे और दूसरा सुभाष बाबू के मातहत ख़ास काम करने वाले थे और जो उनके साथ हमेशा रहा करते थे। सुभाष बाबू लश्कर से कोई बात छिपाकर रख तो सकते नहीं थे, क्योंकि उन्हें उनके मार्फत काम लेना पड़ता था। वे आज लुटेरों के सरदार होकर जाते हैं तो मुझको चुभता है। यदि मेरी

आवाज़ उन तक जाती है तो मैं पूछता हूँ उनसे–'आप इसमें क्यों पड़ते हैं और सुभाष बाबू का नाम क्यों डुबाते हैं?'

सुभाष बोस कश्मीर हमले के समय सैनिकों को जब हमलावर के रूप में देखते तो उनको कितनी पीड़ा होती इसका सहज अनुमान कोई भी लगा सकता हैं। हो सकता हैं हिंसा को वे अपने जीवन से निकाल कर उतनी ही दूर फेंक देते जितनी कि उनके प्रिय महात्मा ने फेंक रखी थी। महात्मा गाँधी और सुभाषचन्द्र बोस दोनों भारत माँ के बेमिसाल पुत्र हैं। दोनों ही अपनी माता को बेड़ियों से मुक्त कराने के लिए आजीवन जूझते रहे। भारत माँ का ज्येष्ठ पुत्र दो हाथ की खादी लपेटे, नंगे बदन, हाथ में एक लाठी लिए जो बुढ़ापे में उसका साथी थी, जूझ रहा था पर इस पुत्र के रास्ते बहुत कठिन थे...बहुत मुश्किल रास्ता उन्होंने अपने लिए स्वयं बनाया था जिस रास्ते का साधन और साध्य दोनों ही 'सत्य और अहिंसा' थे। 'प्रेम गली अति साँकरी...' और इसी प्रेम गली के अति सँकरे रास्ते से गाँधी गुज़र रहे थे स्वतन्त्रता आन्दोलन के मतवाले दीवाने सैनिक नहीं... वरन् सेनापति... महात्मा गाँधी।

वहीं भारत माँ का कनिष्ठ पुत्र अपने शरीर को ढँक लिया जनरल की पोशाक से और हाथ में बन्दूक़ लेकर निकल पड़ा दुनिया के सबसे क्रूरतम व्यक्ति हिटलर से हाथ मिलाकर अपनी माता को आज़ाद कराने। भारत माँ को छोड़कर, महात्मा गाँधी को छोड़कर... जिनकी अहिंसा, अहिंसा, सत्य–सत्य सुनते वे निराश हो गये थे... क्या अंग्रेज़ जैसा साम्राज्यवादी छोड़ देगा भारत को...? अहिंसा के रास्ते पर चल कर स्वतन्त्रता संग्राम करने से उस पर भी महात्मा गाँधी का यह तुर्रा कि कहीं भी कोई हिंसा हो, तो आन्दोलन को झट से पीछे खींच लेना, सुभाषचन्द्र बोस की आकुलता को और बढ़ा देता था। मान लिया इन्होंने भी ठीक है नहीं करेंगे भारत के अन्दर हिंसा..., लड़ें महात्मा जी अहिंसक लड़ाई भारत के अन्दर... पर अब वे इस अहिंसक गतिविधि के हिस्सा बनकर नहीं रहेंगे। हालाँकि त्रिपुरी अधिवेशन में बाद में उन्होंने माना था कि उनके अध्यक्षीय काल में कांग्रेस हमेशा की तरह पूर्ण रूप से अहिंसक प्रणाली को मानेगी पर एक गहरी वेदना के साथ ही सुभाष बोस ने इसे स्वीकारा था। हालाँकि वे चाह रहे थे कि इस विशाल संगठन कांग्रेस को अहिंसा के अतिवाद की पट्टी से उतार कर कम से कम इस लायक तो बना ही दें कि देश की

आज़ादी के लिए जो अनुकूल पड़े—हिंसा या अहिंसा... दोनों में जो इस युद्ध में ज़्यादा उपयोगी दिख पड़े सुविधानुसार उनमें से एक को अपना अस्त्र बना लें। यह नहीं कि ज़रूरत है अभी हिंसा की और राग अलापते रह जाया जाये अहिंसा की...।

पर गाँधी के सामने दो रास्ते नहीं थे... यहाँ तो यह प्रश्न ही नहीं आता था कि हिंसा के बारे में सोचा भी जाये...। उनके लिए सत्य अहिंसा साधन था भी कहाँ... यहाँ तो यह स्वयं साध्य था। महात्मा गाँधी ने स्वयं कहा है कि 'वे सत्य और अहिंसा के लिए भारत की स्वतन्त्रता को छोड़ सकते हैं पर भारत की स्वतन्त्रता के लिए सत्य और अहिंसा को नहीं छोड़ सकते थे, हाँ अपना जीवन ज़रुर छोड़ सकते थे।

सत्य के लिए स्वतन्त्रता की भी बलि देने को तैयार रहने वाले महात्मा गाँधी के बारे में रोमाँ रोलाँ की सोच यह थी कि इस तरह की महान बातों ने उनके स्वतन्त्रता संग्राम को कमज़ोर नहीं बनाया वरन् एक मानवीय चेतना से अनुप्रेरित किया। इस तरह की बातें यह साबित करती हैं कि वे केवल भारत के ही नहीं, सारी दुनिया के महापुरुष हैं।

परन्तु सुभाष भारत की स्वतन्त्रता के लिए सब कुछ छोड़ सकते थे सत्य और अहिंसा ही नहीं अपना जीवन भी...। नेताजी सुभाष बोस की आख़िरी मंज़िल थी—भारत माँ की आज़ादी... बस अंग्रेज़ यहाँ से किसी भी कीमत पर जाये... भले ही इसके लिए मुसोलिनी—हिटलर या स्टालिन से मदद ली जाए...। भले ही जापानी साम्राज्यवाद का ख़तरा उठाना पड़े... पर बस अंग्रेज़ जायें...।

तो क्या महात्मा गाँधी की मंज़िल भारत की स्वतन्त्रता नहीं थी...?

क्या दोनों की मंज़िल एक नहीं थी भले ही रास्ते अलग थे! हाँ महात्मा गाँधी की मंज़िल थी भारत की स्वतन्त्रता पर वह उनकी आख़िरी मंजिल नहीं थी उनकी आख़िरी मंज़िल थी एक ऐसे भारत का निर्माण... ऐसे भारत का जो छुआछूत—ग़रीबी, अशिक्षा से ग्रस्त था, जहाँ छुआछूत की इतनी अधिक भावना थी कि हम अपने ही भाई से स्पर्शित होकर अपवित्र हो जाते थे। धर्म के नाम पर द्वेष तो था ही और जिसे अंग्रेज़ों ने अपनी साम्राज्यवादी व्यवस्था को बनाये रखने के लिए हवा देकर नफ़रत और द्वेष को इतना फैला दिया था कि वातावरण ही हिंसक बन गया था। ऐसा था गाँधी का भारत जहाँ जनता शोषण की शिकार हो रही थी जहाँ

की जनता निर्भयता क्या चीज़ है भूल चुकी थी जो सिर्फ़ भयभीत भीड़ बनकर रह गयी थी।

और महात्मा गाँधी चाह रहे थे अपनी साधनों की शुचिता को इतनी ऊँचाई पर ले जायें और लोगों में नैतिकता का स्तर इतना ऊँचा हो जाये कि शासन की आवश्यकता ही नहीं रहे। जहाँ उद्योगपति ट्रस्टीशिप का पालन करेगा जहाँ दुश्मन के कमज़ोर पड़ने पर घात करने को कोई नहीं सोचेगा, जान लेने की जगह पर जान दे देने के लिए तैयार रहेगा...। जहाँ दुश्मन के लिए भी मन में करूणा हो, दुश्मन के लिए भी मन अहिंसक रहता हो। महात्मा गाँधी ने स्वयं ऐसा जीवन जीकर दुनिया के सामने इस आदर्श को रखा था। महात्मा गाँधी के जीवन का आधार था–उपायों की शुद्धता और उपायों की शुद्धता ही कारण बनी सुभाषचन्द्र बोस को अपने महात्मा जी से दूर ले जाने में।

महात्मा गाँधी की प्रभावपूर्णता इसी में थी कि वह अपने प्रतिद्वन्द्वी के हृदय में भी उच्चतम गाँधीवादी प्रेरणाएँ जाग्रत कर देते थे।

गाँधी जी के उपायों की शुद्धता के कारण ही तो जनरल स्मट्स के लिए उनका विरोध करना कठिन हो गया। दक्षिण अफ्रीका में गाँधी जी को विजय इसलिए नहीं प्राप्त हुई कि स्मट्स में उनसे लड़ने की शक्ति नहीं थी, बल्कि इसलिए प्राप्त हुई कि स्मट्स का हृदय उनसे लड़ना ही नहीं चाहता था।

सुभाषचन्द्र बोस स्वयं कितनी ही बार असमंजस में पड़ जाते थे कि अब महात्मा गाँधी अगला क़दम क्या उठाएँगे... कितनी ही बार महात्मा जी के साथ चलने की कोशिश भी करते थे पर जल्दी ही थक जाते थे। महात्मा गाँधी को आक्सफोर्ड के प्रोफ़ेसर गिल्बर्ट मेरे के इस वक्तव्य से समझा जा सकता है कि–'इस आदमी से व्यवहार करने में सावधान रहो, क्योंकि यह न तो भोगों की तनिक भी परवाह करता है और न शरीर सुख की या प्रशंसा की वृद्धि की परवाह करता है बल्कि वह तो वह काम करने में कटिबद्ध रहता है, जिसे वह ठीक समझता है। वह एक ख़तरनाक और परेशान करने वाला शत्रु है क्योंकि उसका शरीर जिसे आप कभी भी जीत सकते हैं पर उसकी आत्मा ज़रा भी पकड़ में नहीं आती।'

लुई फिशर ने महात्मा गाँधी के साथ एक सप्ताह तक रहने के बाद महसूस किया था कि उन्होंने बिना किसी संगठन या सरकार के सहारे

अपना प्रभाव सिर्फ़ भारत देश के कोने–कोने में नहीं बल्कि विभाजित संसार के कोने–कोने में विकीर्ण कर दिया था।

सुभाषचन्द्र बोस प्रभावित थे मुसोलिनी के व्यक्तित्व से, प्रभावित थे हिटलर के व्यक्तित्व से...यहाँ तक कि महात्मा गाँधी की यूरोप यात्रा में सबसे अधिक उपयोगी यदि किसी चीज़ को उन्होंने महत्त्वपूर्ण माना था तो वह था गाँधी की मुसोलिनी से भेंट। सुभाषचन्द्र बोस नेपोलियन से भी बेहद प्रभावित थे। तभी तो उन्हें लगता था महात्मा गाँधी को गोलमेज परिषद् में हिटलर, मुसोलिनी या नेपोलियन की भाषा बोलनी चाहिए थी...जबकि, गाँधी जी की भाषा ज़रूरत से अधिक विनम्र थी। यहाँ तक कि सुभाष बोस को महात्मा गाँधी के दीन–हीनों के समान पहनने वाले वस्त्र भी गोलमेज सम्मेलन के उपयुक्त नहीं लग रहे थे पर बाद में जब इस दीन–हीन वस्त्र में गाँधी जी इंग्लैण्ड की जनता के दिलां दिमाग़ पर छा गये तो सुभाष बोस ने स्वयं अपने वस्त्रों की नापसन्दगी को गलत माना था।

पर लुई फिशर का मानना है कि आधुनिक इतिहास के नामी व्यक्ति चर्चिल, रूज़वेल्ट, स्टालिन हिटलर, मुसोलिनी आदि के हाथ में राज्यों की सत्ता थी। पर व्यक्तियों की अन्तरात्मा पर गाँधी जी के समान जबर्दस्त असर डालने वाले आदमियों की तलाश में सदियों पीछे जाना पड़ेगा। महात्मा गाँधी ईश्वर या धर्म के बारे में उपदेश नहीं देते वे तो स्वयं जीते–जागते धर्मोपदेश देते थे। जिस संसार में सत्ता, धन तथा अहंकार के क्षयकारी प्रभाव के सामने टिकने वाले नहीं के बराबर हैं, उनमें गाँधी जी एक उत्तम पुरुष थे।

निःसन्देह वे एक उत्तम पुरुष थे पर सुभाषचन्द्र बोस भी एक उत्तम देशभक्त थे। जब उन्हें 1940 में गिरफ़्तार कर लिया गया तो उन्होंने जेल में भूख हड़ताल शुरू कर दी। इसके दो दिन बाद ही उनकी तबीयत इतनी बिगड़ी कि वे मरणासन्न हो गये और उन्हें पैतृक निवास में रहने की इजाज़त मिल गयी हालाँकि वहाँ भी वे नज़रबन्द थे। उनकी गिरती सेहत का हवाला देकर उनका वकील कोर्ट में तारीख़ों पर तारीख़ लेता रहा और इसी बीच सुभाषचन्द्र बोस एकाकी वास करते हुए अपनी दाढ़ी आदि बढ़ाकर 1941 में देश छोड़कर...चले गये।

और इसके ठीक विपरीत महात्मा गाँधी को जब भी जेल से निर्धारित समय के पहले किसी भी कारणवश छुट्टी मिली तो उन्होंने जेल से छूटने

के बाद भी सज़ा सुनाई गयी अवधि तक उन सारे क़ायदे कानून और नियम का पालन किया जो उन्हें जेल में करने होते थे। वे उस अवधि तक किसी भी तरह की राजनीतिक गतिविधि से अपने को एकदम अलग रखते थे। यह थी उनकी साधन की शुचिता। जब दोनों के साधन में फ़र्क है तो मतभेद होना लाजिमी है पर इस मतभेद के बावजूद दोनों में, दोनों के लिए परस्पर प्रेम, आदर, सम्मान की भावना कूट–कूट कर भरी थी। क्योंकि दोनों में मनभेद नहीं था।

धुरी राष्ट्रों की हार के कारण सुभाष बोस के उस विश्वास को धक्का लगा जिसमें उन्हें विश्वास था कि मित्र राष्ट्र हार जायेगा और धुरी राष्ट्र विजयी बनकर भारत को स्वतन्त्र कराने में उनकी मदद करेगा...। आज तक यह भी पता नहीं चला कि जापानी सेनापति ताजोजी ने उन्हें जानबूझकर खटारा विमान दिया था या वह मात्र एक संयोग था। या सचमुच में वे 'भोले बालक' की तरह धुरी राष्ट्रों के षड्यन्त्र के शिकार बन गये। लेकिन वे असफल होकर भी सफल रहे क्योंकि उन्होंने देश को अपनी ऊर्जा से जीवन्तता प्रदान की। हाँ, उनके मन में एक बात थी कि इस हद तक अहिंसक, विनम्र और सरल गाँधी जो अपनी कोई बात गुप्त तक नहीं रखते थे भला उनकी अगुवाई में भारत को अंग्रेज़ कैसे छोड़ देगा? पर अंग्रेज़ों ने भारत छोड़ा सुभाष बोस के अहिंसक महात्मा के ही नेतृत्व में, जिन्हें वे पूरे देश का राष्ट्रपिता मानते थे।

देश आज़ाद हो गया। गाँधी को इस सफलता का श्रेय मिला पर क्या महात्मा गाँधी भी सफल रहे...? जिन्ना के इस वक्तव्य पर कि या तो विभाजन होगा या विनाश होगा... और विनाशकारी विभाजन हुआ..., गाँधी के लाख प्रयासों के बाद भी नहीं रुका तो क्या महात्मा गाँधी असफल रहे...? महात्मा गाँधी की सफलता और असफलता के बारे में हम उनके समकालीन गुरुदेव रवीन्द्रनाथ टैगोर के वक्तव्य से समझ सकते हैं... 'कदाचित् वह सफल नहीं हो पायेंगे। कदाचित् वह उसी प्रकार असफल होंगे जिस प्रकार मनुष्य को खलता से हटाने में बुद्ध तथा ईसा असफल रहे। परन्तु लोग इन्हें सदा ऐसे व्यक्ति की तरह याद करेंगे, जिसने अपने जीवन को आने वाले अनन्त युगों के लिए नसीहत बना दिया।

□□

सन्दर्भ सूची

1. (एक भारतीय तीर्थयात्री सुभाष बोस–157)
2. पृ. 15, नेताजी सम्पूर्ण वाड्मय, खण्ड–2
3. (एक भारतीय तीथयात्री) 98
4. पृ. 16 नेताजी सम्पूर्ण वाड्मय, खण्ड–2
5. पृ. 30 नेताजी सम्पूर्ण वाड्मय, खण्ड–2
6. पृ. 33 नेताजी सुभाष सम्पूर्ण वांड्मय, खण्ड–2
7. पृ. 66 नेताजी सम्पूर्ण वाड्मय, खण्ड–2
8. पृ. 68 नेताजी सम्पूर्ण वाड्मय, खण्ड–3–2
9. नेताजी सम्पूर्ण वाड्मय, खण्ड–2
10. पृ. 127, सम्पूर्ण गाँधी वाड्मय, खण्ड–92
11. पृ. 118 नेताजी सम्पूर्ण वाड्मय, खण्ड–2
12. पृ. 127 सम्पूर्ण गाँधी वाड्मय, खण्ड–92
13. पृ. 138 सम्पूर्ण गाँधी वाड्मय, खण्ड–92
14. पृ. 125 नेताजी वाड्मय, खण्ड–2
15. पृ. 126 नेताजी वाड्मय, खण्ड–2
16. पृ. 127 नेताजी वाड्मय, खण्ड–2
17. पृ. 145 नेताजी वाड्मय, खण्ड–2
18. पृ. 146 नेताजी वाड्मय, खण्ड–2
19. पृ. 147 नेताजी वाड्मय, खण्ड–2
20. पृ. 168 नेताजी वाड्मय, खण्ड–2
21. पृ. 164 नेताजी वाड्मय, खण्ड–2
22. पृ. 153 सुभाष वाड्मय, खण्ड–3
23. पृ. 154 सुभाष वाड्मय, खण्ड–3
24. पृ. 157 सुभाष वाड्मय, खण्ड–3–2
25. पृ. 162 सुभाष वाड्मय, खण्ड–3
26. पृ. 166 सुभाष वाड्मय, खण्ड–2
27. पृ. 167 सुभाष वाड्मय, खण्ड–2
28. पृ. 151 सुभाष वाड्मय, खण्ड–3
29. पृ. 303, गाँधी वाड्मय खण्ड–63
30. पृ. 320, गाँधी वाड्मय, खण्ड–66
31. पृ. 261, नेताजी सम्पूर्ण, खण्ड–2
32. पृ. 73, गाँधी सम्पूर्ण, खण्ड–67
33. शीशैक के अन्तर्गत प्रकाशित हुआ था तथा बॉम्बे क्रॉनिकल, 3–2, 1939, हिन्दू, 31–1939, और हिन्दुस्तान टाइम्स, 1–2–1939 तथा अन्य अनेक समाचार पत्रों में भी प्रकाशित हुआ था।

34. पृ. 89, खण्ड 69
35. हिन्दुस्तान टाइम्स, 14–5–1939
36. हिन्दुस्तान टाइम्स, 14.05.1939
37. हिन्दुस्तान टाइम्स, 14–5–1939
38. हिन्दुस्तान टाइम्स, 14–5–1939; तथा क्रॉसरोड्स, पृ. 140–2 भी।
39. हिन्दुस्तान टाइम्स, 14–5–1939
40. हिन्दुस्तान टाइम्स, 14–5–1939
41. हिन्दुस्तान टाइम्स, 14–5–1939
42. पृ. 140, 141, 142 सम्पूर्ण गाँधी वाङ्मय, खण्ड 69
43. पृ. 184, 176, सुभाष, वाङ्मय, खण्ड 9
44. मूल अंग्रेज़ी (सी. डब्ल्यू. 3914) से; सौजन्य : जी. एन. 7223 से भी।
45. पृ. 234, सम्पूर्ण गाँधी वाङ्मय, खण्ड–69
46. पृ. 235, सम्पूर्ण गाँधी वाङ्मय, खण्ड–69
47. पृ. 93, 94, सुभाष वाङ्मय, खण्ड–9
48. पृ. 262 सुभाष वाङ्मय, खण्ड–2
49. इण्डियन एन्युअल रजिस्टर, 1939, जिल्द–2, पृ. 219
50. इण्डियन एन्युअल रजिस्टर, 1939, जिल्द–2, पृ. 219
51. हरिजन, 30–9–1939
52. पृ. 269 सुभाष वाङ्मय, खण्ड–2
53. पृ. 163, नेताजी सप्पूर्ण वाङ्मय, खण्ड–10
54. पृ. 57, सम्पूर्ण गाँधी वाङ्मय, खण्ड–71
55. पृ. 160, सुभाष वाङ्मय, खण्ड–10
56. पृ. 181, 182, सम्पूर्ण गाँधी वाङ्मय, खण्ड–71
57. पृ. 294, 295, सम्पूर्ण गाँधी वाङ्मय, खण्ड–72
58. हिन्दू, 24–2–1941, खण्ड–73, पृ. 509, 510, सम्पूर्ण गाँधी वाङ्मय
59. हिन्दू, 24–2–1941
60. पृ. 287, 288, सम्पूर्ण गाँधी वाङ्मय, खण्ड–73
61 पृ. 244, 251 सुभाष वाङ्मय, खण्ड–10
62. पृ. 244, 173 सुभाष वाङ्मय, खण्ड–10
63. पृ. 332, सम्पूर्ण गाँधी वाङ्मय, खण्ड–73
64. पृ. 1, सुभाष वाङ्मय, खण्ड–11
65. पृ. 3, सुभाष वाङ्मय, खण्ड–11
66. पृ. 53, सुभाष वाङ्मय, खण्ड–11
67. पृ. 54, सुभाष वाङ्मय, खण्ड–11
68. पृ. 87, सुभाष वाङ्मय, खण्ड–11
69. पृ. 88, सुभाष वाङ्मय, खण्ड–11

70. पृ. 91, सुभाष वाङ्मय, खण्ड–11
71. पृ. 92, सुभाष वाङ्मय, खण्ड–11
72. पृ. 103, सुभाष वाङ्मय, खण्ड–11
73. पृ. 108, सुभाष वाङ्मय, खण्ड–11
74. पृ. 366, 367, 368, सुभाष वाङ्मय, खण्ड–76
75. पृ. 323, गाँधी वाङ्मय, खण्ड–76
76. पृ. 190, गाँधी वाङ्मय, खण्ड–75
77. पृ. 276, सुभाष वाङ्मय, खण्ड–2
78. पृ. 109, सुभाष वाङ्मय, खण्ड–11
79. पृ. 110, सुभाष वाङ्मय, खण्ड–11
80. पृ. 110, सुभाष वाङ्मय, खण्ड–11
81. पृ. 486, गाँधी वाङ्मय, खण्ड–11
82. पृ. 280, सुभाष वाङ्मय, खण्ड–2
83. पृ. 170, सुभाष वाङ्मय, खण्ड–10
84. पृ. 175, सम्पूर्ण गाँधी वाङ्मय, खण्ड–81
85. पृ. 273, सम्पूर्ण गाँधी वाङ्मय, खण्ड–81
86. पृ. 64, सम्पूर्ण गाँधी वाङ्मय, खण्ड–82
87. पृ. 356, सम्पूर्ण गाँधी वाङ्मय, खण्ड–82
88. पृ. 443, सम्पूर्ण गाँधी वाङ्मय, खण्ड–82
89. पृ. 443, सम्पूर्ण गाँधी वाङ्मय, खण्ड–82
90. पृ. 417, सम्पूर्ण गाँधी वाङ्मय, खण्ड–82
91. पृ. 22, सम्पूर्ण गाँधी वाङ्मय, खण्ड–83
92. पृ. 22, सम्पूर्ण गाँधी वाङ्मय, खण्ड–33
93. पृ. 158, सम्पूर्ण गाँधी वाङ्मय, खण्ड–83
94. पृ. 156, 157, सम्पूर्ण गाँधी वाङ्मय, खण्ड–83
95. पृ. 180, सम्पूर्ण गाँधी वाङ्मय, खण्ड–83
96. पृ. 237, सम्पूर्ण गाँधी वाङ्मय, खण्ड–83
97. पृ. 384, सम्पूर्ण गाँधी वाङ्मय, खण्ड–83
98. पृ. 387, सम्पूर्ण गाँधी वाङ्मय, खण्ड–83
99. पृ. 419, 420, 421, सम्पूर्ण गाँधी वाङ्मय, खण्ड–83
100. पृ. 33, सम्पूर्ण गाँधी वाङ्मय, खण्ड–83
101. पृ. 446, सम्पूर्ण गाँधी वाङ्मय, खण्ड–83
102. पृ. 11, 12 सम्पूर्ण गाँधी वाङ्मय, खण्ड–83
103. पृ. 182, 183 सम्पूर्ण गाँधी वाङ्मय, खण्ड–84
104. पृ. 433, सम्पूर्ण गाँधी वाङ्मय, खण्ड–84
105. पृ. 54, सम्पूर्ण गाँधी वाङ्मय, खण्ड–85

106. पृ. 498, सम्पूर्ण गाँधी वाङ्मय, खण्ड–85
107. पृ. 117, सम्पूर्ण गाँधी वाङ्मय, खण्ड–89
108. पृ. 117, 118, सम्पूर्ण गाँधी वाङ्मय, खण्ड–89
109. पृ. 483, सम्पूर्ण गाँधी वाङ्मय, खण्ड–89
110. पृ. 490, सम्पूर्ण गाँधी वाङ्मय, खण्ड–68
111. पृ. 198, सम्पूर्ण गाँधी वाङ्मय, खण्ड–69
112. गाँधी की कथा–लुई फिशर
113. महात्मा गाँधी–रोमा रोलाँ